中国语言文化通识书系

原原本本说汉字
——汉字溯源六百例

施正宇 著

北京大学出版社
PEKING UNIVERSITY PRESS

图书在版编目(CIP)数据

原原本本说汉字:汉字溯源六百例/施正宇著.—北京:北京大学出版社,2009.5

(中国语言文化通识书系)

ISBN 978-7-301-15174-7

Ⅰ.原… Ⅱ.施… Ⅲ.汉字—对外汉语教学—教材 Ⅳ.H195.4

中国版本图书馆 CIP 数据核字(2009)第 064369 号

书　　名:原原本本说汉字——汉字溯源六百例
著作责任者:施正宇　著
责 任 编 辑:刘　正　lozei@126.com
标 准 书 号:ISBN 978-7-301-15174-7/H·2245
出 版 发 行:北京大学出版社
地　　　址:北京市海淀区成府路 205 号　100871
网　　　址:http://www.pup.cn
电　　　话:邮购部 62752015　发行部 62750672
　　　　　　编辑部 62753334　出版部 62754962
电 子 邮 箱:zpup@pup.pku.edu.cn
印　刷　者:北京宏伟双华印刷有限公司
经　销　者:新华书店
　　　　　　720 毫米×1020 毫米　16 开本　20.5 印张　400 千字
　　　　　　2009 年 5 月第 1 版　2017 年 8 月第 3 次印刷
定　　　价:40.00 元

未经许可,不得以任何方式复制或抄袭本书之部分或全部内容。
版权所有,侵权必究　举报电话:010-62752024
　　　　　　　　　　电子邮箱:fd@pup.pku.edu.cn

自 序

我喜欢读书,无论是身在异乡,还是人在旅途。只要手头有了书,不论闹市和荒郊,心都不会寂寞。没有书的日子倍感煎熬。

我读的第一本书当然是小人书。小时候,我随父母下干校,到了茶淀农场。一天,父亲从外面回来,给我带来了三本小人书:《地道战》、《地雷战》,还有一本记不清了,好像是《小英雄雨来》之类的书。那时准许读的书实在太少,父母想在有限的范围内扩大我的视野,又让我背诵鲁迅,什么"横眉冷对千夫指,俯首甘为孺子牛","万家墨面没蒿莱,敢有歌吟动地哀"之类。那时还未上学,除了自己的名字,不认识几个字。尽管如此,我也会学着父母的样子,就着书上的画,不停地翻看。干校幼儿园的阿姨都是大学老师,除了照料三餐、洗衣就寝之外,阿姨们还会带着我们背"语录",背"老三篇",就像旧时私塾先生教蒙童诵读"三""百""千"一样。至今,我记得最清楚的是,每顿饭前我们都要扯着嗓子大声诵读:"贪污浪费是极大的犯罪!"(记得有一次午餐时,不知是谁不小心掉了一个米粒,于是立刻就有小朋友高声说道:"贪污浪费是极大的犯罪,快把米粒捡起来!")尽管那时我还小,理解不了自己背诵过的全部内容,但是看着阿姨们手捧红宝书念语录和父母伏案读书的样子,还是充满期待和幻想的,希望有一天自己也能像大人们那样识字读书。

不知不觉,我养成了读书的习惯。读书令我身心愉悦,但也时常令我汗颜。读书自卑,这话真是不假。我越读书就越觉得自己有如井底之蛙,就越想多读书弥补自己的鄙陋。于是我白天读,夜晚也读。临睡前,不论多晚,都要看几页书,否则总会觉得少了点什么。

《原原本本说汉字》是我这些年结合自己的专业读书时的一点儿心得,零零散散地记下来,希望能对从事汉语教学的同行们有所裨益。感谢本书的插图作者帅梅、贾克和李家通三位画家,以及本书的古文缮写吴本清老师。书写好了之后,又做了不少补充和修改,吴老师远在赣南,沟通起来多有不便,所以部分古文只好取自《甲骨文编》、《金文编》、《甲骨文字典》和《常用古文字字典》等工具书。书稿完成之后,我还是习惯性地不停地修改、润色,给编辑刘正的工作增加了不少麻烦,对此我深表歉意。现在这本书终于要面世了,我对所有热心扶助我的师友表示深深的谢意,也希望能够得到读者朋友的不吝指正。

施正宇
2009年仲春于燕园

目 录

一 人类篇

- 1·1 人 / 3
- 1·2 并 / 5
- 1·3 尸 / 7
- 1·4 儿 / 8
- 1·5 肖 / 10
- 1·6 子 / 11
- 1·7 长 / 13
- 1·8 老 / 14
- 1·9 考 / 15
- 1·10 孝 / 16
- 1·11 欠 / 17
- 1·12 卵 / 18
- 1·13 女 / 19
- 1·14 母 / 22
- 1·15 首 / 24
- 1·16 页 / 25
- 1·17 颜 / 26
- 1·18 领 / 27
- 1·19 死 / 28
- 1·20 鬼 / 30
- 1·21 心 / 31
- 1·22 毛 / 32
- 1·23 目 / 33
- 1·24 眉 / 36
- 1·25 民 / 37
- 1·26 耳 / 38
- 1·27 耻 / 39
- 1·28 自 / 40
- 1·29 而 / 41
- 1·30 口 / 43
- 1·31 兄 / 45
- 1·32 牙 / 46
- 1·33 手 / 48
- 1·34 拱 / 50
- 1·35 尹 / 52
- 1·36 取 / 53
- 1·37 爪 / 54
- 1·38 寸 / 56
- 1·39 尺 / 57
- 1·40 寻 / 58
- 1·41 丈 / 59
- 1·42 肉 / 60
- 1·43 骨 / 61
- 1·44 要 / 62
- 1·45 止 / 63
- 1·46 足 / 65
- 1·47 王 / 67
- 1·48 大 / 68
- 1·49 夏 / 70
- 1·50 夫 / 71
- 1·51 夹 / 72

二 自然篇

2·1 日 / 75
2·2 旦 / 76
2·3 昏 / 78
2·4 晶 / 79
2·5 众 / 80
2·6 月 / 81
2·7 夕 / 83
2·8 雨 / 84
2·9 零 / 86
2·10 申 / 87
2·11 气 / 88
2·12 木 / 89
2·13 桑 / 93
2·14 麻 / 94
2·15 禾 / 95
2·16 秋 / 97
2·17 黍 / 98
2·18 米 / 100
2·19 粟 / 101
2·20 来 / 102
2·21 草 / 103
2·22 因 / 105
2·23 春 / 106
2·24 不 / 107
2·25 竹 / 108
2·26 笔 / 109
2·27 册 / 111

2·28 史 / 112
2·29 韭 / 114
2·30 瓜 / 115
2·31 白 / 116
2·32 土 / 117
2·33 金 / 118
2·34 田 / 119
2·35 周 / 121
2·36 山 / 122
2·37 阜 / 123
2·38 石 / 125
2·39 丹 / 126
2·40 玉 / 127
2·41 巫 / 131
2·42 舞 / 133
2·43 小 / 134
2·44 水 / 135
2·45 川 / 137
2·46 鸟 / 138
2·47 鸡 / 140
2·48 隹 / 141
2·49 燕 / 142
2·50 观 / 143
2·51 羽 / 144
2·52 习 / 145
2·53 凤 / 146
2·54 牛 / 147

2·55 角 / 150
2·56 羊 / 152
2·57 羌 / 154
2·58 豕 / 155
2·59 马 / 156
2·60 犬 / 158
2·61 象 / 161
2·62 为 / 162
2·63 虎 / 163
2·64 鹿 / 164
2·65 兔 / 166
2·66 鼠 / 167
2·67 虫 / 168
2·68 虹 / 170
2·69 鱼 / 171
2·70 菁 / 172
2·71 贝 / 174
2·72 朋 / 175
2·73 龙 / 177
2·74 龟 / 178
2·75 蚕 / 179
2·76 皮 / 180
2·77 火 / 181
2·78 赤 / 183
2·79 焚 / 184
2·80 炙 / 185

三 生活篇

3·1 一 / 189
3·2 二 / 191
3·3 三 / 192
3·4 四 / 193
3·5 五 / 194
3·6 六 / 195
3·7 七 / 196
3·8 八 / 197
3·9 九 / 198
3·10 十 / 199
3·11 弓 / 201
3·12 矢 / 203
3·13 矛 / 205
3·14 豆 / 206
3·15 丰 / 207
3·16 鼓 / 210
3·17 乐 / 212
3·18 戈 / 213
3·19 戎 / 215
3·20 车 / 216
3·21 中 / 218
3·22 鼎 / 220
3·23 示 / 222
3·24 卜 / 224
3·25 广 / 225
3·26 西 / 228
3·27 糸 / 232
3·28 丝 / 234
3·29 纸 / 235

3·30 乱 / 237
3·31 冬 / 238
3·32 巾 / 239
3·33 帛 / 240
3·34 帽 / 241
3·35 衣 / 243
3·36 求 / 246
3·37 皿 / 247
3·38 共 / 250
3·39 兴 / 251
3·40 斗 / 252
3·41 缶 / 253
3·42 壶 / 254
3·43 杵 / 255
3·44 臼 / 256
3·45 陷 / 257
3·46 合 / 258
3·47 食 / 259
3·48 乡 / 261
3·49 鬲 / 262
3·50 东 / 264
3·51 彔 / 265
3·52 瓦 / 266
3·53 斤 / 267
3·54 兵 / 269
3·55 我 / 270
3·56 刀 / 271
3·57 契 / 273
3·58 则 / 276

3·59 法 / 277
3·60 帚 / 278
3·61 其 / 279
3·62 网 / 281
3·63 舟 / 282
3·64 力 / 283
3·65 井 / 284
3·66 耒 / 285
3·67 辰 / 286
3·68 宀 / 288
3·69 官 / 291
3·70 字 / 292
3·71 客 / 293
3·72 寒 / 294
3·73 户 / 295
3·74 门 / 296
3·75 穴 / 298
3·76 乘 / 300
3·77 巢 / 301
3·78 家 / 302
3·79 窗 / 303
3·80 黑 / 304
3·81 京 / 306
3·82 高 / 307
3·83 行 / 308
3·84 走 / 309
3·85 辛 / 310
3·86 口 / 312
3·87 正 / 313

索引 315

一 人类篇

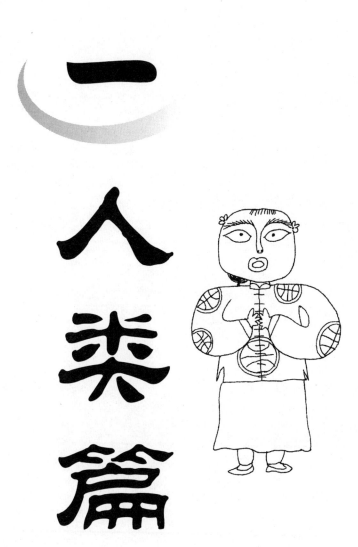

1·1

人

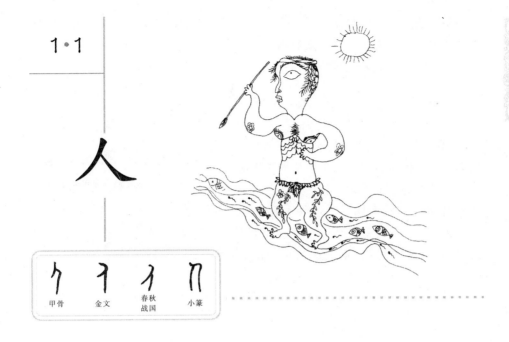

甲骨　金文　春秋战国　小篆

中国人的祖先是根据直立着的人的侧面形象来构造"人"字的,这个"人",有胳膊,也有腿,一如《说文·人部》所说:"人,……象臂胫之形。"

人可以坐,可以躺;人有头也有脸,为什么单用有胳膊、有腿、直立着的形象来表示人这种动物呢?曾任教京师大学堂的美国传教士丁韪良认为,古人构造人字的出发点在于"人是二足动物中的灵长,他的头因为无足轻重而被省略"①。的确,从外观上看,人和动物的最大区别就在于是否能够直立行走。动物用四肢行走,因而是趴着的,没有手和脚的区别;人用双腿行走,因而是站着的,手脚各有分工。先民所造之字,只两笔就抓住了人有手有脚、能够直立行走的特点,一下子就将人和其他灵长类动物区别开来,这好比是远古时代形简意赅的抽象画杰作,造字的仓颉也可以算是抽象画派的先驱了。

据《孔子家语》记载:孔子游泰山,遇见一位名叫荣声期的老人,他衣衫褴褛,却边弹边歌唱,一副自得其乐的样子。孔子问:"先生为什么这么高兴啊?"荣声期回答说:"吾乐甚多,而至者三。天生万物,唯人为贵,吾既得为人,是一乐也……"②最让荣声期感到快

① [美]丁韪良:《花甲记忆——一位美国传教士眼中的晚清帝国》第34页,广西师范大学出版社,2004年。

② 杨朝明注说《孔子家语》第178页,河南大学出版社,2008年。

乐的事情是他生而为人。许慎在《说文解字》中也说人是"天地之性最贵者",反映出中国古代朴素的人本主义思想。

古代汉字中还有这样一些字与"人"有关:

甲骨　金文　春秋战国　小篆

身,古文字形象一个侧面站立的人,腹部很大,象孕妇,腹中的一点象正在发育之中的胎儿,所以身的本义是怀胎的意思,《诗经·大雅·大明》:"大(太)任有身,生此文王。"① 有身就是怀孕,至今,怀孕仍然说"有身孕"。后转指人的身体,如《楚辞·国殇》:"带长剑兮挟秦弓,首身离兮心不惩。"

① 程俊英译文:"太任怀孕降吉祥,生下这个周文王。"《诗经译注》第492页,上海古籍出版社,1985年,下同。

甲骨　金文　春秋战国　小篆

克,古文象人头戴头盔、手叉着腰,是英勇的武士形象,所以,克的本义是"战胜、攻克",如成语"克敌制胜",引申为"胜任"、"能",例如,《书·尧典》:"克明俊德,以亲九族。"形容既勤劳、又节俭叫"克勤克俭"。

甲骨　金文　春秋战国　小篆

文,古文字形象一个正面而立的人,胸前画有文彩图形,它反映的是远古时代曾经有过的文身习俗。与今天不同的是,远古的文身是图腾文化的产物,古人胸前所绘的是代表各自部落驱鬼敬神的图画。所以许慎《说文·文部》云:"文,错画也,象交文。"古代有一种残酷的刑法"黥刑",因为是在犯人的额头或脸颊上刺字,并涂上黑墨,所以又叫"文面",《水浒传》中的宋江就是个文面的犯人。

1·2

并

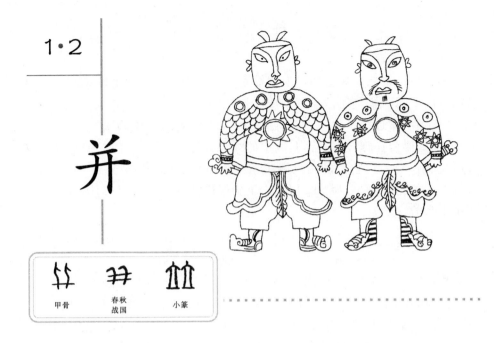

| 甲骨 | 春秋战国 | 小篆 |

在古代汉字中,以下这些字都是由两个"人"字构成的:

并,古文象两个人站在一起,所以有"相挨着"、"一齐"的意思,"并肩而立"、"齐头并进"的"并"就包含这个意思。水中的两朵莲花相挨着长在一个茎上叫"并蒂莲",文学作品中常用来形容恩爱的夫妻。字形繁体作"並",作为构字部件,它只保留在碰撞的"碰"、普通的"普"等少数字中。

| 甲骨 | 金文 | 小篆 |

从,字形表示两个人一起走,古文字形有加"彳"、"止"的,均强调行走之义,故繁体作"從"。本义为二人相随,所以有"一个跟着一个"的意思,如《论语·微子》:"子路从而后。"于是跟随主人或首长的人就叫"随从"。字形又引申出顺从、听从的意思,如《墨子·号令》:"不从令者斩。"由"顺从、顺着"义虚化为介词,表示"经过、由……开始"等义,是现代汉语里最常用的介词之一。

繁体"叢"的本义是聚集在一起的植物(小树、草等),简化后作"丛"。在这里"一"为指事性符号,不表示任何意义;"从"表示读音,同时由其本义"两个人在一起"也可引起"聚集"的联想,对理解字义有启示作用,如丛书、论丛等。

| 甲骨 | 金文 | 春秋战国 | 小篆 |

比，古文是侧立着的两个人的形象。"比"和"从"字形上的区别在于两者的方向不同："从"字两人向左，"比"字两人向右。

"比"有"靠近"义，中国古代有"海内存知己，天涯若比邻"、"在天愿作比翼鸟，在地愿为连理枝"的诗句，其中的"比"就是"靠近"、"接近"的意思。在深海里，有一种鱼，它们的两只眼睛随着年龄的增长而逐渐靠近，最后移到头部的一侧，我们称之为"比目鱼"。至于现代常用的"比较"义，则是由本义引申出来的。

| 甲骨 | 金文 | 春秋战国 | 小篆 |

北，"北"的古文字形象两个人背靠背。《说文·北部》："北，乖也。"意思是背离、违背。战斗中，打败仗掉头逃跑的一方会将背向着胜者，所以，"北"在古代汉语中常表示失败，例如《韩非子·五蠹》："鲁人从君战，三战三北。""三北"就是打了三次败仗的意思。现代汉语中，败北的"北"仍然保留着此义。成语"追奔逐北"的"北"指失败逃跑的人。

后来"北"用来表示方向，词义发生了分化，就在"北"下加"月（肉）"来加以区分，读音也从入声变为去声。"背"的主要意思有：脊背、后背，古今都很常见；背对着，如"背道而驰"；背离、违背，如"背信弃义"。

| 甲骨 | 金文 | 小篆 |

化，古文字形是一正一倒的两个人的形象。变化之大莫过于颠倒，所以用人形正倒来表示变化的意思。《庄子·逍遥游》："北冥有鱼，其名为鲲。鲲之大，不知其几千里也；化而为鸟，其名为鹏。鹏之背，不知其几千里也……"这里的"化"就是变化的意思。

| 甲骨 | 小篆 |

斗，表示打斗的"斗"繁体作"鬥"，古文字形象两人相斗、怒发冲冠的形象，《说文·鬥部》说："鬥，两士相对，兵杖在后，象斗之形。"是"两人对打"或"打架"的意思。《荀子·荣辱》："凡斗者，必自以为是而以人为非也。"荀子之言，值得追求和谐的今人深思。

后又加声符作"鬪"，简化作"斗"。字形与表示容器的"斗"相同，但读音不同：争斗的"斗"念 dòu，一斗一升的"斗"念 dǒu。

1·3

尸

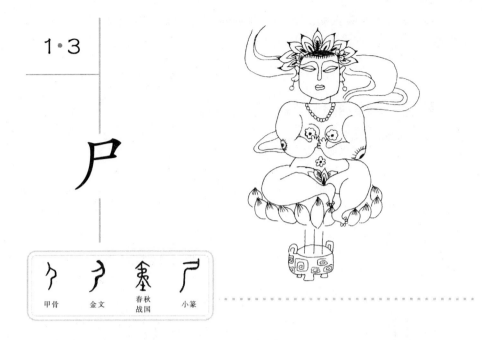

| 甲骨 | 金文 | 春秋战国 | 小篆 |

"尸"的甲骨文、金文字形象一个人屈腿而蹲踞的样子。《公羊传·宣公八年》"绎者何,祭之明日也。"汉代何休注云:"祭必有尸……礼,天子以卿为尸,诸侯以大夫为尸,卿大夫以下以孙为尸。"自夏商以来,古人祭祀先祖时,会让臣下或后人代表已故的祖先接受祭拜。"尸"就是扮成祖先接受祭祀的人,是活着的人,例如《仪礼·特牲馈食礼》:"主人再拜,尸答拜。"直到战国时期,"尸"才从祭祀活动中消失了。

字形后来加"死"成"屍",《说文·尸部》:"屍,终主也。"表示人的尸体。

"尸"组成汉字时也用来表示人身体的下部或后部,例如:

小篆

屁,《玉篇·尸部》:"屁,泄气也。"指的是从肛门排出的臭气。

甲骨

屎,古文字形象人排泄粪便的样子,从尸表示人排泄时的姿态,下面的小点儿象排泄物,后写作"米"。甲骨文中,"屎"还常常出现在记述农事活动的卜辞中,因为商人已经懂得人和动物的粪便是上好的天然肥料,并且掌握了施肥的技术。也许是因为不雅,后来人们就用"矢"字来替代"屎"。《史记·廉颇蔺相如列传》中谈到廉颇的健康状况时有"顷之三遗矢"之说。毛泽东

《送瘟神》诗描述血吸虫病为害的情景时也写道："千村薜荔人遗矢,万户萧疏鬼唱歌。"上述两处的"矢"皆为"屎"。

屎,古文字形象男人尿尿的样子,字形后来写作"尿",从尸表示人的下身,从水表示排出的液体。

1·4 儿

古文字形象新生儿头上的囟门尚未合上的样子,是"婴儿"的意思,繁体作"兒",所以《说文·儿部》说:"兒,孺子也,从儿,象小儿头囟未合。""儿"也可指幼儿,如《史记·循吏列传》:"(子产)治郑二十六年而死,丁壮号哭,老人儿啼。"郑国的贤臣子产治理国家二十六年,勤政爱民,清正廉洁。他去世时,不仅成年男子嚎啕大哭,就连老人也像孩子一般的啼哭。指婴幼儿时,可以兼指男女,但多指男孩。此外,"儿"还可以指年轻人及子女,但也多用于男性。

在一些由"儿"组成的字中,"儿"又是人字的变体,例如:

元,宋·戴侗《六书故》云:"元,首也。从儿,从二。儿,古文人;二,古文上。人上为首，会意。"古文字形突出了侧立着的人的头部，下边的"儿"是人的变体，所以，元的本义是"头"。后来，从这个本义产生了"开始的"、"第一"、"居于首位的"等义，例如，称新年的第一天为"元旦"，考试的第一名为"状元"，国家的最高领导人为"元首"，罪大恶极的首犯为"元凶"。又如，事物发展的本源或开始阶段称"元来"，而"元"又是中国历史上的一个朝代的名字，明人忌讳"元人再来"，故改"元"为"原"，是为"原来"。

| 甲骨 | 金文 | 春秋战国 | 小篆 |

允，古文字形突出了人的头部，《说文·儿部》："允，信也。"许慎认为，"允"的本义是诚信，如《文心雕龙·奏启》有"以明允笃诚为本"之说。至于允许的"允"则是后起的引申用法。

"允"还可用作副词，表示"确实"或"果真(有)"，例如《诗经·鲁颂·泮水》"允文允武，昭假烈祖"①。1934 年，著名教育家张伯苓先生在南开学校成立三十周年之际，将南开精神概括为"允公允能，日新月异"，意在希望南开学子既有为国效力的公心，又有服务社会的才能，这便是今天南开校训的缘起。

① 程俊英译文："又能文来又能武，英名能及众生王。"《诗经译注》第 661 页。

| 甲骨 | 金文 | 春秋战国 | 小篆 |

竞，下象两个并列的人的形状，上象头饰，古文字形象两个人相互追逐的样子，由此引申出"竞赛"、"竞争"的意思。字形繁体作"競"。

| 甲骨 | 小篆 |

竟，上从言，下从人，有学者认为古文字形象人吹箫的样子。《说文·音部》："竟，乐曲尽为竟。从音从人。"段玉裁注："曲之所止也。"所以"竟"的本义是乐曲终了的意思，并由此引申出一切事物的完结或终了，如曹操诗《龟虽寿》："神龟虽寿，犹有竟时。"这个"竟"就是生命完结的意思。现在说"未竟的事业"，指有待完成的事业。成语"有志者事竟成"的"竟"是"终于"的意思，是字义进一步引申的结果。

竞和竟，读音相同，字形相近，应注意区分。

光,《说文·火部》:"光,明也。"古文字形象跪着的人头上有火,是"光明"的"光"。

1·5 肖

古文是带血水的胎儿的形象,表明有血缘关系,是"容貌相似"、"相像"的意思,所以《说文·肉部》说:"肖,骨肉相似也。"至今仍称描绘人物形象的画像叫"肖像",形容非常相像为"惟妙惟肖"。

《孟子·万章上》:"丹朱之不肖,舜之子亦不肖。"《封神演义》第五十七回的一段话说得更为详细:"昔尧帝之子丹朱不肖,尧崩,天下不归丹朱而归於舜;舜之子商均亦不肖,舜崩,天下不归商均而归於禹。"不肖是"子不如父"的意思。后世常用"不肖子孙"来形容那些不能继承先人事业或者品性不端的后代。

1·6 子

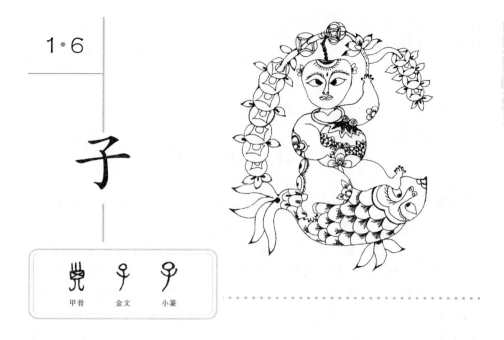

古文字形中的孩子头大身子小,且有囟门,是襁褓中的婴儿的形象,所以"子"的本义是"幼小的儿女"的意思,婴儿的性别特征尚未发育成熟,所以性别并不是造"子"字的重要依据,换言之"子"可男可女,例如《孟子·梁惠王下》:"老而无子曰独。"《列子·汤问》:"虽我之死,有子存焉;子又生孙,孙又生子,子又有子,子又有孙。"这是众所周知的愚公移山的故事,其中的"子"指的是儿子。《韩非子·说林上》:"卫人嫁其子而教之。"这里的"子"显然是女儿。如需特别指明孩子的性别,就在"子"前加"男"或"女",例如《诗经·小雅·斯干》:"乃生男子,……载弄之璋。乃生女子,……载弄之瓦。"后来,"子"多专指儿子,如唐陈玄祐《离魂记》:"清河张镒……无子,有女二人。"

　　子在先秦时代还有一个重要的用法,即可表尊称,如称孔丘为孔子,称孟轲为孟子,称孙膑为孙子,称庄周为庄子,等等。古人谈话时也会尊称对方为"子",例如《左传·僖公三十年》记述郑国的国君准备派遣烛之武出使秦国,却遭到他的拒绝:"臣之壮也,犹不如人;今老矣,无能为也已。"言谈中流露出对自己年轻时未受重用的牢骚与不满,郑伯听出了他的弦外之音,说道:"吾不能早用子,今急而求子,寡人之过也。"这里,"子"的用法相当于今天的"您"。"子"的这种用法从何而来呢?据推测,"'子'的尊贵化可能和殷代有关,殷代是'子'姓,所以'子'是殷商的最显赫的姓,正因为如此,'子'就成为贵族的标志,殷商灭亡之后,由于社会上的习惯势力,'子'转为尊称。这正像周代是'姬'姓,因而'姬'成为美女的称号和对女性的尊称一样。"①

① 王凤阳《古辞辨》第233页,吉林文史出版社,1993年。

甲骨　小篆

孕,古文字形突出了女性的腹部,是孕妇的形象。字形后作"孕",其中,"乃"为"人"字的变体。

甲骨　金文　春秋战国　小篆

保,古文象一个人把孩子背在背上的样子,本义是保护婴儿或幼小的子女,《大戴礼记·主言》:"上之亲下也如腹心,则下之亲上也如保子之见慈母也。"这里的"保子"指的就是受到保护的幼儿。《说文·人部》:"保,养也。"唐兰更进一步阐明:"负子於背谓之保,引申之,则负之者为保,更引申之则有保养之义。"② "保"有"保护"、"保全"的意思。从这点引申开来,用来包裹婴儿、使其不受风寒侵袭的布或棉被叫"褓裸"("衤"表示属衣物类),在要冲地点作防守用的坚固建筑物叫"堡垒"("土"表示地上的土石垒筑之物)。

② 唐兰《殷墟文字记》第59页,中华书局,1981年。

甲骨　金文　春秋战国　小篆

改,古文字形中的"攵"象手中挥舞着鞭子,"子"象跪着的孩子,两者合起来象挥鞭教训跪着的孩子,是教育子女改正错误的意思。字形后来引申为"更改"义。

1·7

zhǎng

长

| 甲骨 | 金文 | 春秋战国 | 小篆 |

古文字形象长着长发、拄着手杖的人,是长者的样子。长者的生命要比其他人长,所以,字形就有了"长久"的意思,读作 cháng。繁体作"長"。

荣声期是春秋时期著名的隐士,据《孔子家语》记载,他一生感到最为快乐的事情,除了生而为人以及生而为男人外,就是长寿了:"人生有不见日月,不免襁褓者,吾既以行年九十五矣,是三乐也。"[1]人活七十古来稀,而自己却活了九十五岁,这怎么能不让荣声期感到快乐呢?

长寿一直是人类的理想,中国人更是结合汉字的特点表达了对长寿的期盼。古人称七十七岁是喜寿,一来自然是取欢喜的意思,二来是因为喜的草书拆开来很像"七十七"。八十八岁被称作米寿,因为米字拆开来很像"八十八"三个字。九十九岁是白寿,因为还差一岁就是百岁,"百"字少一横即为"白"字。一百零八岁是茶寿,因为茶字上面草字头的繁体写法是两个"十",可以代表二十;中间的"人"很像八,所以是八岁;下面的"木"拆开来是八十,几个数加起来正好是一百零八。

> [1] 杨朝明注说《孔子家语》第179页,河南大学出版社,2008年。

1·8 老

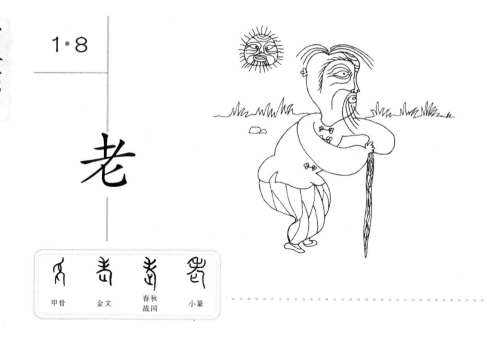

甲骨　金文　春秋战国　小篆

古文字形象一位老人拄着拐杖的样子。多大是老？南朝的皇侃认为："老谓五十以上。"古时从六十岁开始免除徭役和兵役，所以《宋书·食货志》说："六十为老。"类似的记载还有《汉书·食货志》"民二十受田，六十归田"，《隋书·食货志》"二十充兵，六十免役"等等。《礼记·曲礼上》及《说文·老部》则认为："七十曰老。"看来思考问题的角度不同，得出的结论也就不一样。

年老的人什么样子？腿脚不灵便，拄着拐杖。的确，古文"老"象老者倚杖之形。但古文字形抓住的不仅是老人特有的形态，而且还折射出中国自古以来就已形成的敬老养老的观念与礼制。《孟子·梁惠王上》："鸡豚狗彘之畜，无失其时，七十者可以食肉矣。"让七十岁以上的老人都能吃上肉，是一代先贤的社会理想。据郑玄《周礼·秋官》注云，周代有一种"赐老者之杖"的制度，《礼记·王制》的记载更为详细："五十杖于家，六十杖于乡，七十杖于国，八十杖于朝。"将拐杖送给老人，是古代的一种礼制。周代的天子会在每年的秋天举行赐杖仪式，自诸侯以下各级官员纷纷效仿，形成了人人敬老爱老的社会风气。今天，我们依然可以从民间年画上那拄着拐杖的寿星老身上，追寻到那个久远的年代温馨而淳朴的民风。①

"耄耋"用来形容老人，两个字都用"老"作义符，但细分起来，字义与"老"有别，《说文·老部》："七十

① 江玉祥《释"寿"——兼论中国先秦时期尊老敬老习俗》，四川大学学报1995年第1期。

曰老,八十曰耋,九十曰耄。"所以,耋耄通常指的是八九十岁以上的老人。汉代桓宽《盐铁论·散不足》:"古者庶人耋老而后衣丝,其余则麻枲(xǐ)而已,故命名曰布衣。"尽管物力匮乏,但人们还是将为数不多的丝织品送给八十岁以上的老人穿戴,而八十岁以下的人则以麻枲裹身,布衣之谓由此而来。

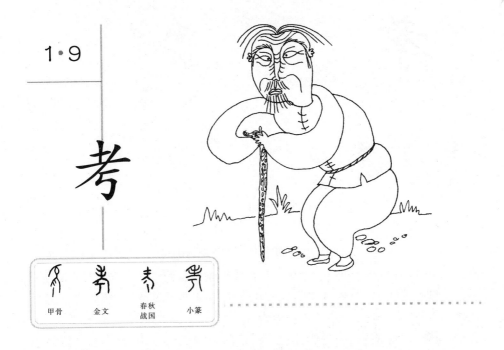

1·9 考

甲骨　金文　春秋战国　小篆

古文字形是一个驼背拄杖的长发老人的形象,表示"年岁大",《说文·老部》:"考,老也。"《诗经·大雅·棫(yù)朴》:"周王寿考,遐不作人?"意思是说周王年事已高,为何不为后世造就人才呢?这里的"考"用的就是"年纪大"的本义。

"考"还和中国古代的一个习俗有关。中国人历来注重长幼尊卑之序,父母生前身后,儿女都不能直呼其名。古人讲究这种避讳,怎样称呼都有一定的礼仪规范。"考"这个字就是用来称呼已故的父亲的,如《礼记·曲礼》说:"生曰父、曰母,……死曰考、曰妣。"成语"如丧考妣"就是形容人非常伤心,好像失去父母一般,不过这个成语现在多用于讽刺,含贬义。现代人在别人面前常把自己的父母称作"我家老人"、"老爷子"、"老太太",也是出于同样的原因。

现代汉语中,"考"有"考试"、"检查"、"推求"等意义,这些都是它后来的假借义。

1·10 孝

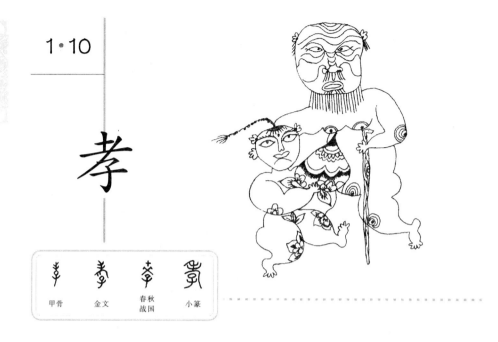

| 甲骨 | 金文 | 春秋战国 | 小篆 |

《说文·老部》曰:"孝,善事父母者。"孝顺父母是中国自古以来的传统美德,例如东汉有个孩子叫黄香,九岁时就懂得孝敬父母。严冬来临之际,为了不让父母受凉生病,黄香就在临睡前用自己的身体温暖被褥,然后再请父母就寝。清代李毓秀写作《弟子规》,教育儿女应该做到:"父母教,须敬听。父母责,须顺承。""亲有疾,药先尝,昼夜侍,不离床。"《论语·为政》篇云:"孟懿子问孝。子曰:'无违'。"孟懿子就孝道请教孔子,孔子回答:"不要违背父母的意愿,这就是孝。"相反,据《吕氏春秋》引《商书》记载,在商朝,各种刑罚虽然很多,但"刑三百,罪莫重于不孝。"

因为孝涉及父母(长辈)和孩子之间的关系,所以金文字形选取了"老"和"子"这两个构件组成了"孝"字:长发老者在上,黄毛幼子在下,以孩子搀扶老人的形象来表现"孝"的内容,字简而意赅。

1·11

欠

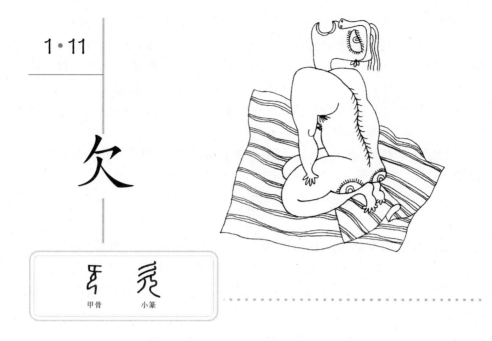

甲骨　小篆

　　古文字形是一个人张大嘴打哈欠的形象,本义是"打哈欠"。段玉裁《说文解字注·欠部》:"欠者,气不足也,故引申为欠少字。"按照段说,打哈欠说明人的精神不足,所以是"欠缺"的"欠",《三国演义》上诸葛亮一句"万事俱备,只欠东风"尽人皆知,这里的"欠"用就是这个意思。

　　"欠"作为汉字偏旁可组成与"呼吸、气息"有关的字,如歌唱的"歌"、吹牛的"吹",歇息的"歇",等等。

甲骨　金文　小篆

　　吹,古文"吹"在张着大嘴的"欠"上又加了一个"口",强调气从口出。《法华经·序品》及《金光明经·赞叹品四》等佛经著作都有"吹大法螺,击大法鼓"的说法,法螺中空,吹起来声音特别洪亮,后讽刺说大话为"吹法螺","吹"的"夸口"义由此而来,现在则常说"吹牛"。

小篆

　　涎,音 xián。小篆从水从欠写作"次",表示人张着嘴口水外流的样子,是"口水"的意思。《说文·次部》:"次,慕欲口液也。"段玉裁更进一步地解释道:"有所慕欲而口生液也。"由嘴馋想吃而生口水,古人造"次"字,不仅表明了"口水"的本义,而且还道出了"口水"产生的生理原因。楷书写作"涎",

其中,"氵"表示口水,"延"近似地表示字的读音。唐朝柳宗元《三戒·临江之麋(mí)》讲过这样一件事:"临江之人,畋(tián,打猎)得麋麑(ní),畜之,入门,群犬垂涎,扬尾皆来。"临江人打猎得到了一只幼小的麋鹿,因为舍不得杀掉而把幼鹿养了起来,一群狗见了馋得流出了口水,摇着尾巴就来了。后世因此有"垂涎"之说,如宋人诗云:"欲买青山未有钱,每逢佳处但垂涎。"今又作"垂涎三尺"或"垂涎欲滴"。

"㳄"字虽然被"涎"取代了,但是作为表意部件,它仍然存在于现代汉字之中,如"羡"、"盗"等,不过,字中的"氵"省写作了"丫"。

羡,"羡"的字形结构中,"欠"象一个人张着大嘴,"丫"或作"氵",象流出的口水,"𦍌"就是"羊",泛指一切美味。面对美味佳肴垂涎三尺,这就是"羡"的构字理据,《说文·㳄部》:"羡,贪欲也。"它的本义是因为喜爱而想得到的意思。

1·12 卵

古文字形象睾丸的形象,因与繁殖后代有关,后来成为鸟、鱼、虫类所生蛋的通称,例如,《史记·范雎列传》:"秦王之国,危如累卵。"又比如成语"杀鸡取卵"、"以卵击石"、"覆巢之下,焉有完卵"等。

1·13

女

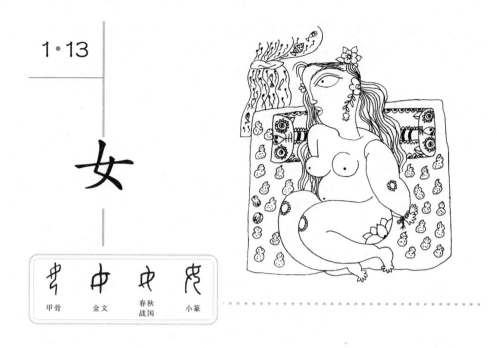

| 甲骨 | 金文 | 春秋战国 | 小篆 |

古文字形象两腿跪着,两手相交的女子形象。用作形旁,"女"多用来表示女性,例如:妈、姐、妹、姑、奶、姨,又比如:

| 甲骨 | 金文 | 春秋战国 | 小篆 |

妻,古文字形是手抓长发女子的形象,是"妻子"的"妻"。将年轻的长发女子抢回来做配偶,"妻"的古文字形反映了上古社会中抢婚的风俗。历史上,西南诸多少数民族都曾有过抢婚的习俗,至今,在云南的傣族、阿昌族以及贵州水族的婚礼上,抢婚仍然是必不可少的仪式。即将成婚的女子改变发式是一个古老的习俗,所以也有学者认为,"妻"的古文字形描绘的是即将出嫁的女子梳妆的样子,象一幅美妙的梳妆图。截然不同的观点,折射出两种迥异的新婚景象。

| 金文 | 小篆 |

姓,《说文·女部》:"姓,人所生也。古之神圣,母感天而生子,故称天子。从女从生,生亦声。《春秋传》曰:'天子因生以赐姓。'"段玉裁注曰:"《五经异义》、《诗》齐鲁韩、《春秋公羊》说圣人皆无父感天而生。"远古时期,人类的祖先曾经经历过母系氏族阶段,那时的人们但知其母,不知其父,所以说"感天

而生"。姓就是对那些一母所生且以母亲的血缘关系来维系的家族的称号,所以字形从女又从生,生是"生育"的意思。春秋时期曾经出现以立人旁代替女字旁的与"姓"同义的字形"仳",因为那时早已进入父系社会姓父亲的姓了,但在这件事上女性最终取得了胜利,"仳"字后来还是消失得无影无踪了。

好,古文字形是妇女抱着幼小的孩子的形象。《说文·女部》上说:"好,美也。"即"美丽"、"漂亮"的意思,例如《诗经》开篇的"窈窕淑女,君子好逑。"①

> ① 程俊英译文:"纯洁美丽好姑娘,真是我的好对象。"《诗经译注》第3页。

"好"在商朝可作人的姓氏。古代木兰替父从军、杨门女将为国出征的故事家喻户晓、妇孺皆知。其实,早在公元前13世纪,中国就已经出现过战功卓著、文武双全的巾帼女子,她就是商王武丁的妻子,称为"妇好"。

上文讲到孔子在泰山遇到快乐的荣声期,荣声期告诉孔子,他有很多快乐的事,第一件是生而为人,第二件就是生而为男人,因为在传统的男尊女卑的社会中,尊崇男性、鄙视女性是一种普遍理念。这种理念表现在汉字中,就是许多不好的字眼儿都用女字做形符,例如:

妄,《说文·女部》:"妄,乱也。"指没有根据地猜想或行动,即"妄想"。

婪,《说文·女部》:"婪,贪也。"即"贪婪"。

嫉,《广雅·释诂》:"嫉,妒也。"即"嫉妒";《广雅·释诂三》:"嫉,恶也。"引申为憎恨,如"嫉恶如仇"。

妒,《玉篇·女部》:"妒,争色也。"是"妒忌"的意思。

小篆

嫌,《说文·女部》:"嫌,不平于心也。一曰疑也。"是"疑惑不定"的意思,后引申为"嫌疑"与"怨恨"。

小篆

奸,古音gān,《说文·女部》:"奸,犯淫也。从女从干,干亦声。"《广雅·释诂》:"奸,犯也。"是"冒犯"的意思。此义与古音均已消失。后来"姦"字形变为"奸",音jiān。

姦
小篆

姦,音jiān。《说文·女部》:"姦,私也。"本义是"私"的意思,《汉书·食货志下》:"姦钱日多。"社会上私自铸造的钱一天比一天多,与女性又有何干呢?后来引申出虚伪、不忠诚等义,又引申为男女在婚姻之外发生性关系,即姦淫、通姦的"姦",汉字简化之前,"姦淫"义写作"姦",其他均作"奸",如"奸诈"、"汉奸"、"奸臣"等,简化后"奸"完全代替了"姦"。

可以看出,上述汉字所要表达的内容没有一个是女性的"专利",却通通从女构字。由于封建社会女性失去了受教育的权力,女子无才便是德,所以,男性要这样写,也只好悉听"尊者"之便了。

1·14 母

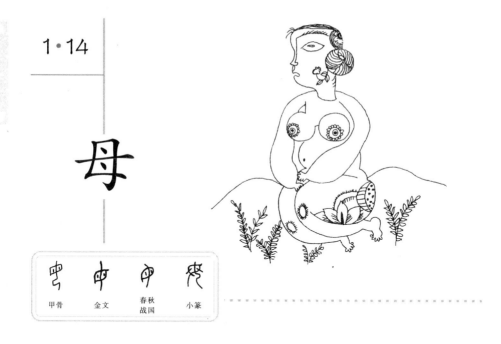

| 甲骨 | 金文 | 春秋战国 | 小篆 |

古文突出了女性的两个乳房，象有生育能力的妇女的形象，母在汉语中的基本义是母亲。母系氏族阶段，成年女性在社会中有着很高的社会地位，她们的采集活动给氏族成员带来了丰富的食物，她们的生育能力也决定了氏族人口的多寡，那是一个真正人多力量大的时代，有了人就能够抵抗大自然的侵袭，所以具有生育能力的女性备受尊敬。后来"母"被假借作表示"不要"的禁止词。字义的分化导致了字形的分化，为了区别，表示"不要"的字形后来改写作"毋"，读作 wú。

| 甲骨 | 小篆 |

乳，古文字形是母亲怀抱着婴儿喂奶的形象。《说文·乙部》："乳，人及鸟生子曰乳，兽曰产。"所以本义是生殖、繁殖。又有"哺乳"义，如《左传·宣公四年》："鄀(yún)夫人使弃诸梦中，虎乳之。"作"奶汁"讲是较晚的引申义，如《魏书·王琚传》："常饮牛乳。"又如今天所说的乳汁、乳制品等。

| 甲骨 | 金文 | 春秋战国 | 小篆 |

后，古文字形是母亲产子的形象。胎儿顺产时头先出来，所以"子"倒写。后是母系氏族社会中对女性酋长的称谓，也指远古时代的帝王或君主，

如射掉九个太阳的后羿。著名画家徐悲鸿的名作《奚我后》表现了深陷苦难的黎民百姓对圣明君主的期盼与渴望。"后"又用来指称帝王的妻子,如"皇后"、"后妃"等。这个"后"与前后的"後"原来是两个字,现在"后"、"後"合为一字,是汉字简化的结果。在需要用繁体字的时候,绝不要把"皇后"、"后羿"写成"皇後"、"後羿"。

甲骨　金文　小篆

"育",古文字形由"女"或"母"和倒"子"构成,象母亲产子的形象,有的字形上有一些小点,象母亲产子时的血水,是"生孩子"的意思。《说文·云部》:"育,养子使作善也。"生子并加以教导,使之成为对社会有用的人,这是"育"的基本意义,是从造字的本义引申出来的。

甲骨　金文　小篆

"毓",古文作"㐬",字形中的倒"子"可写作"云",表示胎儿的头朝下;旁边几个"、"象母亲生产时的血水,字形或从"母"写作"毓",是"生养"、"孕育"的意思,后以"毓"为正体。今生育义只能用"育","毓"则用于成语及人名。成语"钟灵毓秀"是说秀丽的山川凝结了天地之间的灵气,会孕育出杰出的人物,了解了"毓"的造字意义,就不难理解这个成语的涵义了。分娩过程中,胎儿的头朝下是顺产,所以字形"㐬"就有"顺"或"畅"的意思,《说文·云部》云:"毓,通也",所以河水通畅就是"流",把头发弄顺了就是"梳",使堵塞、阻塞的地方通畅就是"疏",如《孟子》称大禹治水为"禹疏九河",等等。

首

1·15

| 甲骨 | 金文 | 春秋战国 | 小篆 |

古文象头的形状,所以本义是"头",例如,作战时砍下的敌人的头颅叫"首级",不忍再回过去细想经历过的情景叫"不堪回首"。《诗经·卫风·伯兮》:"自伯之东,首如飞蓬。"① 形容女子因丈夫离家东去而无心梳洗打扮,头发像散乱的蓬草。北京大学中文系教授何九盈曾经戏言,这种首如飞蓬的感觉应该跟现代流行的钢丝头差不多。后来,从"头"的本义又产生出了"最高"、"带头的"、"第一"的意思,例如,君主国家内阁的最高官职叫"首相",比喻最先受到攻击或遭遇灾难为"首当其冲",称罪恶或祸患的主要责任者为"罪魁祸首",等等。

"首"、"头"是同源字,古音相通,有时可通用,如昂首即是昂头,但用法上也不完全一致。现代汉语中,首字不单说,多组成复合词或成语,用于书面语,如"首长"、"首脑"、"元首"、"首领"、"首富"、"首相"、"首屈一指"、"俯首帖耳"、"痛心疾首"等;头可单说,常用于口语,组成的词语往往含贬义,如"头子"、"头儿"、"地头蛇"、"油头滑脑"、"呆头呆脑"、"狗头军师"等。

① 程俊英译文:"自从哥哥去当兵,无心梳洗发蓬松。"《诗经译注》第116页。

1·16

页

古文字形突出了人的头部。"页"的本义是"头",繁体作"頁"。借作书页的"页"及量词后,"页"的本义已消失,但用作形符,仍然表示"头"的意思,例如:

嚣,古文字形由"页(头部)"和四个"口"构成。说话的嘴多了,就会叽叽喳喳,于是就有"喧闹"、"喧哗"的意思,如"叫嚣"、"喧嚣"等。

顶,《说文·页部》:"顶,颠也。"指头的最上部,即"头顶"。后泛指事物的最上部,如房顶、山顶、楼顶等。《周易·大过》:"过涉灭顶……"水大没过了头顶,性命难保,后人就用"灭顶之灾"比喻毁灭性的灾难。

顿,《说文·页部》:"顿,下首也。"段玉裁注:"按当作顿首也。"顿首即叩头,古人常用来表示致敬或请罪。后人写信多作"某某顿首",以表恳切之义。不过朱骏声在《说文通训定声》中表示,在写信时动辄就用请罪之辞是不恰当的。好在今人已不用此谦辞,恰当与否,也不必深究了。

顾，《说文·页部》："顾，还视也。"是"回头看"或"转头看"的意思，如《孟子·梁惠王下》："王顾左右而言他。"回头看往往表现出一种关爱，所以就有了"照顾"的意思，客人到商店买东西是对店主的一种照顾，所以称为"顾客"，而顾客的到来就是对商家的"惠顾"或"光顾"。

题，《说文·页部》："题，额也。"本义指脑门。古时西南某些民族"被发衣皮、黑齿雕题"，其中的"雕题"就是在脑门上刺上或画上各种花纹。至今，西南的黎族、苗族及台湾的高山族等仍保留着在脑门上描画花纹的习俗。由额头引申指事物的前端以及诗文前面的总称，如题目、标题等，后来引申义成了基本义，原义反而渐渐消失了。

1·17

颜

《说文·页部》："颜，眉目之间也。"本义指额头，如《史记·高祖本纪》："高祖为人，隆准而龙颜……"意思是汉高祖刘邦生有高高的鼻子和像龙一样突出的额头。后用来指脸色和表情，如杜甫《茅屋为秋风所破歌》："安得广厦千万间,大庇天下寒士俱欢颜。"

"颜色"一词最初指人的面容和表情,如《礼记·玉藻》:"凡祭,容貌颜色,如见祭者。"曹植《艳歌》:"长者赐颜色,泰山可动移。"清代黄遵宪《今别离》:"揽镜妾自照,颜色桃花红。"又如朱自清《执政府大屠杀》中所说:"他们都背着枪,悠然的站着,毫无紧张的颜色。"后引申出"面子"的意思,如朱自清散文《桨声灯影里的秦淮河》:"使我们觉得我们的船和船里的我们,在桥下过去时,真是太无颜色了。"由脸的颜色又引申出"色彩"的意思,如杜甫《花底》诗云:"深知好颜色,莫作委泥沙。"

1·18 领

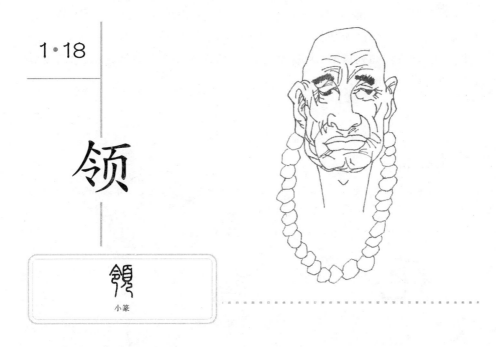

小篆

古代汉语中,表示"脖子"的字有三个:

领,《说文·页部》:"领,项也",本义是脖子。《左传·成公十三年》有"我君景公引领西望"之句,"引领西望"是伸直脖子向西望去,又如《聊斋志异·罗刹海市》:"结想为梦,引领成劳。""引领成劳"是由于热切盼望而心神劳瘁。"首领"原指头和脖子,是人体最重要的部分,后喻指某些组织的领导人。"领"从本义又引申出"衣服中围绕着脖子的部分",即"衣领",今天说"白领"、"蓝领"用的也是这个意思。"领袖"原意是领子和袖子,因为是衣服的关键部位,所以引申为指管理国家、政治团体或群众组织的人物,如政治领袖、群众领袖等。

项，《说文·页部》："项，头后也。"指的是脖子的后部，如成语"项背相望"指行进的人连续不断，后边的人可以看见前边人的脖子和后背。又如"不能望其项背"是形容追赶不上，落后很多，以至于看不见他的背影了。至今，"项链"一词仍然保留了"项"的本义。

颈，《说文·页部》："颈，头茎也。"指脖子或像脖子一样的东西，如长颈鹿、瓶颈等。"颈"与"项"同指脖子，但不同的是，按照原义颈在前，项在后，如《史记·廉颇蔺相如列传》："为刎颈之交。"刎颈指自己用刀抹脖子，这时要抹的显然是脖子的前部。

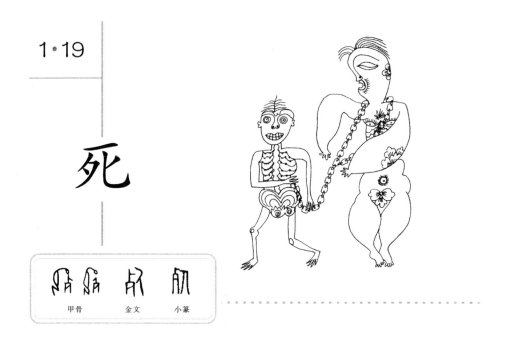

1·19 死

甲骨文字形的左边象一人跪拜，右象骨头，是"歺(niè)"字。商承祚认为死的甲骨文字形象生人拜于朽骨之旁，是"失去生命"的意思，例如《论语·泰伯》："鸟之将死，其鸣也哀；人之将死，其言也善。"

关于死的说法，不同的等级有着严格的区分，《公羊传·隐公三年》："天子曰崩，诸侯曰薨，大夫曰卒，士曰不禄，庶人曰死。"

《说文·山部》："𡹔，山坏也。""𡹔"即崩，指山体塌陷，天子之死有如山崩地裂，是谓崩。

《说文·死部》："薨，公侯猝也。"字形从死从梦，意谓长眠，是对诸侯之死的一种委婉的表达。

关于"士曰不禄"，郑玄注曰："不终其禄。"意思是说为官之人不能继续享受他的俸禄，是对士之死的避讳的说法。

葬，甲骨文"葬"象一人躺在床上的侧视图，表示尸体放在床上。篆文从死在茻（很多草）中，象用草掩埋尸体，所以《说文·茻部》："葬，藏也。从死在茻中。"《易·系辞下》曰："古之葬者，厚衣之以薪，葬之中野，不封不树，丧期无数，后世圣人易之以棺椁。"古人对死怀有深深的恐惧，相信人死后灵魂不灭，他们和生者一样有情感和知觉，为了避免被野兽吃掉，减轻其痛苦，古人用草木掩埋死者，后来改为土葬。考古发现，生活在一万七千年前的山顶洞人已经有意识地将死者埋入土中，这会不会是人类土葬的开始呢？

1·20 鬼

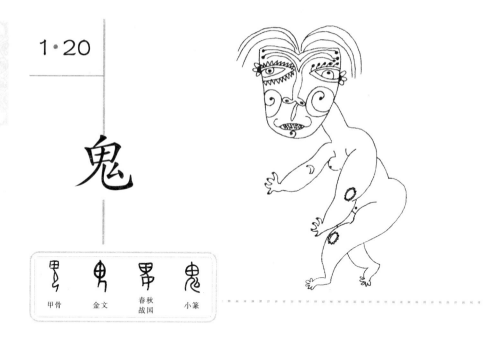

甲骨　金文　春秋战国　小篆

古文字形下象跪着的人体，上面是一个很大的头。《礼记·祭义》云："众生必死，死必归土，此之谓鬼。"《说文》也认为："人所归曰鬼。"这些说法代表了古人的一种迷信思想，认为人死以后灵魂不灭，这个不灭的灵魂就是鬼。

"鬼"用作形符，表示与鬼怪有关的事物，如：

魂　魄
小篆　小篆

魂魄，古人认为人的精神是可以游离于肉体之外而独立存在的，这就是"魂魄"；"魂"、"魄"分别为附着人体的阳气和阴神，人死之后，魂归天，魄归地。有人说《楚辞·招魂》是宋玉为招屈原之魂还归故土而作的，也有人说是屈原为招楚怀王之魂而作，或为自己所作，不论为谁，都是古人"招魂"习俗的反映。中国几千年来实行土葬，也与"魄归地"、"入土为安"的思想有关。

魑　魅　魍　魉
小篆　小篆　小篆　小篆

魑魅魍魉(chī mèi wǎng liǎng)，魑魅是古代传说中山林里的鬼怪；魍魉，古人或以为山鬼，或以为水鬼。后用"魑魅魍魉"来形容各种坏人。

1·21

心

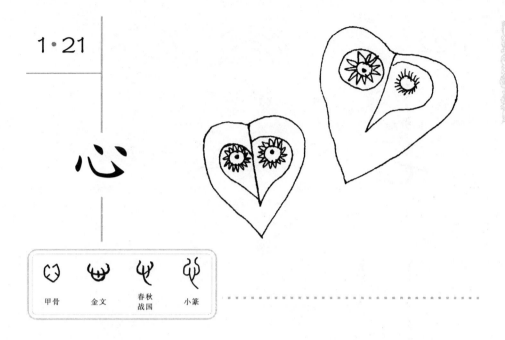

| 甲骨 | 金文 | 春秋战国 | 小篆 |

　　古文象心脏的样子。"心之官则思",古人认为心脏是人类思维的器官,这种观点在相当长的时期内主导了中国人的认识,也直接影响到汉字的构形。金文里几乎所有和思考、思想、性情有关的字都用"心"作形符,《金文编》中以"心"作形符的字就有63个之多。直到清代,著名医学家王清任才在他的《医林改错》中提出了"灵机、记性不在心在脑"的观点,这不仅是中国人,也是人类有史以来第一次提出大脑才是思维器官的科学论断。

1·22 毛

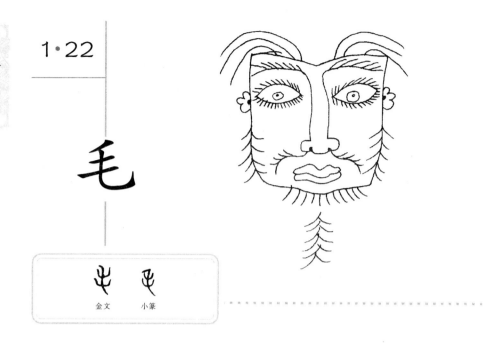

金文　小篆

古文是眉毛、头发及兽毛等的形象。《说文·毛部》："毛,眉发之属及兽毛也。"

甲骨　春秋战国　小篆

尾,《玉篇·尾部》："尾,脊尽处也,鸟兽鱼虫皆有之。""尾"在脊骨的尽处,指动物的尾巴。这是该字的基本义,古今皆然。但甲骨文中的尾象一人侧立,身后带有尾饰,《说文·尾部》也说,尾"从到毛在尸后,古人或饰系尾,西南夷亦然。"段玉裁注曰:"到者,今之倒字……按尾为禽兽之尾……而许必以尾系之人者,以其字从尸,人可言尸,禽兽不得言尸也……人饰系尾,而禽兽似之,许意如是。""尾"的本义与动物无关,是古人系在身后的毛饰,字形从尸表示人身体的后部,从毛表示用动物的毛做的尾饰。但人本没有尾巴,甲骨文字形却以人的尾饰构字,这是为什么呢?据郑玄《诗经·小雅·采菽》注云:远古时代,古人曾"先知蔽前,后知蔽后"(人的阴部比臀部更容易受到伤害)。尾最初很可能是古人为了"蔽后"而用动物的毛或尾巴制成的"服饰",禽兽的后部与人的尾饰十分相像,所以又称之为"尾",也即后世所说的"尾巴"。

或许与动物图腾有关,动物的尾巴后来成了人头顶上美丽的装饰,所以古人也曾把它插在官帽上,这种装束在今天的戏曲舞台上还可见到。不过要是为官者过多也会导致尾巴货源紧张,据史书记载,西晋"八王之乱"的主谋之一赵王司马伦僭(jiàn)越帝位,肆意封官晋爵,甚至连手下的奴仆、杂役也都得到了升迁。每逢上朝之时,堂下到处都是官帽上插着貂尾的人,百姓因此讥讽道:"貂不足,狗尾续。"这就是成语"狗尾续貂"的故事。

今天,中国境内的许多少数民族的服饰中,仍然能够看到尾饰的痕迹。

逮,原作"隶"。古文字形象右手抓住动物的一条尾巴,是"捉"的意思。因为捕捉时往往需要奔走、追逐,所以又加与行走相关的偏旁"辶"作"逮"。"逮捕"的"逮"读为 dài,用的是字的本义。

1·23 目

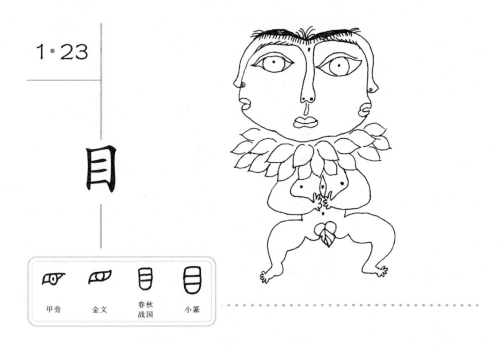

古文字形象眼睛的形状,后来由横写改成竖写。《说文·目部》:"目,人眼。……凡目之属皆从目。"与眼睛有关的字都用"目"来构字,如:

睛,《玉篇·目部》:"睛,目珠子也。"睛即眼珠。据唐代张彦远《历代名画记》上记载,南朝画家张僧繇在金陵安乐寺的墙壁上画了四条栩栩如生的白龙,但却不画眼珠,别人问起原因,他回答说:"点睛即飞去。"人们觉得他不过是口出狂言,便一定要他画上眼珠,张僧繇无奈,只得给其中的两条画上了眼珠。但见顷刻之间,乌云滚滚,雷声大作,两条画了眼珠的白龙顺势腾空而起,飞上蓝天,而两条没有画眼珠的白龙依然静静地爬在墙壁上。这就是成语"画龙点睛"的故事,其中的"睛"是眼珠的意思。

盲,目上加"亡",古文"亡"就是"无",《说文》称盲为"目无牟子",即眼睛没有瞳仁,没有瞳仁当然无法视物,所以是失明的意思。字形又有对某种事物缺乏辨别或认识能力之义,如称不识字的人为"文盲",称对电脑一无所知的人为"电脑盲",对事物缺乏清醒认识或明确目标叫"盲目",等等。

省(xǐng),甲骨、金文是形声字,从目生声,后字形变化,"生"写成"少",是"视察"、"观察"的意思。引申为检查,如孔子在《论语·学而》篇中说道:"吾日三省吾身。"说明中国古代圣贤十分重视道德修养,时时检查自己的言行。今天仍然称对自身行为的检视、思考为"反省"。

古文中还有一些由"目"构成的字,演变成现代汉字虽然形体有变化,但其从"目"构字的理据依然可察,例如:

直,古文字形是目光直射的形象,所以,它的本义是"直"、"不弯曲"。又引申出抽象义"正直"的"直"。鲁迅先生在《纪念刘和珍君》一文中说:"真的猛士,敢于直面惨淡的人生,敢于正视淋漓的鲜血……",其中以直面与正视相对,以描画真的猛士的形象,透露了"直"的本义。

见,古文字形在人的头上突出一只眼睛,表示"看见"的意思。在古代,看见和被看见都写作"见",后来为了区别,被看见写作"现"。《战国策·燕策三》中有"图穷匕首见"之句,北朝民歌《敕勒歌》中有"风吹草低见牛羊"之诗,其中的"见"都是"现"的意思。繁体作"見"。

临,一人睁大眼睛,从高处向下俯视,古文字形表示"从高处往低处看"

的意思。《汉书·礼乐志》:"与其临渊羡鱼,不如归而结网",用的是它的本义。现在遇到好事成双的时候说"双喜临门",对前来的客人说"欢迎光临",其中的"临"是"到来"的意思;称人在危险面前毫不畏惧说"临危不惧",这个"临"是"面对"的意思,这些都是从本义引申出来的。从"面对"又引申出"照着模仿"之义,如"临摹"、"临帖"等。字形繁体作"臨"。

面,古文象脸盘儿的形状。古文字形突出了五官中最引人注目的眼睛。人的脸盘儿和脸上的眼睛最为关键,所以,我们常用"面目"来指代人的整个面貌或事物的状态,例如,样子改变得很厉害叫"面目全非",样子完全变新叫"面目一新"。苏轼"不识庐山真面目,只缘身在此山中"的诗句众人皆知,其中的"庐山真面目"后被用来比喻事物的本来面貌或事情的真相。

望,甲骨文字形用"臣"表示看,下象人站立在地上;合起来象人站在地上纵目远望,是"瞭望"的意思。金文字形加"月",后又改"臣"为音近的"亡"写作"望"。

1·24 眉

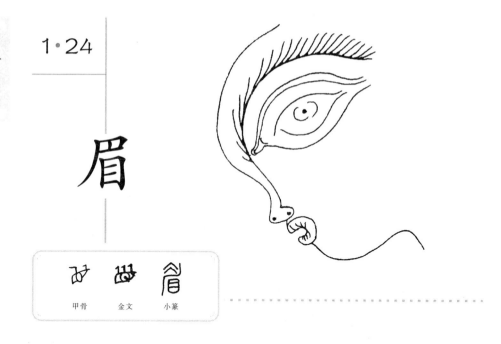

| 甲骨 | 金文 | 小篆 |

古文字形突出了眼睛上的眉毛,《说文·眉部》:"眉,目上毛也。"即"眉毛"的意思。由于眉、目是脸上最重要的部位,所以常用来指代容貌,如用成语"眉清目秀"来表示容貌俊秀;或指代事物的头绪,如"事情有了眉目",等等。

| 甲骨 | 金文 | 小篆 |

媚,古文"媚"是在女子的头上加上大大的眼睛和眉毛,表示女子的秋波妩媚、美丽动人。白居易在《长恨歌》中用"回眸一笑百媚生"来描写杨贵妃,一个"媚"字恰到好处地表现了她的美目流盼、仪态万方。

1·25

民

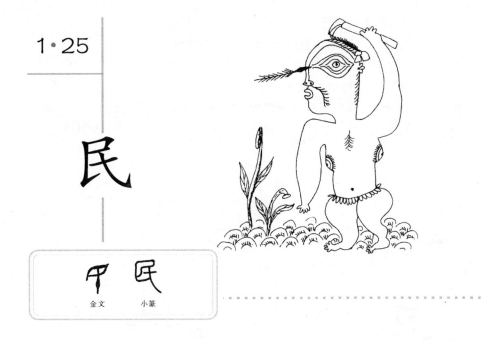

金文　小篆

金文字形象人的一只左眼，上"有刃物以刺之"。古代战败的俘虏被当作奴隶，为了防止其中不驯服的人逃跑、反抗，奴隶主往往对他们施以刺目的酷刑，眼睛瞎了，自然就失去了反抗的能力。民在古代曾是社会地位最为低下、最不受尊敬的人，所以孔子在《论语·泰伯》中说："民可使由之，不可使知之。"这种轻视"民"的思想表现在汉语的语词之中，就形成了"刁民"、"愚民"、"贱民"等说法。孔子之后，具有民本思想的孟子发出了"民为贵，社稷次之，君为轻"的呼声，但在长期的封建社会中，与君贵民贱的正统观念相比，这种声音显得过于微弱了。

甲骨　金文　春秋战国　小篆

臣，臣的甲骨文字形象一只竖着的眼睛，这是为什么呢？历史上，最初的臣是战俘，战争结束后，获胜的一方将战俘捆绑起来牵着带回，所以《说文·臣部》云："臣，牵也。"这些被带回的战俘成了奴隶，他们侍奉商王或奴隶主，俯首帖耳，目光柔顺，不敢正视主人，所以许慎进而说道："事君也，象屈服之形。"郭沫若认为："人首俯则目竖，所以'象屈服之形'者殆以此也。"在君王时代，对帝王而言，官吏也是奴仆，所以"臣"后引申指官吏，并成为基本义，如《左传·襄公九年》："君明臣忠，上让下竞。"

民、臣都用"目"来构形，但"臣目竖而民目横，臣目明而民目盲"，表明同是被俘的奴隶,两者的待遇有别。奴隶主对待性情柔顺而机敏的奴隶,往往采取怀柔的政策,劝其降服,并委以重任,这就是后来的"臣"。而对那些性情暴烈、不驯服的奴隶,"初则杀戮之,或以为人牲,继进则利用其生产价值,盲其一目以服苦役。"① 这就是奴隶,随着社会的发展"民"就成为"庶民"、"百姓"了。

① 郭沫若《甲骨文字研究·释臣宰》,见《郭沫若全集·考古编》第一卷第71页,科学出版社,1982年。

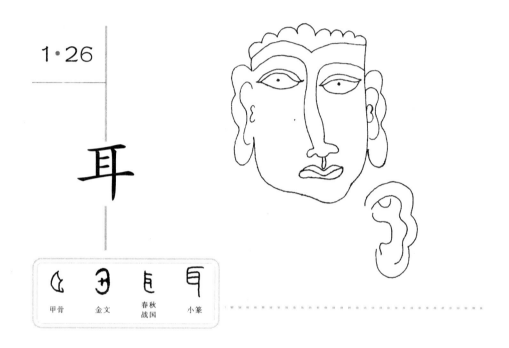

1·26 耳

甲骨　金文　春秋战国　小篆

古文字形象耳朵的形状。《说文·耳部》:"耳,主听者也。"耳朵是人或动物收集信息的听觉器官。目是眼睛,是人观察世界的视觉器官。《管子·心术上》:"耳目者,视听之官也。"如果不想让人了解到事实的真相,最简单的办法就是"掩人耳目"。要是能够帮助别人刺探消息,就可以成为他人的"耳目",不过,这种"耳目"刺探的往往是别人的秘密或隐私,不受欢迎。有时"耳目"还从视、听的器官引申为"见闻"的意思,如成语"耳目一新"。

汉语中,常常称形状像耳朵的东西为"耳",例如,木耳、银耳,等等。

甲骨　金文　春秋战国　小篆

闻,《说文·耳部》云:"闻,知声也。从耳门声。"据《说文》的说解,"闻"是一个形声字。其实,许慎描述的是小篆字形。甲骨、金文字形是一个会意字,象一个跪着的人将手附在耳旁,表示的是"听"的意思,唐代诗人孟浩然的诗句"春眠不觉晓,处处闻啼鸟"用的就是"闻"的本义。后来"闻"从耳朵的功能转指鼻子的功能,但在"耳闻目睹"、"新闻"中"闻"还是造字的本义。

| 甲骨 | 金文 | 春秋战国 | 小篆 |

圣,古文字形象一个人以耳就口,是博闻多学的意思。中国历史上第一位大学问家是孔子,后世尊称其为"孔圣人"。繁体作"聖"。

1·27 耻

小篆

许慎以"恥"为"耻"的正体,《说文·心部》:"恥,辱也。从心耳声。"耻就是羞耻,从心表示心理状态,"耳"表示声音,反映的是上古时代的语音。但是不可否认,耻字从耳还有其意义上的联系。在我国可以看到人们,特别是妇女们一边用食指在脸颊上向前轻轻擦两三下,一边说取笑对方不怕羞的话。同样在邻近的国家,如朝鲜、越南、印度尼西亚等也可用类似的手势去取笑说谎的小孩子。①的确,一个人感到羞辱的时候不仅会脸红,而且还会耳赤,羞耻之心于是和耳就有了关联。不仅如

① [法] 游顺钊《视觉语言学论集》第154页,语文出版社,1994年。

此，耻字从耳还和中国古代的一种刑法有关：刵(ěr)。从字面上不难看出，刵是用刀割去耳朵的刑罚。一只手拿刀割去耳朵就是"刵"，而另一只手去拿已经割下来的耳朵就是"取"（这是古代一种记录战功的方法，参见"取"的说解），"刵"和"取"是一件事情的两个方面。身为军人，割去耳朵就意味着输掉了战争，意味着被俘，这是军人最大的耻辱。

作为耻的异体，"恥"字从"止"表示读音，是东汉时代就有的俗体。据裘锡圭分析"可能当时'耳'、'恥'二字的读音已经有了很大距离，有的人不知道'耳'是声旁，就把'心'旁改成了读音与'恥'相近的'止'"，而"汉隶中'止'和'心'的字形相当接近。"① 何九盈则进一步指出：在"恥"演变为"耻"的过程中，古人没有用"止"取代"耳"，而是取代了"心"，足见"耳"在"恥"的构成中处于很重要的地位。《集韵·止韵》"恥"的异体作"誀"，用"言"取代"心"，也不是取代"耳"。②

"耻"字屡变不离"耳"，可见其从"耳"的理由是多么的充分。

> ① 裘锡圭《文字学概要》第15页，商务印书馆，1990年。
> ② 何九盈《汉字文化学》第238页，辽宁人民出版社，2000年。

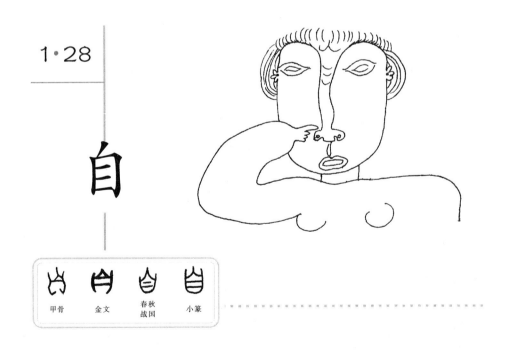

1·28 自

古文字形象鼻子的形状。当人说到自我时，常常指自己的鼻子，所以字形后来就当"自己"讲。于是另造"鼻"字表示"自"本来的意思，其中的"畀"读作 bì。

臭 甲骨 小篆

臭，《说文·犬部》："臭，禽走，臭而知其迹者，犬也。"禽兽逃走的时候，最能用鼻子辨别气味、发现其踪迹的动物是狗，所以古人合"自"与"犬"来表示用鼻子闻味的意思，此义后写作"嗅"，读作xiù，如"嗅觉"。"臭"又有"气味"义，可指各种好的和不好的气味，所以《玉篇·犬部》说"臭，香臭总称"，例如，《周易·系辞上》："二人同心，其利断金。同心之言，其臭如兰。"意思是说，朋友同心，能产生削金如泥般的力量。同心之言，散发着兰花般的馥郁芬芳。而《荀子·正名》说"香臭以鼻异"，这里的"臭"则与"香"相对而言，字形后来逐渐专指坏的气味，成了香味的反义词。

1·29

而

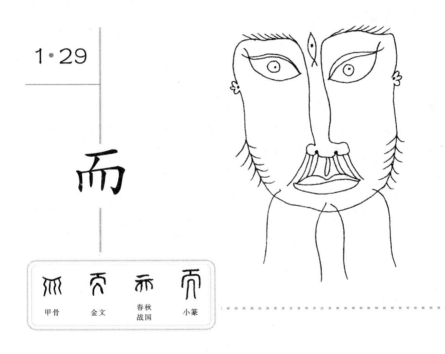

甲骨　金文　春秋战国　小篆

古文象颊毛，即胡子的形状。上面一横是胡子的根脚，金文等字形下面分两层：腮胡、颔毛。"而"后被借为连词，原义分别由"须"、"胡"（繁体作"鬚"、"鬍"）、"髯"等字来承担。

须 金文　小篆

须，金文字形象人脸上长着胡子的样子，小篆将表示胡须的"彡"和表示头的"页"分开来,写作"须",是"胡子"的意思,《说文·须部》:"须,面毛也。"字形繁化作"鬚",简化还原作"须"。有句称赞女性的话"巾帼不让须眉",其中,"巾帼"代指女性;"须眉"代指男子,因为古代男性以须眉稠密秀美为荣,"须眉"便成了男子的代称。

胡(春秋战国) 胡(小篆)

"胡",原指兽类颔下垂着的肉,《诗经·豳风·狼跋》有"狼跋其胡①"之句,朱熹《集传》解释说:"胡,颔下悬肉也。"《汉书·郊祀志》上记载了一则传说:黄帝铸鼎于荆山之下,铜鼎铸成之时,有一条垂着胡髯的龙下迎黄帝。因为动物的"胡"上多有长毛,所以引申出"胡须"义,可兼用于人、兽。后造"鬍"字表示胡须,简化后复归入"胡",到了现代,"胡子"代替"须",成了口毛的总称。

① 程俊英译文:"老狼朝前踩下巴。"《诗经译注》第282页。

冉(甲骨) 冉(金文) 冉(小篆)

"冉",古文字形象下垂的毛。字形后加"彡"作"髯",音 rán,表示长长的胡子。现在戏曲演员戴的假胡子称"髯口",《三国演义》中的关羽留着长长的胡须,人称"美髯公"。"冉"引申形容枝条柔软下垂的样子,如曹植《美女篇》:"柔条纷冉冉"。又指渐渐、缓缓的样子,如屈原《离骚》:"老冉冉其将至兮,恐修名之不立。"现代汉语可说"月儿冉冉升起"等,读作 rǎn。

1·30

口

| 甲骨 | 春秋战国 | 小篆 |

古文字形象人嘴张开的形状,是"嘴"的意思。口是人说话、饮食的器官,《说文·口部》:"口,人所以言食也。"现代汉语中,表示此义的口一般不单独使用,只是出现在一些复音词或固定结构中,例如"口红"、"口腔"、"有口难言"等等。

| 春秋战国 | 小篆 |

舌,甲骨文字形象从口中吐出来的舌头的样子。《说文·口部》曰:"舌,在口所以言也,别味也。"

古时中国有"戎狄言语与中国相反"之说(见《吕氏春秋》高诱注),所以称异族语言为"反舌",称从事翻译工作的人为"舌人",取其"能达异方之志"之意。乾隆年间,一位名叫刘松龄的斯洛文尼亚传教士久居中国达 36 年之久[1],说得一口流利的汉语,清代史家赵翼称赞其汉语水平已经达到了"年深习汉语,无烦舌人译"的程度。可见直到清代,"舌人"的用法还保留在汉语词汇之中。

[1] 高王凌《刘松龄,最后的耶稣会士》,载《中国文化研究》,2006 年第 4 期。

甘,"口"中有"一","一"象食物,古文字形用嘴里有食物来表示味道。那么,"甘"到底是什么样的味道呢?《尚书·洪范》:"稼穑作甘。"汉代孔安国传:"甘味生于百谷。"可见谷物给人的舒适可口的味觉就是甘。所以,甘本来表示的是一种十分可口,但又不同于甜、酸、苦、辣、咸的味道,是不带有任何刺激的正味、原味。

"甘"很早就引申出"甜"的意思,常与"苦"相对而言,如《墨子·非攻上》:"今有人于此,少尝苦曰苦,多尝苦曰甘,则必以此人为不知甘苦之辨矣。"

《说文·甘部》:"甘,美也。"所以常用来比喻美好的事物,例如《诗经·小雅·甫田》:"以祈甘雨。"民谚也说:"久旱逢甘雨"、"久旱逢甘霖",等等,"甘雨"、"甘霖"是好雨、及时雨的意思。又如称一同历经艰难困苦、共享幸福叫"同甘共苦"或"同甘苦、共患难",等等。

曰,口上有"一","一"象口中所出的声音气息,所以古文"曰"是用口说话的意思。《论语》上常说"子曰",翻译成现代汉语就是"孔子说",后世用"子曰诗云"来代指儒家经典中的内容,其中的"诗"指的是《诗经》,是儒家所尊崇的经典著作之一。

乎,古文字形象声音传出后形成的气流,是"呼叫"的意思。古文中常用"之乎者也",其中"乎"已借作语气词,故后又加"口"写作"呼"来表示它本来的意思。

司,字形是一个人,一个口,古文"司"是发号施令之人的意思。

由发号施令的人引申为"主持"、"掌管"、"经营"的意思,例如,火车、汽车的驾驶员叫"司机",执法机关依法对民事、刑事案件进行侦查、审判叫"司法",军事上发布命令、指挥士兵的人叫"司令",等等。

1·31

兄

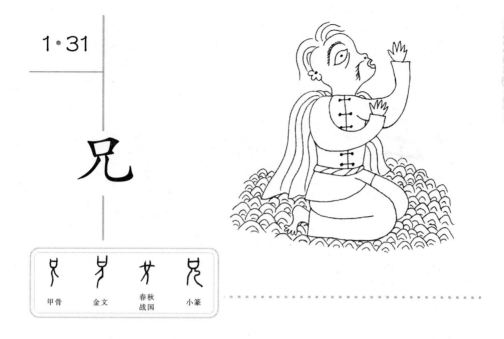

| 甲骨 | 金文 | 春秋战国 | 小篆 |

古文字形象人跪在那里张口向上的形象。张口向上表示发号施令或向神祝告，所以，兄的本义是用"口"发号施令或祷告的年长者。《说文·兄部》上说："兄，长也。"是"兄长"的意思，例如，《尔雅·释亲》："男子先生曰兄。"在中国古代的家庭中，女子没有地位，一旦父亲去世，已经成年的长子就得承担起对整个家庭的责任，而年幼的弟妹们也须像对父亲般顺从兄长，所以说"长兄如父"。

据《世说新语·德行》记载：陈元方的儿子长文和其弟季方的儿子孝先都夸耀各自父亲的功德，两人争执不下，只好去问祖父陈寔(shí)，陈寔回答说："元方难为弟，季方难为兄。"意思是说，元方卓尔不群，季方才俊出众，兄弟二人难分高下。所以"难兄难弟"原意是兄弟二人都非常优秀，但现在这个成语的意思却反过来了，成了"兄弟二人都很坏或不成材"的意思。此时，难读作 nán。

成语"难兄难弟"还有一个用法，形容共同历经苦难或处于不幸遭遇的人，其中的"难"读作 nàn。

1·32

牙

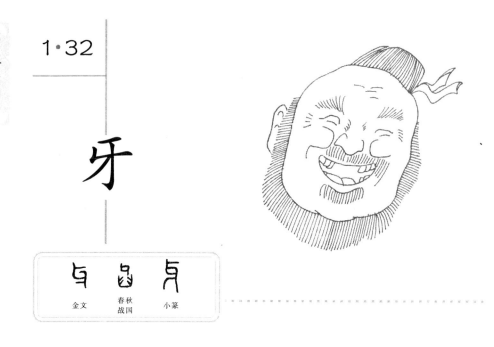

《说文·牙部》:"牙,牡齿也。"有人认为"牡"当作"壮",所谓牡齿,就是粗大的牙齿,是生在口腔两侧的大牙。古文字形描摹的正是上下相合的大牙的样子。

齿,古文字形象上下门牙的形象,后来加"止"近似地表示字的读音。繁体作"齒"。

古文"牙"、"齿"有别,两旁曰牙,中间曰齿。因为齿在前面,所以说"唇亡齿寒"。旧礼教要求女子"笑不露齿",意思是说姑娘笑的时候要抿着嘴,不能露出靠近唇边的齿。咧着嘴开怀大笑的只能是现代的超女。不过,牙、齿的区别不是绝对的,如《诗经·召南·行露》:"谁谓鼠无牙?何以穿我墉。"① 能咬坏墙壁的显然是老鼠的门牙。《淮南子·原道》:"齿坚于舌而先之弊。"而无论在什么位置的牙齿都有这一特点。现代汉语中通称"牙"或"牙齿",但"牙"在口语中可以单说,齿只能用于复合词或固定词组中,如"口齿"、"伶牙俐齿"、"咬牙切齿"等。

著名作家汪曾祺在他的散文《翠湖心影》中讲过一个笑话:

有一个姑娘,牙长得好。有人问她:"姑

① 程俊英译文:"谁说老鼠没有牙,凭啥打洞穿我墙。"《诗经译注》第29页。

娘,你多大了?"

"十七。"

"住在哪里?"

"翠湖西。"

"爱吃什么?"

"辣子鸡。"

过了两天,姑娘摔了一跤,磕掉了门牙。有人问她:"姑娘多大了?"

"十五。"

"住在哪里?"

"翠湖。"

"爱吃什么?"

"麻婆豆腐。"①

虽然是个笑话,却说明了一个语音学的问题。姑娘牙长得好,所以喜欢发能够露出门牙的字音,即"七"、"西"和"鸡",音韵学家称之为齐齿呼。后来牙磕掉了,为了掩盖缺陷,姑娘只好发不露齿的字音,即"五"、"湖"和"腐",音韵学家称之为合口呼。这个姑娘非常聪明,知道如何"扬长避短"。

① 汪曾祺《翠湖心影》,载《汪曾祺文集·散文卷》第18页,江苏文艺出版社,1993年。

1·33

手

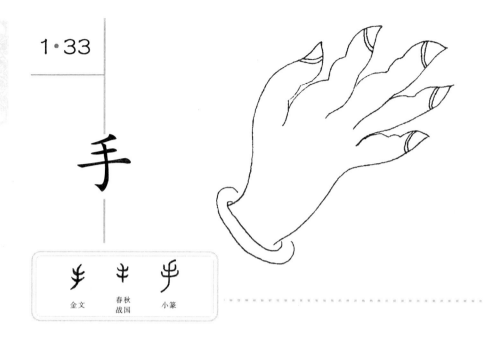

| 金文 | 春秋战国 | 小篆 |

伸展开来是"手",握起来是"拳",金文字形描绘的正是伸展开来的手的样子,《说文·手部》:"手,拳也。"段玉裁注:"今人舒之为手,卷之为拳,其实一也。"手是用来劳动的,所以,称擅长某种技能或从事某种事情的人作"×手",如"选手"、"能手"、"水手"、"歌手"、"多面手"等等。

汉语中有丰富的词语能描述手的各种形态和功能,如握起来是"拳",用于防卫,其中的"类"即表示卷曲、握的意思,也可提示字的读音;张开时可以看见的手心是"掌";右手是"又",也写作"右",可以帮助他人,当作动词,是保佑的"佑";左手是"左",可以协助右手帮助他人,当作动词,是辅佐的"佐",等等。

| 甲骨 | 金文 | 春秋战国 | 小篆 |

又,《说文·又部》云:"又,手也。象形,三指者,手之列多略不过三也。"从又的古文字形看,"又"象人的右手的侧视图。正常人每只手有五个手指,而古文字形上只画了三个,应该是右手侧视的简易效果图。"又"后来借作副词,表示重复。

| 甲骨 | 金文 | 春秋战国 | 小篆 |

右,《说文·右部》:"右,手口相助也。"金文以后,"又"字加"口"而为

"右",对此,清代段玉裁的解释是"手不足以口相助之,故曰助也。"《说文·口部》又云:"右,助也。""右"的基本义很早就引申为与"左"相对的方位,即右边的"右",如《易·丰》:"折其右肱(gōng)。"古时以"右"为尊,地位、等级较高的称"右",如《史记·廉颇蔺相如列传》:"以相如功大,拜为上卿,位在廉颇之右。"字形后来加"亻"写作"佑",表示"佑助"、"保护"的意思,例如《尚书·汤诰》:"上天孚佑下民。"引申为保佑的"佑"。

左,《说文·ナ部》云:"ナ,左手也,象形。"与"又"一样,ナ的古文字形象人的左手的侧视图。秦汉以后,"ナ"写作"左"。手能劳作,是人区别于动物的重要特征之一,所以,杨树达云:"夫人之所以异于禽兽者,心能思而手能作也。手之有助于人也至大,《史记》言汉王失萧何,如失左右手,以左右手喻人,其义可见也。"①

① 杨树达《积微居小学述林》第27页,科学出版社,1954年。

一般人做事侧重用右手,左手协助右手工作,所以"左"有"佐助"的意思,字形后来加"亻"作"佐",表示"帮助",如"辅佐"。"左"又表示与"右"相对的方位,即左边的"左",如《诗经·唐风·有杕(dì)之杜》:"有杕之杜,生于道左。"②

② 程俊英译文:"一株杜梨独自开,长在左边道路外。"《诗经译文》第211-212页。

古代的车骑以左为尊,让出左边的位置以示对人尊敬,这就是"虚左以待"。除此之外,都以右为尊,左低于右,所以称降职为"左迁"。中国崇尚中正,如宫殿的正门在中间,而"左"就有了"不正"的意思,如成语"旁门左道",指宗教或学术上不正当的宗派或门路;古代的契约分为左右两片,左片归债权人,以为凭证,所以证据又称为"左证",后写作"佐证"。

友,古文字形象两只右手,表示情趣、志向相同的两个人携起手来,所以《说文·又部》云:"友,同志为友。"是朋友的"友"。《论语·学而》:"与朋友交而不信乎?"

有,古文字形是右手持肉的形象。手里拿着,所以是"持有"的意思,后当"有无"的"有"讲,所以《玉篇·有部》:"有,不无也。"

小篆

灰,《说文·火部》:"灰,死火余烬也。从火从又,又,手也,火既灭可以执持。"灰就是火熄灭以后拿着不烫手的东西,也叫灰烬。殷商时代的先民已经知道,灰烬可以用作肥料,所以颁布了禁止随意丢弃灰烬的法律,否则就要被处以断手的刑罚。这也是商人专门为"灰"造字的道理所在。字形后来又当"灰尘"、"灰土"的"灰"。由于灰烬的颜色是灰色的,所以字形又表示介于黑白之间的颜色,即灰色。

甲骨　金文　春秋战国　小篆

及,古文字形象右手抓住一人,是"赶上"、"逮住"的意思。引申为"达到",如现在说"及格",就是达到合格线。

1·34

拱

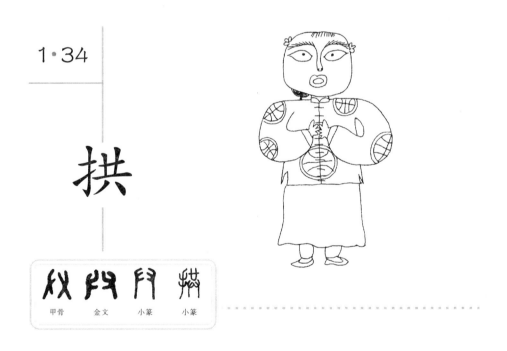
甲骨　金文　小篆　小篆

字形最初写作"廾",其古文字形是两手合抱的形象( ),是拱手表示敬意的意思。后来写作"拱","扌"是形符,"共"既表示声音,又表示意义。《五灯会元》卷五十二:"喻众星拱明月。"这里的"拱"是"环绕"的意思,是从双手合围引申出来的。从这个典故而来的成语"众星捧月"用更通俗易懂的"捧"代替了"拱"。字形用作偏旁时作"廾"、"大",如弄、樊等。

甲骨　金文　春秋战国　小篆

丞,古文字形是两只手搭救掉入陷阱的人的形象,原本是"拯救"的意思。因为是搭救陷于困境的人,所以,"丞"就有了帮助的意思,例如中国古代称帮助帝王主持国事的人为丞相,读作chéng;而丞的本来意义就加"扌"写作"拯",读作 zhěng。

甲骨　金文　小篆

承,古文字形是用双手托举一个人的形象。《说文·手部》:"承,奉也,受也。"许慎说了两个方面:从托举者的角度说是"奉",即"捧着"、"托着"的意思,如《诗经·小雅·鹿鸣》:"吹笙鼓簧,承筐是将。"① 今天说"承重"、"承载"是从此义而来的。从被托举者的角度来说是"受",即"接受"、"承受"的意思,如《孟子·梁惠王上》:"寡人愿安承教。""继承"的"承"就是从这个意思发展而来的。

① 程俊英译文:"吹笙按簧声和声,捧上礼物竹筐盛。"《诗经译注》第 286 页。

甲骨　金文　春秋战国　小篆

受,古文字形象一只手拿着一个盘形的东西交给另外一只手,古文"受"包括这样两个内容:对于拿着东西的手来说,是给予,字形后来加"扌"写作"授";对准备接东西的手来说,是接受,即"受"。所谓"授受不亲"中的"授受",指的就是这个动作过程。

小篆

争,古文字形象两只手争夺一个东西,是双方争夺物品所有权的意思,本义就是"争夺",字形繁体从"爫"作"爭",还可以看出其中的一只手,简化作"争",已经完全看不出手的模样来了。

1·35

尹

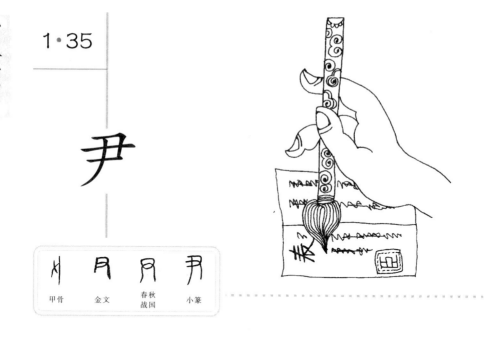

| 甲骨 | 金文 | 春秋战国 | 小篆 |

《说文·又部》:"尹,治也。"古文字形是以手执笔,其中的一竖"丨"表示笔,是"治理"、"管理"的意思。也有人认为是右手执杖,"丨"是杖,象征着权力在握。《左传·定公四年》:"故周公相王室,以尹天下。"这里的"尹"用的是字的本义。字形后来借指管理的人,即官吏,可用作官名。现在多用作姓氏。

| 甲骨 | 金文 | 春秋战国 | 小篆 |

君,右手拿着笔,嘴里在发号施令,是古代对天子和诸侯的通称,与"臣"相对,所以《说文·口部》:"君,尊也。"殷代的"多君"则是职官名。后来君指天子、诸侯等地位最高的统治者。儒家反对"君不君,臣不臣",就是要求分清君臣之间的等级差别。

1·36

取

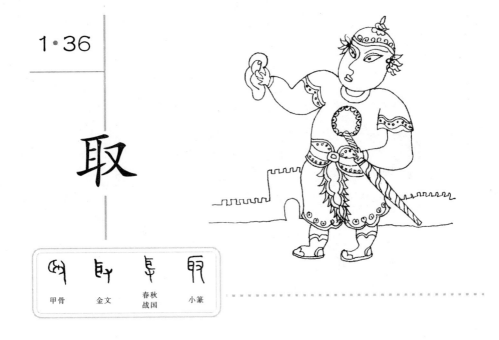

| 甲骨 | 金文 | 春秋战国 | 小篆 |

古文字形是右手拿着一只耳朵的形象。

《周礼·夏官·大司马》:"获者取左耳。"古代战争中,获胜的一方割取被杀、被俘的敌人的左耳来记录战功,割耳越多,说明杀死或俘虏的敌人越多,战功就越大。计算捕获的野兽也采用同样的办法。这是"取"的最初意义。引申为"拿、拿来",如《史记·廉颇蔺相如列传》:"臣观大王无意偿赵王城邑,故臣复取璧。"进一步引申为较为抽象的"选取、采纳",如孟子的名言"舍生而取义",又如《史记·项羽本纪》:"此亡秦之续耳,窃为大王不取也。"

| 甲骨 | 小篆 |

娶,黄昏时分,乘人不备,把心爱的女子抢来做妻子叫"娶"。所以"娶"的主体一定是男性,汉语至今仍然称男子结婚叫"娶妻"、"娶新娘"或"娶媳妇"。古文字形从"女"表示"娶"的对象是女性,从"取"既表示"娶"的行动,又表读音。它反映了远古时期的抢婚习俗。《易经·屯》:"匪寇,婚媾。"娶亲的队伍竟然可能被认作强盗,梁启超因此推断"古代婚媾所取之手段与寇无大异①"。《礼记·曾子问第七》:"嫁女之家三夜不息烛,思相离也;娶妇之家三日不举乐,思嗣亲也。"这恐怕也是远古习俗的遗风:女家三天不熄灯,是怕有人来抢;男家三天不敢庆贺,是怕女家来找,待三天之后,生米做成熟饭,再行吹吹打打也不迟。

① 梁启超《饮冰室合集·专集》第十八册,上海中华书局1936年。

1·37

爪

甲骨　金文　小篆

音 zhǎo，又读 zhuǎ。古文字形只画了三道，象手心朝下，是一只正在抓东西的手的样子。本指人的指甲或鸟兽的趾甲，后扩大指鸟兽的脚。字体用作偏旁，常在字的上方，写作"爫"，例如，采茶、采访的"采"，妥协的"妥"，等等。

甲骨　金文　春秋战国　小篆

孚，音 fú。古代战争中获胜的一方，会把俘获的成年男子杀死，而把没有反抗能力的妇女和儿童留下当作奴隶。"孚"的古文字形象一只手抓着一个孩子，所以本义是"俘虏"、"俘获"的意思，例如《小盂鼎》云："孚人万三千八十一人，孚马□□匹，孚车十两(辆)"。后来，"孚"假借作"诚信"或"使人信服"讲，如"深孚众望"，就在"孚"上加"亻"作"俘"来表示它本来的意思。

甲骨　金文　春秋战国　小篆

采，古文字形象手心朝下采摘果子的形象，原始社会的采集活动，是人类食物的重要来源之一。妇女们将野外的草采来充饥，草就成了菜，所以许慎在《说文·艸部》上说："菜，草中可食者。"大自然中可采集的东西很多，如

《诗经·周南·关雎》:"参差荇菜,左右采之。"① 荇菜是一种水生植物。《诗经·周南·卷耳》:"采采卷耳,不盈顷筐。"② 据考证,卷耳是一种可供食用的菊科植物。又比如汉代乐府诗《江南曲》:"江南可采莲,莲叶何田田。"诗中采集的是人工培育的莲藕。人们还采桑养蚕,用来纺织,如汉乐府诗《陌上桑》:"秦氏有好女,自名为罗敷。罗敷喜蚕桑,采桑城南隅……"上述的"采"用的都是字的本义。现代使用的"采矿"、"新闻采访"的"采"是后来的引申义。字形曾写作"採",简化后规范为"采"。

① 程俊英译文:"长长短短鲜荇菜,顺着水流左右采。"《诗经译注》第3页。

② 程俊英译文:"采呀采呀卷耳菜,不满小小一浅筐。"《诗经译注》第7页。

甲骨　金文　小篆

妥,古文字形用手按住女子并使之端坐,象"安抚"的样子,"妥"由此产生了"安定"、"安稳"的意思。后来引申出"完备"、"办好"的意思,如"谈妥"、"事已准备妥当"。

甲骨　金文　春秋战国　小篆

印,古文字形是一只手按着一个人,并使其下跪的形象,本义是"按"、"压"的意思,即"抑"的本字。

春秋战国后期,由于商业交换活动的需要产生了玺印这种东西,因为使用时要用力往下按,所以"印"就有了"玺印"的意思,《说文·印部》:"印,执政所持执信也。"印是执政者所持的凭信,《史记·苏秦列传》就说到苏秦"佩六国相印"。最初,玺、印无别,玺、印有别是秦统一中国以后的事。为了严格封建的等级制度,显示帝王至尊无上的地位,将玺定为帝王专用之物,且为玉制,所以有玉玺之称。群臣百官则用金属铸造的印。把"印"称作"章"大约是汉代以后的事了。

甲骨　金文　小篆

服,字的右边象一只手,按着旁边一个跪着的人,古文字形是"制服"、"降服"的意思。战争中会抓获大量的俘虏,要想把这些俘虏当作奴隶使用,就必须驯服他们。"服"的古文字形反映的就是驯服战俘的过程。字体后来加"舟",讹变作"服"。

1·38

寸

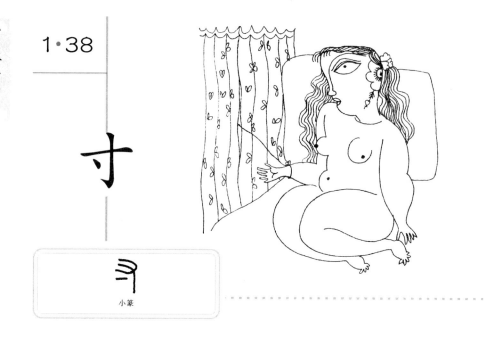

小篆

《说文·寸部》:"寸,十分也,人手却一寸动脉谓之寸口。"离人手一寸宽的地方是动脉,中医谓之"寸口"。古文字形象人手"又"下有一个指示性符号,恰好标出了寸口所在的位置,许慎的说解正合此意。

近取诸身,远取诸物。人类最初的长度测量,大都是借助自己身体的各个部位来完成的,这一如西汉《大戴礼记·主言》上所说的:"布指知寸,布手知尺,舒肘知寻,斯不远之则也。"古人所说的寸、尺、寻等都是以自己的肢体长短为根据建立的,而成年人用自己的手、指及双臂来测量,其长度不会差得太远,所以古人说"斯不远之则"。

用作偏旁,"寸"在一些汉字中仍表示"手"的意思,例如,支付的"付",夺取的"夺",遵守、守卫的"守",等等。

1·39

尺

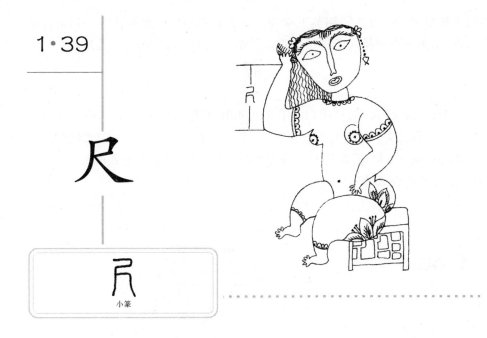

尺
小篆

《大戴礼记·主言》上说:"布手知尺",可见"尺"的确定与人的手有关。从小篆字形中可以看出,"尺"象人用拇指和食指或中指测量长度的样子。直到现在,很多人在缝制衣物的时候,仍然凭经验用拇指和中指(或小指)来测量布料的长短宽窄,张开的拇指和中指(或小指)指尖之间的长度称作"一拃(zhǎ)"。关于尺的确切长度,不同的年代有不同的标准,据度量衡史专家吴承洛先生的研究,商代的一尺相当于 31.10 厘米,周代是 19.91 厘米,秦代是 27.65 厘米[1],等等。

《史记·夏本纪》中还记载,大禹治水时曾用自己的身体确定物体长短,这表明在远古时代,人类对长度的测量大都是借助自身的肢体等,诸如手、指、肘、足及身高等来实现的。不仅中国如此,古代埃及人在建造金字塔时使用的长度单位是"肘尺",其长度指的是从指尖到肘关节之间的距离;今天欧美通用的"英尺"在古代指的是脚跟到脚趾的长度,所以在英语中叫做 foot;"码"的长度在古代指的是从鼻尖到指尖之间的距离,或者一个男人的腰围的大小。但是人的高矮胖瘦不同,得出的数据也会有很大出入,美国著名科普作家阿西莫夫曾经打趣地说:"从我的指尖到鼻子的长度接近一码,但我的腰围大大超过一码。"[2] 于是,英

[1] 吴承洛:《中国度量衡史》第 64 页,上海书店,1984 年。

[2] [美]阿西莫夫:《数的趣谈》第 137 页,上海科学技术出版社,1980 年。

国人想出了一个办法：用英王亨利一世鼻尖到指尖的距离作为一码的标准长度，用英王查理曼大帝脚跟到脚趾的距离作为一英尺的标准长度。

小篆

咫，《说文·尺部》："中妇人手长八寸谓之咫，周尺也。"古人以中等身材的妇人的臂长为标准确定"咫"的长度，相当于现在的八寸。人们常用"咫尺"来比喻距离短，如"近在咫尺"；成语"咫尺天涯"形容虽然相距很近，却不能相见，好像远在天边一样。

1·40

寻

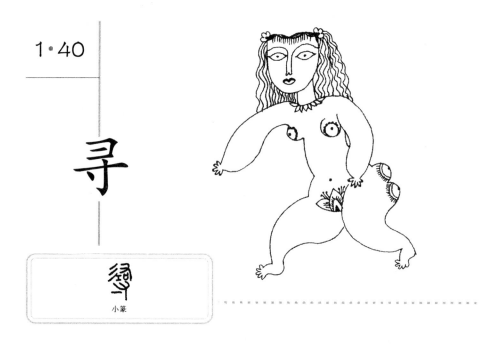
小篆

《大戴礼记·主言》："舒肘为寻。"《说文·寸部》："寻，……度人之两臂为寻，八尺也。"寻是古代长度单位之一，八尺为一寻，相当于人两臂张开的长度。倍寻即十六尺为常，寻、常都是十分常见的长度单位，所以"寻常"就引申出"平常"、"普通"的意思，如唐代诗人刘禹锡《乌衣巷》诗"旧时王谢堂前燕，飞入寻常百姓家"。杜甫《江南逢李龟年》诗云："歧王宅里寻常见，崔九堂前几度闻"，这里的"寻常"是"经常"的意思，也是从其本义中引申出来的。

仞,《说文·人部》:"仞,伸臂一寻,八尺。"仞是古代的长度单位,长约八尺或七尺,《列子·汤问》:"太行王屋二山,方七百里,高万仞。"那么,寻和仞有什么不同呢?清朱骏声《说文通训定声·人部》:"程氏瑶田云:度广曰寻,度深曰仞,皆伸两臂为度,度广则身平臂直,而适得八尺;度深则身臂曲,而仅得七尺。其说精覈(hé)。寻、仞皆以两臂度之,故仞亦或言八尺,寻亦或言七尺也。"

1·41

丈

  篆文象人手持十,即手杖的样子,是"杖"的本字。字形借表长度之后,加"木"写作"杖"表示其原来的意思。

  《说文·十部》:"丈,十尺也。"《说文·夫部》上又说:"夫,……周制以八寸为尺,十尺为丈,人长八尺,故曰丈夫。"如果许说准确,那么按照周朝的标准,"人长八尺"就达到了"丈夫"的高度,这是当时人心目中成年男子所应具备的身高。那么,按照今天的制度,这个高度到底是多少呢?根据吴承洛在《中国度量衡史》中提供的数据,周朝的一尺相当于今天19.91厘米①,八尺也就大约是一米六零。在周朝人看来,当一个男孩儿达到这个高度时,他就长成了大人的模样,可以称为"男子汉大丈夫"了。

① 吴承洛《中国度量衡史》第64页,上海书店,1984年。

1·42 肉

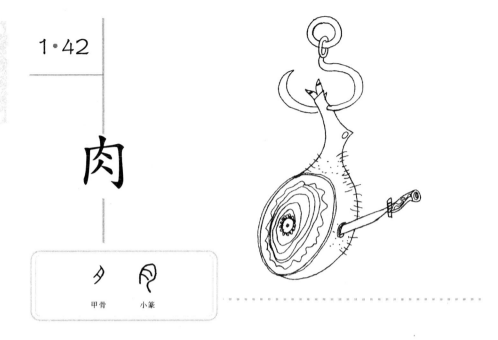

甲骨　小篆

古文象切成大块的肉,显然这是一块准备食用的生肉。据《礼记·礼运》记载:"昔者先王,……未有火化,食草木之实,鸟兽之肉,饮其血,茹其毛。"陆贾《新语·道基》也说:"民人食肉、饮血、衣皮毛。至于神农,以为行虫走兽难以养民,乃求可食之物,尝百草之实,察酸苦之味,教民食五谷。"不会用火、不知五谷之前,先民能够用来充饥的就只有树上的果实以及带毛又带血的生肉了。

茹毛饮血、饥不果腹的时代,一块肉就足以令人满足,要是再有一块肉,就是"多"了。所以古文字形用两块"肉"表示数量大的意思。字形后来演变为合二"夕"写作"多",但字义与夕阳的"夕"无关。

《左传·庄公十年》记载了"曹刿论战"的故事。齐师伐鲁,鲁人曹刿想求见鲁公献策,他的老乡说:"那是肉食者谋划的事儿,你掺和什么呢?"曹刿说:"肉食者见识浅薄,没有远见。"这时的"肉食者"指的就是高高在上的统治者,他们吃的就再也不是生肉而是经过精心烹制的美味了。熟肉味美,吃肉就成了一种享受,但孔子在齐国,闻韶乐,三月不知肉之美味,可见欣赏韶乐是一种超越于任何物质享受之上的精神盛宴。

做偏旁时一般用来表示人(或动物)的身体部位或器官,写作"月",俗称"肉月旁"。

1·43

骨

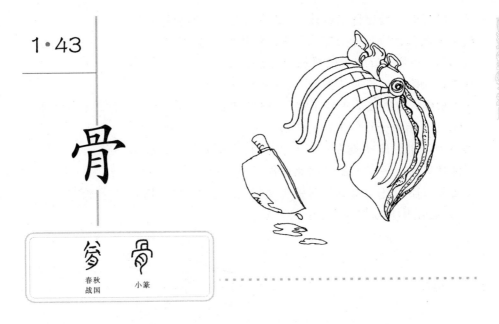

骨 春秋战国 骨 小篆

篆书上半部象骨头,下半部是肉,字形象带肉的骨头。"骨"字的造型表明"骨"与"肉"是相互依存、密不可分的。"骨肉"很早就用来比喻父母、兄弟、子女等有血亲关系的人,如《墨子·尚贤下》:"虽有骨肉之亲……诚知其不能也,不使之也。"现代口语里仍常说"骨肉团聚"、"亲生骨肉",等等。

古文字形中,还有一个和骨头有关的字,这就是"吕"。《说文·吕部》:"吕,脊骨也。"吕象人或动物的脊骨节节相连的样子。靠近脊骨的肉非常鲜嫩,是人们餐桌上的美味,古代称"吕脊",后世音变而为"里脊"或"里肌"。

迄今为止,我们见到的最为古老而成熟的汉字是用刀笔刻写在龟甲和兽骨之上的,所以叫甲骨文。① 甲骨卜辞是商王占卜记事的文字记录,讲述的是商王盘庚迁殷到商纣灭亡共二百七十三年间的遗事,内容涉及殷商时代的祭祀、战争、田猎、农业、出行、疾病、风雨、吉凶以及其他与神灵、自然或人事等有关的方方面面。

关于甲骨文的发现,坊间流传着一个颇带演义色彩的传说:1899年,时任国子监祭酒(大概可以说相当于今天的教育部部长兼北京大学校长)的王懿荣得了疟疾,家人为他从药店买来了中药。王懿荣于无意之中发现一味叫"龙骨"的中药上刻有一些他从未见过的符号,这引起

① 胡厚宣《甲骨学绪论》:"甲者龟甲,骨者牛骨,殷商王室,常利用此两种资料,占卜吉凶,既占之后,又恒于其上写刻卜辞,及其他简单之记事文字,是即所谓甲骨文也。"《甲骨学商史论丛初集》(下)第909页,河北教育出版社2002年。

了他的好奇。经过仔细辨认,王懿荣觉得这些刻画符号很像古代的文字,便叫家人把药店的龙骨全部买了来。传说归传说,事实上,早在19世纪80年代前后,小屯一带的农民耕种时,就常翻出一些牛骨或龟甲一类的动物骨头,这些动物骨头被古董商人收购之后带到了北京。1899年秋至1900年,精通金石的王懿荣收购大量甲骨,并第一个认出了那些刻在龟甲和兽骨上的是早于钟鼎文的文字。王懿荣因此被称之为"甲骨文之父",1899年也被认定为甲骨文的发现之年。与王懿荣同时辨别、搜集甲骨的,还有天津的书生孟定生和王襄①。

① 胡厚宣、胡振宇《殷商史》第十三章《殷商文字》第333-354页,上海人民出版社,2003年。

1·44

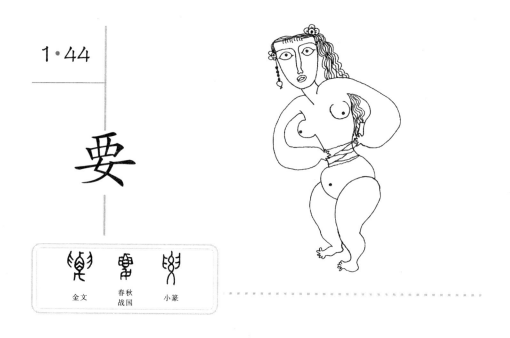

古文字形是女子双手叉腰的形象,表示人的腰部,这就是"腰"的最初字形,《说文·臼(jú)部》:"要,身中也。象人要自臼之形。""要"的古文字形反映了女子以细腰为美的风尚古已有之,但昔日楚灵王喜好细腰,手下臣子为了讨好灵王纷纷节食,每天只吃一顿饭。久而久之,楚国宫中一片菜色,有的人甚至需双手扶墙才能站起来。时尚媚于权贵,遂成病态,也就没有什么美感可言了。字形后从本义引申出"重要"、"主要"的意思,读作yào。之后,为了表示字的本义,就有了"腰"字,从肉(月)要声,要兼表义。例如《宋书·陶潜传》:"我不能为五斗米折腰向乡里小人。"李白《梦游天姥吟留别》:"安能摧眉折腰事权贵,使我不得开心颜。"腰在人体的中间,所以字义又引申出"事物的中部"的意思,如山腰等。

1·45 止

古文字形是左脚或右脚的形象,本义为人的脚。后来左脚写成"止",右脚写成"</w>(dá)"。人停止行动的重要标志是脚站立不动,"止"因有"停止"义。此后为加以区别就在"止"旁加"足"作"趾"来表示原义"脚",如《左传·桓公十三年》:"举趾高,心不固矣。"成语"趾高气扬"就是由这个典故而来的。"趾"后来主要用来表示人的脚趾,其中的"足"表示人的下肢器官,"止"既表达意义,又表示声音。"止"在一些汉字中仍表示"脚"的意思,例如:

先,甲骨文象"止"在"儿(人)"前,杨树达认为:"龟甲文先字多从止……止为人足。先从儿(即人)从止,而义为前进,犹见从人目而义为视,企从人止而义为举踵,鸣从口鸟而义为鸟鸣,吠从犬口而义为犬吠也。"①《说文·先部》:"先,前进也。"所以"先"的本义是走在前面,是"先行"的意思。引申为祖先或尊称逝去的人,如司马迁《报任安书》:"仆之先非有剖符丹书之功。"又如诸葛亮在上奏蜀汉后主刘

① 杨树达《积微居小学述林·释先》第85页,中华书局1983年。

禅的《前出师表》中说道："先帝不以臣卑鄙……"这里的"先帝"指的就是已不在人世的刘备。先生，古人用来指称比自己年长而有学问的人，后世演变为对男子，特别是年长男子的尊称。到了现在，不论男女，只要是有学问或值得尊敬的人，都可尊称为"先生"。

　　　　甲骨　　金文　　春秋战国　　小篆

此，古文"匕"是反写的人，"止"即为脚趾。古文字形合"匕"、"止"表示人的脚趾所在的位置，《说文·此部》："此，止也。"所以，此的本义是"停止"的意思。"此"在先秦时代就已用

> ① 程俊英译文："高高在上的老天爷，是谁害我离家走。"《诗经译注》第121页。

作近指代词，这也是"此"在古今汉语中最基本的意思，相当于"这"、"这个"，是由"人停止"的本义引申而来的，例如《诗经·王风·黍离》："悠悠苍天，此何人哉。"①"此"常常与"彼"相对而言，如《孟子·公孙丑下》："彼一时，此一时也。"

　　　　甲骨　　金文　　春秋战国　　小篆

步，古人称左右两脚各向前迈一次为一步，并根据这个意思，将"止(左脚)"和"少(右脚)"合起来构造"步"的字形。"步"的基本义是慢慢行走，所以《说文·步部》曰："步，行也。"

《庄子·田子方》："夫子步亦步，夫子趋亦趋。"意思是说，老师（指孔子）慢走，学生就慢走，老师快走，学生也跟着快走。本义是学生向老师学习，但后来"亦步亦趋"变成了形容自己没有主张，只会模仿别人的意思。表示脚步、步子是它的引申义。古人的一步相当于今天的两步。《大戴礼记·劝学》："是故不积跬步，无以至千里。"所谓跬步，是古代的半步，相当于今天的一步。

　　　　甲骨　　小篆

企，古文突出了人的脚趾，象一个人踮起脚跟直立的形象。《说文·人部》："企，举踵(zhǒng)也。"是"踮起脚后跟"的意思，《汉书·高帝纪》"日夜企而望归"用的是"企"的本义。从踮着脚远望引申出希求、盼望之义，如"企求"、"企图"、"企望"。此外，现代汉语称昂着头、直立行走的一种鸟类叫"企鹅"。

走，古文字形上半部象人摆动双臂迈开大步奔跑的形象；下半部加"止"，强调人在跑动，所以，"走"原是"跑"的意思。在成语"走马观花"中用的是它的本义。"走狗"一词早在先秦时期就已出现，不过那时是"猎犬"的意思，以"走"来限定狗，盖因为猎犬是要奔跑的缘故。用来比喻受人豢养的帮凶则是后来的事。

现代汉语中"走"的意思在古代用"行"来表示，后来产生的"跑"字，唐代开始用于奔跑义，后来"走"也变成了"步行"的意思。

之，古文字形的上半部是"止（左脚）"，表示行走；下半部的"一"为指事性符号，表示"止"所要到的地方，所以"之"的本来意义是"往"。如《史记·陈涉世家》："辍耕之垄上。"这里的"之"是往、去的意思。

"之"后来又借作人称代词、指示代词和相当于"的"的助词。

1·46 足

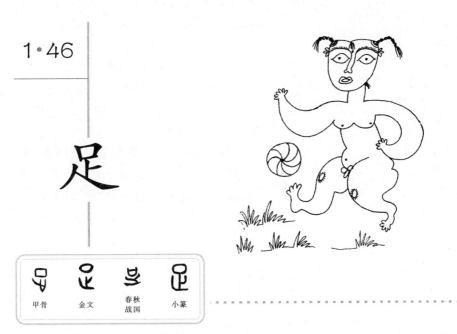

古文字形上象膝盖，下象脚，《说文·足部》云："足，人之足也，在体下。"足的本义是指人或动物的小腿和脚，后又用来单指脚。今天汉语普通话称人腿的下端为脚,但在上古,脚趾从膝盖到踝骨,即小腿,不包括今天称为"脚"的部分。后来转为今义,但现在吴方言的大部分地区所说的脚既可指腿的下端,也常指整个下肢。至于"脚"取代"足"的历史进程,汪维辉指出:"从先秦起,'脚'就存在着泛指人体及动物下肢的倾向,在东汉魏晋南北朝时期,这一用法得到空前发展,并取代了相应的文言词'足'……'脚'进一步发展成为专指脚掌,是唐以后的事。"① 现代汉语中,"足"一般不单独使用,多用作语素出现在复音词中,如足迹、足下、手足、插足、画蛇添足等,这其中当然还有足球。

> ① 汪维辉《东汉——隋常用词演变研究》第58-59页,南京大学出版社2000年。

说到足球,就不能不说一说它的起源。世界各地爱好足球的人们以及专家学者一直争论不休,一些足球运动蓬勃发展的国家更是把本国看做足球的发祥地。2004年,在北京举行的亚洲杯足球赛的开幕式上,国际足联主席布拉特正式向世人宣布:"足球起源于中国。"原来,2300多年前齐国首都临淄,即今山东省淄博市,盛行着一种叫蹴鞠(cùjū)的游戏,这便是古代的足球。这项运动后来历代常见记载,如汉武帝、唐玄宗、五代时期的花蕊夫人等都是蹴鞠的爱好者,《水浒传》中的高俅更是以一记妙球平步青云。后来,蹴鞠从中国传到埃及,进而传到了希腊、意大利、法国和英国,并在英国演绎为现代足球。

蹴踘圖

作为偏旁,"足"常在字左或字下,表示与腿脚的部位、运动或交通有关的事物,如脚趾的"趾"、跑步的"跑"以及道路的"路",等等。

1·47

王

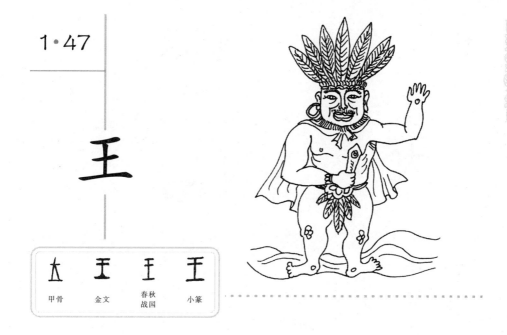

| 甲骨 | 金文 | 春秋战国 | 小篆 |

古文字形象大人，是"首领"的意思。也有的学者认为字形是古代兵器斧头的形状，古人以此象征最有权威的征服者。

《诗经·小雅·北山》："溥天之下，莫非王土。率土之滨，莫非王臣。"①《说文·王部》："王，天下所归往也。"所以"王"原本是最高统治者的称号，在甲骨文中仅指殷王；先秦时代是天子、诸侯的称号，如周文王、周武王、"荆轲刺秦王"；秦始皇自称皇帝后，"王"成为最高的封号，大多授予皇室近亲，如发生在西晋的"八王之乱"，参与者都是姓司马的皇族。"王"后又引申出"同类中为首者、最强者"的意义，如现称各业的佼佼者为"船王"、"歌王"、"拳王"等，称动物群中的头领为"猴王"、"蜂王"等。

① 程俊英译文："普天之下哪片地，不是国王的领土；四海之内哪个人，不是国王的臣仆。"《诗经译注》第416页。

一 人类篇

1·48

大

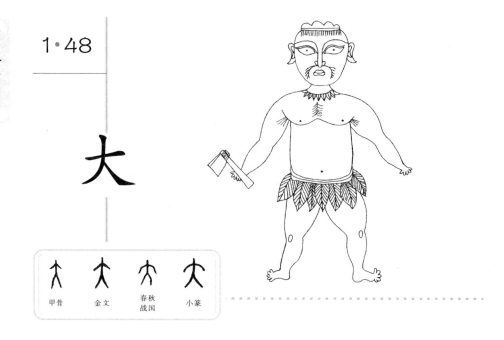

古文字形是两手两腿张开的直立着的人的正面形象,《说文·大部》:"天大地大人亦大",段玉裁注说"大"象首、手、足具全、"可以参天地"的人的形象,所以"大"是一个顶天立地的人的样子。"大"的基本义从古至今是一致的,就是大小的"大"。

立,古文是"大"立在地上,是"站着不动"的意思。"大"是人的形象,下面的"一"表示土地。近代"立"在口语中被后起字"站"所替代,"立"是形符,"占"是声符。"站"又作名词,义为"驿站",是古代官员或传递公文的信差休息之处,这个词源自蒙古语,例如,《儒林外史》第一回:"王冕一路风餐露宿,九十里大站,七十里小站,一径来到山东济南府地方。"

人所站立的地方是"位","位置"的"位"。

士,"士"是"立"字中所表示的人的两腿并在一起而成的。"士"是古代男子的美称,或指未婚男子,今天我们尊称成年人为"士",如成年的男性叫"男士",成年的女性叫"女士"。关于士,郭沫若先生有自己的看法,他认为这个字象雄性生殖器,用以代表男性。

字形为了与"土"区别,下面一横短于上面的一横。

交,古文"交"是"大"(正面的人)的两条小腿交叉,所以《说文·交部》:"交,交胫(jīng)也。"段玉裁注曰:"凡两者相合曰交。"事实上,古文是用两腿交叉来表示"交叉"、"相交"的意思。

央,《说文·冂部》:"央,中央也,从大在冂(jiǒng)之内。""冂"像野外一块空旷的土地,"大"像人。"央"的古文字形好像人站在旷野之中,象征着人居于世界之中,所以央的本义是"中间"。如《诗经·秦风·蒹葭》:"蒹葭苍苍,白露为霜。所谓伊人,在水一方。溯洄从之,道阻且长。溯游从之,宛在水中央。①"这位让人苦苦追寻的姑娘究竟在哪里?是在水一方,还是在水中央呢?

① 程俊英译文:"河边芦苇青苍苍,秋深露水结成霜。意中人儿在何处?就在河水那一方。逆着流水去找她,道路险阻又太长。顺着流水去找她,仿佛在那水中央。"《诗经译注》第224页。

亦,字形中的"大"是人两手两腿张开的形象,两边的点指示人体腋窝之处,《说文·亦部》:"亦,人之臂亦也。"但在今天可见的文献中,"亦"只借为副词,相当于表示"同样"的"也"和语气词。其本义写作"腋",其中"月(肉)"表示人体部位,"夜"表示字的读音。

无,字形作"舞",古文字形象双手拿着道具(如牛尾)跳舞的形象,是"舞蹈"的意思,即"手之舞之"的象形。字形繁体作"無"。后来"無"被借作"有无"的"无",就在"無"字下加了一个"舛"(古文"舛"是相对的两只脚的形象,读作 chuǎn),突出了"足之蹈之"的意思。

1·49 夏

金文　春秋战国　小篆

古文字形象头身手足具全、高高大大的人的形象。

《说文·夊部》："夏,中国之人也。"孔颖达为《左传·定公十年》作疏云："中国有礼仪之大,故称夏;有服章之美,故称华。华夏一也。"夏、华、中国之称古来有之,三者的形成既体现了各民族之间的相互争斗与融合,也映射出文明发展的进程。

先秦典籍中称商王朝统治的区域为中国,因为当时的商王朝在政治、经济、文化等各个领域都处于领先的地位,被公认为唯一的中心之国。商朝灭亡之后,周朝统治下的各诸侯国称为中国,而后来居上的秦国虽然占有宗周旧地,却被北方各诸侯国看作戎狄,所以"中国这一名称,含有地区居中的意义,但更重要的意义则是指传统文化的所在地。"①

夏原指中国西部地区。位居东方的齐、鲁、卫等诸侯国都来自西方,所以又称之为"东夏",东西各诸侯国合成"诸夏"。夏又有雅、正、大等义,例如夏地的语言又称雅言,是先秦时期的标准语,其地位相当于今天的普通话。周朝崇尚赤色,举凡遵守周礼、崇尚赤色的人和族群都可称为华人或华族,合称"诸华"。《左传·定公十年》："裔不谋夏,夷不乱华。"在这里,裔、夏相对,裔指的是夏以外的地区;夷、华相对,夷指的是华人、华族以外的人或民族。"中国、夏、华三个

① 范文澜《中国通史简编》修订本第一编第181页,人民出版社,1962年。

名称,最基本的涵义还在于文化。文化高的地区即周礼地区称为夏,文化高的人或族称为华,华夏合起来称为中国。对文化低即不遵守周礼的人或族称为蛮、夷、戎、狄。"①

今天的中国人自称"华夏子孙",词义中含有骄傲、自豪的感情色彩。

《尔雅·释诂上》云:"夏,大也。"《方言》第一:"自关而西,秦晋之间,凡物之壮大者而爱伟之,谓之夏。"也就是说,在陕西、山西一带的方言中,"夏"是"大"的意思,例如《诗经·秦风·权舆》:"於(wū),我乎!夏屋渠渠,今也每食无余。"②《楚辞·大招》也说:"夏屋广大。"在现代汉语的语汇中,夏已经没有了"大"的意思,但在汉字中,"厦"表示高大的房屋,从厂(yǎn)从夏,在"厦"字中仍然可以找寻到夏表"大"的踪影。

① 范文澜《中国通史简编》修订本第一编第182页,人民出版社,1962年。

② 程俊英译文:"唉,我呀!从前住的大厦高楼,如今每餐勉强吃够。"《诗经译注》第234页。

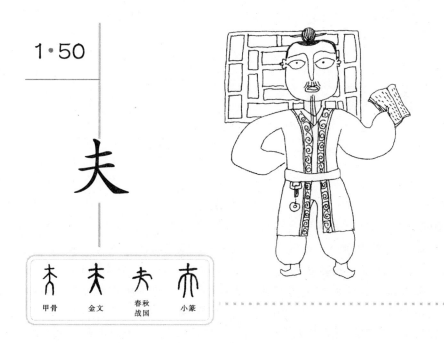

1·50 夫

甲骨　金文　春秋战国　小篆

《说文·夫部》:"夫,丈夫也,从大,一以象簪也。"大是人,"一"象簪子,男子成年后就要用簪子把头发束起来,古人据此造出了"夫"这个字。

"丈夫"一词早在春秋战国时期就已经产生,并出现于多种典籍中,《穀梁传·文公十二年》:"男子二十而冠,冠而列丈夫。"从年龄上讲,古时男子二十行戴冠之礼,戴冠之后便进入丈夫的行列。《孟子·滕文公下》:"富贵不能淫,贫贱不能移,威武不能屈,此之谓大丈夫。"这是春秋时代男子汉大丈夫的道德标准和行为准则,它影响了此后两千多年中国社会的价值观,也是中华民族宝贵的精神财富。

用作指婚姻关系中女子的配偶,是"夫"和"丈夫"的引申义。

1·51

夹

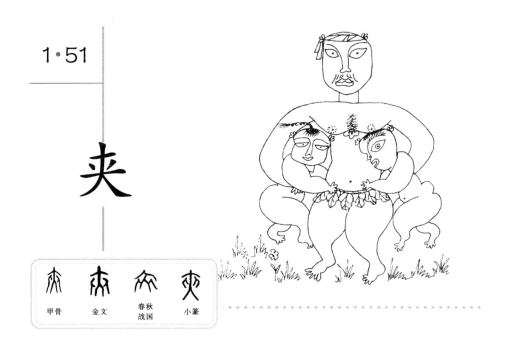

甲骨　金文　春秋战国　小篆

古文象两个人从腋下夹持一个有地位的人即大人的形象,所以是从两旁相持的意思。繁体作"夾"。《左传·僖公二十六年》:"昔周公、大公股肱周室,夹辅成王",意为周公和姜太公成为周王室的左膀右臂,在两旁辅佐周成王。引申开来,凡使事物处在两者之间都可称"夹",例如,用两根筷子拿取菜肴叫"夹菜",排列在道路的两旁迎接客人叫"夹道欢迎",从两侧攻击对方叫"夹击",将奶油、果酱等放在两片中间的饼干叫"夹心饼干",等等。"夹"用作声符的时候,既可表示两者之间的意思,如两山对峙、中间走水的地方叫"峡",如三峡、海峡等;两侧紧逼、中间细长的地带称"狭",如狭窄,等;也可表示"两边"的意思,例如人脸鼻子两边的部位叫"脸颊"或"面颊"等。

二 自然篇

2·1 日

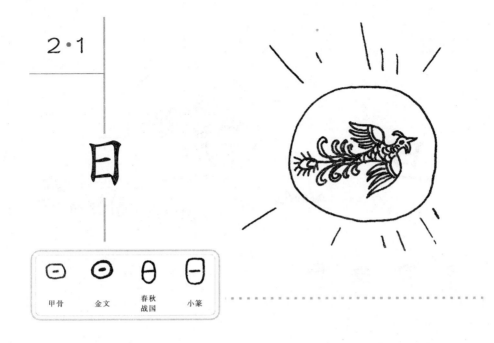

| 甲骨 | 金文 | 春秋战国 | 小篆 |

古文字形象太阳的形状。太阳的形状是一个标准的圆形,甲骨文对太阳形状的描摹却不受此局限,罗振玉认为:"日体正圆,卜辞中诸形体或为多角形或为正方者,非日象,此由刀笔能为方不能为圆故也。"① 古人用刀在龟甲或兽骨上书写,刀不似笔一般旋转自由,刻写出来的字多见棱见角,日的甲骨文字形就是一个很好的例子。汉字没有拼音文字中的字母一般的弧度,道理也在于此。

中国古代的天文观测比较发达,据《开元占经》记载,战国时代石申曾经观察到"日中有立人之像"的景象,今人推测所谓"立人之像"就是太阳黑子。《汉书·五行志》中记载了一段发生在公元前28年5月10日的天象:"河平元年……三月乙未,日出黄,有黑气,大如钱,居日中央。"这是迄今为止全世界公认的对太阳黑子活动最早、也是最为详尽的记录,它准确而简洁地描述了太阳黑子出现的时间、形状、大小及位置。我国古书中还常有"日中有三足乌"的记载,天文学家认为,所谓"三足乌"也是古代先民对太阳黑子的形象化描述。据不完全统计,从汉朝到明朝,共约有100次的太阳黑子记录,难怪有外国人认为中国古文字形"日"中的小点是太阳黑子了②。这种说法虽然没有确凿的证据,但我们不妨就把它当作一种有趣的假设吧。

① 罗振玉《殷墟书契考释三种》(上)第137页,中华书局,2006年。

② [美]丁韪良《花甲记忆——一位美国传教士眼中的晚清帝国》第34页,广西师范大学出版社,2004年。

2·2

旦

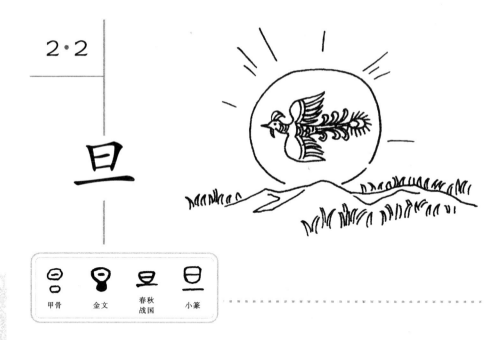

甲骨　金文　春秋战国　小篆

古文字形象太阳刚刚从地平线上升起,表示"天亮",所以《说文·旦部》:"旦,明也。"《玉篇·旦部》:"旦,早也,朝也,晓也。"因为尚未完全离开地面,所以太阳下有一道阴影相连。字形写作"旦",其中的"一"为指事性符号,表示地平线。

1903 年,马相伯创办了一所西式学校,命名为"震旦学院","震旦"意为"秦土",是古代印度对中国的旧称。同时,"震"在八卦中代表东方,"旦"象太阳从地平线上升起,"震旦"意味着东方新世纪的曙光,可以看出,这个校名寄托了马相伯恢复中华强国的无限期望。两年后,由于外国传教士的干扰,震旦学院被迫解散。不久,马相伯又创办了另一所学校,名曰"复旦公学"。"复旦"二字不仅表示于先生"不忘震旦之旧",更增添了一层新的意义。《尚书大传·虞夏传》云:"日月光华,旦复旦兮。"意思是说,太阳日复一日从地平线上升起,驱除黑暗,带来万丈光芒。马相伯据此为他的新学取名"复旦",是希望它培养的学生能象初升的太阳一样为灾难深重的祖国带来蓬勃的朝气。"复旦公学"即今天"复旦大学"的前身。"震旦"、"复旦"的"旦"用的是字的本义。

又据《古本竹书纪年》记载:"周懿王元年,天再旦于郑。"郑在今天陕西华县。周懿王继位那年,华县出了一件怪事、大事:天亮了两次。这究竟是怎么一回事呢?有学者推测,所谓"天再旦"很可能是一次发生在太阳升起之时的日全食。这一推测是否准确呢？1997年3月9日,天文学家在我国新疆的塔城观测到了一次这类的日食。那天早上天刚刚亮,天边的云彩渐渐地呈现出殷红的血色,紧接着天空重又漆黑一片。就在人们惊恐之际,太阳重又绽放出了它的笑脸,大地重现光辉。这不就是"天再旦"吗？为了验证古书的记载,科学家们又请当地群众描述所看到的情景,人们不假思索地说:"天亮了两次呗。"黎明发生日全食的几率是极低的,所以人们只要知道西周早期在今天的陕西一带,哪一年出现过这样的天象,就能确定周懿王元年的确切时间。天文学家用现代的科学手段,推算出这一年应该是公元前899年,这比已知的确切纪年——西周共和元年即公元前841年早了近60年。①

① 李学勤《重写学术史》第97—98页,河北教育出版社2002年。

字形由"天亮"、"天亮时"之义引申为"(某一)天"、"日"、"元旦"的"旦"用的是这个引申义。

2·3 昏

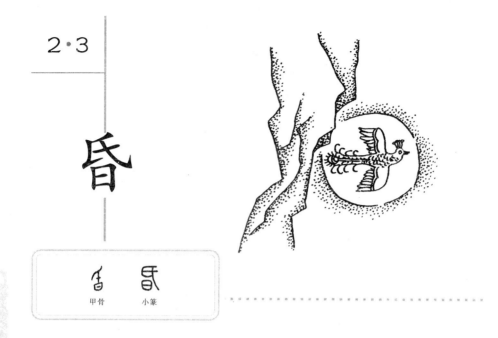

甲骨　小篆

"氏"在古文中也写作"氐",是"下"的意思。"昏"的古文字形上"氏"下"日",表示太阳西下,义为"黄昏",《说文·日部》:"昏,日冥也。"黄昏时分,天色渐黑,所以字形又有了"昏暗"的意思,如杜甫《茅屋为秋风所破歌》诗:"俄顷风定云墨色,秋天漠漠向昏黑。"

《说文·女部》云:"婚,……礼,娶妇以昏时,故曰婚。""娶妇以昏时"虽然是已有礼制的文明时代的习俗,但其实也是野蛮时代留下来的一块化石。远古时期的男子要趁人不备把心爱的女子抢回来,当然最好是在天色将黑的黄昏时分,于是字形又有了"结昏"的意思,如《诗经·邶风·谷风》:"燕尔新昏,如兄如弟。"① 后来字形加"女"作"婚",是为了与黄昏的"昏"相区别。

① 程俊英译文:"你们新婚多快乐,两口亲热像兄弟。"《诗经译注》第61页。

2·4

古文字形象天上的繁星，是"星星"的意思。字形后来分化成两个字，一个是"晶"，用来形容星光以至日光，如柳宗元《登蒲州石矶》诗："日出洲渚静，澄明晶无垠。"另一个是"星"，甲骨文从晶生声，金文仍作"曑"，篆文简化作"星"，《诗经·召南·小星》有诗："嘒(huì)彼小星，三五在东。"①

古代的中国人很早就能用肉眼来观察天上的星星，对星星的特点描述得也很到位，例如《论语·为政》中说："譬如北辰，居其所而众星拱之。""北辰"指的就是北极星。又如今天所说的天蝎座α星，古代叫做"大火星"。早在公元前24世纪，古人就观察到，每当大火星从东方的天际出现，草木就会发芽，花儿就会绽放，而当大火星从西方落下的时候，就会出现草木枯黄、百花飘零的景象。为了更好地从大火星的周期性运动中发现寒来暑往的规律，古人还设立了"火正"之职，以便在大火星升起之时确定一年的开始，这就是后来人们常说的"观象授时"。《诗经·豳风·七月》云："七月流火，九月授衣。"② 诗中"火"指的就是大火星。由于阳历的七月正值夏季最为炎热的季节，所以，常有人误以为"七月流火"的诗句意在感叹七月的炎热。其实，上古使用农历，七月相当于阳历的八、九月份；"流"是落下的意

① 程俊英译文："小小星星闪微光，三三五五在东方。"《诗经译注》第34页。

② 程俊英译文："七月'火'星偏西方，九月女工缝衣裳。"《诗经译注》第265页。

思。每年农历七月,大火星向西落下,正是天气渐渐转凉之时。下句"九月授衣"是说到了九月就该准备冬衣了,这恰好印证了"七月流火"之时天气渐凉的事实。

后来,"晶"又由星光的"明亮"义,引申出"水晶"、"结晶"的意思。

2·5 众

甲骨　小篆

古文字形从日从三人,象三个人在日下从事劳动,又象众人在日出之时相聚劳作。古文中"三"往往不是确指,而是表示数量很多。因为耕地的人很多,字形后来就有了"众多"的意思。殷商时代,"众"是奴隶中一个比较特殊的群体,他们往往集体在农田里耕作,遇有战事随时会被征调,为商王出征。殷商贵族在役使"众"的时候,要先向神灵祷告,请求神灵的许可;卜辞中不见对"众人"滥施酷刑、任意杀害的记录,也未见将"众"用于祭祀、赏赐、交换的记载。由此看来,"众"的地位比一般奴隶高,也可能是殷商时代的自由民。

字形繁体作"眾";简化作"众",取其"三人成众"的意思。

2·6 月

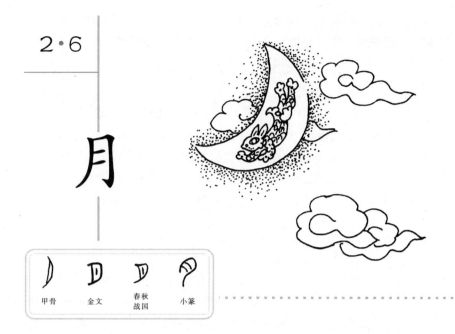

| 甲骨 | 金文 | 春秋战国 | 小篆 |

古人根据月亮圆缺盈亏的周期来计算一个月的长短，又参考月圆月亏的次数大致计算一年的周期。与白天的太阳相比，夜晚的月亮最大的特点就在于它有圆有缺。为了与表示太阳的"日"相区别，先人就根据一弯新月的形状来构造"月"字，所以《说文·月部》说："月，阙也。"月圆时少，月缺时多，漫漫长夜之中，古人对月圆的期待自然就多了几分。由月圆而联想到了阖家团圆，这种期待渐渐融入了对家人的思念与牵挂。东坡词云："人有悲欢离合，月有阴晴圆缺，此事古难全。"在这里，"圆"指"满月"，"缺"指"弯月"。月亮的圆与缺，从来都寄托着中国人对骨肉亲情的思念与渴望。

古文字形"月"中的一点可有可无，后来为与"夕"区别而加点。字形用作偏旁，多与月亮、时间有关。

| 甲骨 | 金文 | 小篆 |

夙，《说文·夕部》写作"𠙾"："𠙾，早敬也。从丮（jǐ）持事，虽夕不休，早敬者也。""夕"象弯月（详见下节），表示天还未亮；"丮"的甲骨文象一人侧面蹲着，双手伸出有所作为的样子。起身劳作之时，天边尚存一弯残月，可见时辰之早，所以夙的本义是"早"。《诗经·卫风·氓》曾用"夙兴夜寐，靡有朝矣"[①]的诗句

① 程俊英译文："起早睡晚勤操作，累死累活非一朝。"《诗经译注》第108页。

表现女主人公起早贪黑地辛勤劳作的场面。现在，我们仍然用"夙兴夜寐"来形容早起晚睡、勤奋努力的工作状态。字形隶变作"夙"。

朝，音zhāo。古文字形象太阳刚刚升起于草木之间，旁边的"月"象远处天际尚存着的一轮残月，所以"朝"表示的是日月同现于草木之间、日始出而月尚存的清晨景象。汉语中常将表示清晨的"朝"和表示黄昏的"夕"对比连用，如《论语·里仁》"朝闻道，夕死可矣"，又如成语"朝不保夕"、"朝发夕至"、"朝令夕改"等等。

明，比起白天的阳光来，黑暗之中的月光带给人们的心理感受更为强烈，所以古文字形用月光从窗户中透进来的景象来表示"明亮"、"光明"的意思。"床前明月光，疑是地上霜。举头望明月，低头思故乡。"李白《静夜思》中的"明"恰好体现了造字时的意义。字形起初写作"朙"，表示窗户的"囧"后讹变为"日"，写作"明"，日月同辉，是人间别样的光亮与辉煌。

2·7 夕

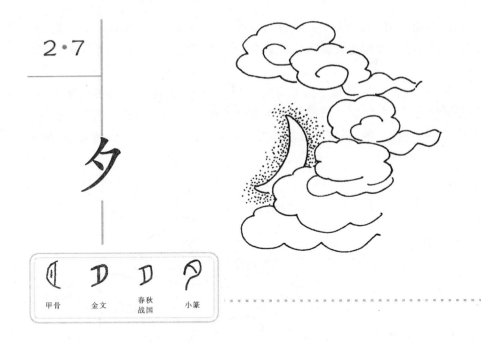

| 甲骨 | 金文 | 春秋战国 | 小篆 |

古文字形象半个月亮,表示月亮初照的傍晚时分。

《说文·夕部》说:"夕,莫也。"莫即暮,本义是指太阳落山或傍晚时分。后将落下山去的太阳称作"夕阳"。古往今来,描述夕阳最有名的诗作恐怕莫过于晚唐诗人李商隐的《登乐游原》了:"夕阳无限好,只是近黄昏。"寥寥数语把作者在日落时分的几许失意与无奈之情表现得淋漓尽致。历史的时针指向了20世纪70年代末,叶剑英元帅在他的《八十抒怀》中写道:"老夫喜作黄昏颂,满目青山夕照明。"在这里,元帅反其意而用之,抒发的是作者晚年不老的情怀。这里用"夕照"喻人生金色的晚年。

月、夕本为一字,古文为了区别,"夕"字中间没有点。

| 甲骨 | 金文 | 春秋战国 | 小篆 |

名,"夕"象半个月亮,表示黑夜;"口"是人的嘴。月夜时分看不清彼此的模样,需要自报姓名,所以《说文·口部》曰:"名,自命也。从口,从夕。夕者,冥也。冥不相见,故以口自名。"

依《说文》的解释,"名"本为动词,成语"莫名其妙"表示"无法用言语表达它的奥妙",其中的"名"还是动词,含"表达、说出"的意思。字后又引申为"报出的内容",成为名词,相当于今人所说的"名字"。古代贵族男子出生时有名,是未成年时供长者呼唤的称号;年满二十成人行冠礼之后才有字,所以《礼记·曲礼上》说:"男子二十冠而字。"名在年幼之时,字在成人之后,所以古代尊者、长者对晚辈或地位较低的人称名,反之称字,自称则用名,是自谦的表示。

按照古制,人的名与字的意义应该是相关的,如诗仙李白名白字太白,诗圣杜甫名甫(古代加在男子名字下面的美称)字子美,诸葛亮名亮字孔明,等等。到了现代,名、字相配之制逐渐被人们淡忘,一般人都有名无字,而名则统称为"名字"了。

古文字形象雨点下落的形象,是下雨的"雨",《说文·雨部》:"雨,水从云下也。"

据考证,殷商时代的黄河流域,每个月都要下雨,全年雨量丰沛,年平均气温也比现在高,气候相当于现在长江流域、甚至更南的一些地区。

甲骨文中,还有一些描摹各种天气现象的象形字,例如:

雪,古文字形象雪花飘落,是下雪的"雪"。《说文·雨部》:"雪,凝雨说(悦)物者也。"雪花飘落而下,是来年丰收的预兆,这就是民谚所说的"瑞雪兆丰年",所以许慎说雪是"悦物者"。

春秋战国　小篆

雹,古文字形象雨中圆形的雹子,是冰雹的"雹"。《说文·雨部》:"雹,雨冰也。"天上下的冰就是冰雹,许慎的说解代表了古人对冰雹的认识。

金文　春秋战国　小篆

电,古文字形象天上下雨并伴随着闪电,是"闪电"的意思。字形后来繁化作"電",简化作"电"。

甲骨　金文　春秋战国　小篆

雷,古文字形的中间象闪电,两边象雷声滚滚,是"打雷"的"雷"。字形后加形符"雨"作"靁",简化作"雷"。

甲骨　金文　春秋战国　小篆

云,古文字形象上有云层,下有云气缭绕的形状。字形后来又加"雨"作"雲",简化字还原作"云"。

上述表示各种天气现象的象形字,最后都加雨字头变成了合体字,这一方面反映了古人对大自然的认识,另一方面用某一形符对同类单字加以整合归类,也是使汉字更具系统性、从而推进其丰富发展的一种有效手段。

2·9 零

| 甲骨 | 金文 | 小篆 |

古文字形象天上徐徐而下的雨,是"小雨""零星的雨"的意思。字形后来写作"零":"雨"表示下雨的天气现象,"令"近似地表示读音。因为雨点小,所以"零"就有了"零碎"、"细小"的意思。如零件、零钱、零食以及天气预报中常说的"零星小雨",等等。字形也可作动词讲,是"落下"的意思,本作霝,后写作零。《诗经·豳风·东山》中曾用"零雨其濛"表现细雨濛濛的自然景象,在这里,"零雨"是"天上下着细雨"的意思。人哭的时候会泪流如雨,所以《古诗十九首·迢迢牵牛星》中说"泣涕零如雨",我们今天还形容因为心存感激而流泪的样子为"感激涕零"。

人类确立"零"这个数学概念是很晚的事。美国著名科普作家阿西莫夫说:"从第一个数字符号开始计数到想出一个表示'无'的符号,竟占用了人类大约五千年的时间。"[1] 公元4到6世纪,印度人开始将零当作一个数值参加运算,并且在形式上写作一个小圆点"·",后人在这一基础上加以改造,形成了当今世界通行的阿拉伯数字"0"。中国人对数学中"零"的认识也经历了一个漫长的过程。《水浒》中有一百零八个梁山好汉,号称"一百单八将",其中的空位是用"单"来表示的。英国著名科技史学家李约瑟认为,宋代人们已经有了"零"的概念,但通常写作"〇",写作"零"则是明朝以后的事了[2]。

[1] [美]阿西莫夫《数的趣谈》第15页,上海科学技术出版社,1980年。

[2] [英]李约瑟《中国科学技术史》第三卷《数学》第35页,科学出版社,1978年。

2·10

申

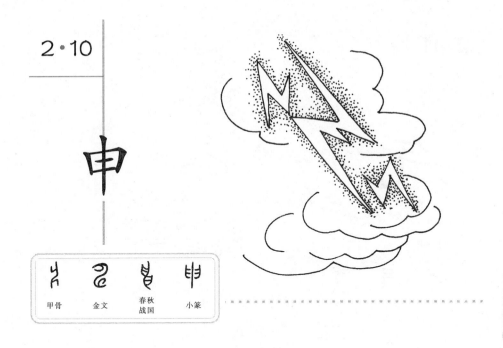

| 甲骨 | 金文 | 春秋战国 | 小篆 |

　　古文字形象云中的闪电。一道道闪电有时给人以屈伸之感,所以字形又有了"舒展"、"伸开"的意思。字形后来加"亻"作"伸",表示人舒展肢体的动作,如"伸手"、"伸腿"、"伸懒腰"等等。把事情展开陈述并加以说明也叫"申",例如"申请"、"申诉"、"三令五申"等。汉语中的字、语言中的词从本义展开、演变而产生新的意义叫"引申义",引申的"申"也是从其本义发展而来的。流经上海市区的黄浦江又叫春申江,简称申江,所以上海的简称又叫"申"。

　　天空中的闪电往往伴随着雷雨大风,古人认为这是天上的神灵借闪电而有所指示,所以,金文在"申"上加"示"作"神",《说文》上说"申,神也"就是这个道理。

二 自然篇

2·11

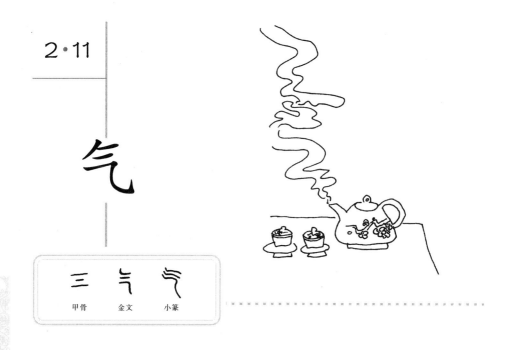

甲骨　金文　小篆

古文字形象云气缭绕、层层相叠的景象,是"大气"的意思。字形后来为与"乞"区别,加"米"作"氣"。简化字还原作"气"。"气"作偏旁表示各种气体,如"氧"、"氢"等各种气态的化学元素以及与气体有关的事物,如气氛的"氛",等等。

液体、固体受热到一定程度也会变成气体,字形加"氵"写作"汽",即今天所说的汽油、蒸汽的"汽"。

2·12

木

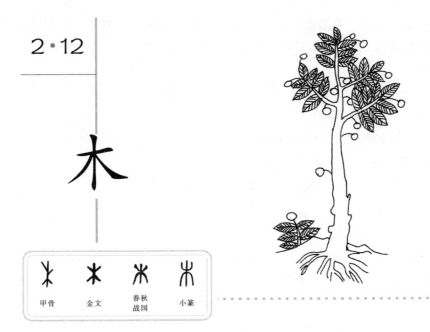

| 甲骨 | 金文 | 春秋战国 | 小篆 |

上象枝叶下象根，古文"木"象树，是"树"的意思。《诗经·周南·汉广》谓"南有乔木"，古人云"木秀于林，风必摧之"，其中的"木"都是树的意思。

| 甲骨 | 金文 | 春秋战国 | 小篆 |

林，独木不成林，古文用双"木"表示成片的树木。

| 甲骨 | 小篆 |

森，古文字形用三个"木"表示多而密的树木，即"森林"的意思。从甲骨刻辞可知，殷商时代的王公贵族狩猎活动频繁，而当时黄河流域一带气候条件与今天长江流域甚至更南的一些地区相近，所以专家们推测，那里必有广袤的森林和草原。

| 甲骨 | 金文 | 春秋战国 | 小篆 |

囿，音 yòu。古文字形将四个"木"合围起来，表示林木茂盛、可以畜养禽兽的地方，即"园囿"的"囿"。《孟子·梁惠王下》："臣闻郊关之内有囿方四十里，杀其麋鹿者如杀人之罪，则是方四十里为阱于国中。"孟子的意思是说，谁杀了齐王园囿中的麋鹿，就等于犯了杀人罪，那么对老百姓来说，这方圆

四十里的范围就是一个陷阱。这里所说的"囿"用的是字的本义。在现代,"囿"多用为动词,是从本义引申出来的"局限"义,常用的格式是"囿于",如"囿于成见"。

果,古文字形象树上长满成熟的果实的形象。字体后省三个果子为一个,上面的果实也写作了"田"。

栗,古文字形象果壳上长有毛刺的木本植物,是栗子的"栗"。隶变后,字形上部的果实改写作"西"。后作"畏惧发抖"讲,是栗的假借义,成语"不寒而栗"用的就是这个意思。

末,指事性符号"一"用在"木"上表示树梢,所以,古文"末"是"树梢"的意思。《左传·昭公十一年》:"末大必折。"树梢长得过大必然会折断,这里的"末"用的是字的本义。因为是树梢,"末"又有了下面两个意思:一是"不重要的"、"非根本的",如"细枝末节"、"舍本逐末";二是"最后"的意思,如"周末"、"末了"、"末班车"等等。

本,指事性符号"一"用在"木"下表示"根",所以,古文"本"是"树根"的意思,例如《韩非子·扬权》:"枝大本小,将不胜春风",枝干大于树根,就经不起风吹,哪怕是春天和风的吹拂。由于是"树根",又常用来指事物的根源或主要部分,如"根本"、"本科"。

"本"与"末"是树的两端,常用来代表事物的主要和次要方面,不可颠倒,否则就是"本末倒置",倒置之后的结果就会如《左传·昭公十一年》所说:"末大必折,尾大不掉。"

朱,指事性符号"一"在"木"中,表示红色木心的柏树,后专用来指红色。古代皇帝在奏章上做批示要用红色的颜料,所以叫"朱批"。唐代诗圣杜甫曾经有诗云:"朱门酒肉臭,路有冻死骨。"朱门即红色的大门,借指豪门大户。

甲骨　金文　春秋战国　小篆

束,古文字形在"木"中加圈,表示捆住,用来指一切"束缚"。

甲骨　春秋战国　小篆

困,"囗"象门框,"木"象两扇门中间的木橛(jué),这就是字的本义。木橛的作用是限制门的开启,所以字形引申为"处境艰难"的意思。成语"困兽犹斗"、"内外交困"用的就是这个意思。

甲骨　金文　春秋战国　小篆

休,背靠大树好乘凉,古文"休"是一人倚着大树的形象,表示"休息"。《诗经·周南·汉广》诗云:"南有乔木,不可休思。①"诗中借南方不能倚靠歇息的高大树木,比喻心中爱慕却无法得到的女子,这里的"休"用的是字的本义。

① 程俊英译文:"南方有树高又长,不可歇息少荫凉。"《诗经译注》第16页。

甲骨　金文　春秋战国　小篆

相,音 xiàng。古文字形由"木"、"目"组成,表示"视察"、"观察"的意思。它的造字理据有些费解:用"目"观察为什么要从"木"字呢?清代段玉裁《说文》注认为:"目所视多矣,而从木者地上可观莫如木也。"眼睛可以看到的东西很多,而古时大地上可供观察的显著目标莫过于树木。另一位古文字学家戴侗认为木工用木材时,必须看它的长短、曲直等等,所以"相"是一个会意字,今天所说"相亲"的"相"就有"仔细观看"的意思。

金文　小篆

樊,音 fán。古文字形象用双手(后演化为楷书的"大")将荆条编成篱笆,是"笼子"、"篱笆"的意思。今天还在用"樊篱"比喻对事物的限制,如"冲破旧思想的樊篱";又用"樊笼"比喻受束缚、不自由的境地,如"封建婚姻的樊笼",等等。

二　自然篇

杲,音 gǎo。上"日"下"木",象日照树梢,古文字形是"明亮"的意思。文言文中常用"杲杲"来形容阳光明亮的景象,如《诗经·卫风·伯兮》的"其雨其雨,杲杲出日①"即是一例。

① 程俊英译文:"好比久旱把雨盼,偏偏老是大晴天。"《诗经译注》第116页。

杳,上"木"下"日",表示太阳落入树下,天色已是昏黑,所以"杳"的本义是"昏暗"。字形由此引申出"远得看不见踪影"的意思,如成语"杳无音信"等。唐人崔颢《黄鹤楼》诗中有"黄鹤一去不复返,白云千载空悠悠"之句,所以后人也用"杳如黄鹤"来比喻人或物下落不明。

封,甲骨文字形下像土壤,上像树苗,是封土成堆并在土堆上植树的意思。金文加代表"手"的"又"(又作"寸"),表示右手拿着小树苗种植在土中,古文"封"是种树的意思。

千万不要小看了种树这件事情,种树不仅是可以绿化荒山、保持水土、长宜子孙的大事,中国两千多年的封建社会也是从种植一棵棵小树开始的。古代贵族在接到国君册封的命令之后,就在分给自己的土地边界上种植树木以划清疆界,他们从此就成了土地的主人,这便是古书上常说的"封邦建国",简称"封建"。

丰,上象树苗,下象土堆,古文字形表示"植树为界"。古代贵族用种植树木的方式来给自己的土地划分疆界,所以它的本义是封邦建国的"封"。字形由此产生出"枝叶繁茂"的意思。从枝叶繁茂又引申出"容貌好看"的意思,今天常说的"丰采"、"丰姿"、"丰满"等用的就是这个意思。

"丰"和繁体的"豐"原为两个字。"豐"表示古代一种叫做"豆"的器皿中盛着两串玉,是"丰富"、"丰盛"的意思。现代以"丰"为其简体,于是"丰"又有了"丰富"的意思。

艺,古文字形象一个人伸出两手种植树木或五谷的形象,是"种植"的

二 自然篇

意思。《孟子·滕文公上》:"后稷教民稼穑,树艺五谷",其中的"艺"用的是它的本义。由于种植树木需要相关的技能,所以又引申出"技艺"、"艺术"等义。字形加"艹"作"萟",又写作"藝",简化为"艺"。

2·13

桑

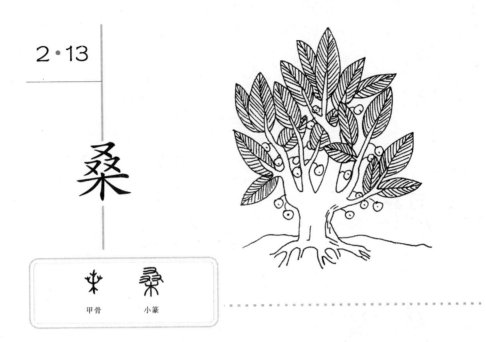

甲骨　小篆

　　古文字形象长满叶子的桑树,《说文·叒(ruò)部》:"桑,蚕所食叶木。"古人种植桑树是因为桑叶可以用来养蚕,所以字形突出的是树上繁茂硕大的枝叶。

　　桑树原本是野生植物,但上个世纪的考古发现表明,中国人最初种植桑树的历史已有七千多年了。至晚到了周朝,黄河、长江流域已经开始大面积种植桑树,《诗经·魏风·十亩之间》:"十亩之间兮,桑者闲闲兮,行与子还兮。十亩之外兮,桑者泄泄(yìyì)兮,行与子逝兮。①"种植桑树带给人们的不仅是生活水平的提高,同时也带来了无尽的生活乐趣。《诗经·郑风·将仲子》诗云:"将仲子兮,无逾我墙,无折我树桑。"仲子是邻居家的老二,是姑娘心爱的小伙儿,为了与姑娘相会,常常翻墙而入。姑娘怕被人发现,便叮嘱情人不要翻越自家的院墙,也不

① 程俊英译文:"宅间十亩绿桑园,采桑姑娘已空闲。走吧咱们一道回家转。宅外十亩绿桑林,采桑姑娘一群群,走吧咱们一道回家门。"《诗经译注》第191页。

要折断墙边的桑树枝。这段描述与《孟子·梁惠王上》"五亩之宅,树之以桑"的说法恰可互相印证。另据史书记载,春秋时代越王勾践采纳谋臣范蠡的建议,省赋敛,劝农桑,以图强国。此后历朝历代,农桑始终是中国古代社会经济的重要支柱。"桑"自甲骨文时代就经常出现在各种文献之中,道理就在于此。

2·14 麻

金文　小篆

古文"麻"由三个部分组成:中间的"朩"象麻类植物,在中国古代主要指大麻;下面的竖道表示可以剥取的麻皮;上面的"厂"象山岩,说明古时的大麻是野生的。字形后来从"广"表示房屋,整个字形象人在屋下绩麻。大麻是古人纺织衣物的重要原料,收割后,要么直接从麻秆上剥取麻皮,要么放入水中浸泡数日后捞出晾干,再用棍棒敲打使麻皮脱落,《诗经·陈风·东门之池》是一首情诗,诗中那位令小伙子渴慕已久的姑娘常常在护城河边浸泡大麻和苎麻:"东门之池,可以沤麻……东门之池,可以沤纻。"① 小伙子渴望倾诉衷肠,姑娘却浑然不知地沤麻,麻在古人生活中的位置由此可见一斑。

① 程俊英译文:"东城门外护城池,可以泡麻织衣裳。……东城门外护城池,可以泡苎织新装。"《诗经译注》第241页。

在中国,种植桑、麻向来是重要的农业劳作,所以又常以桑麻代指农事,如唐朝诗人孟浩然《过故人庄》诗云:"开轩面场圃,把酒话桑麻。"麻与古人的生活密不可分,以至于不少词语与之相关。例如麻类植物生长稠密,麻因此有了"很多"的意思,杜甫《茅屋为秋风所破歌》中的"雨脚如麻未断绝"即是一例,又比如"密密麻麻"、"杀人如麻"等等;麻的纤维纷乱难理,于是便有了"心乱如麻";麻的子粒细碎,所以人出天花后脸上留下的点点疤痕也叫"麻子"。

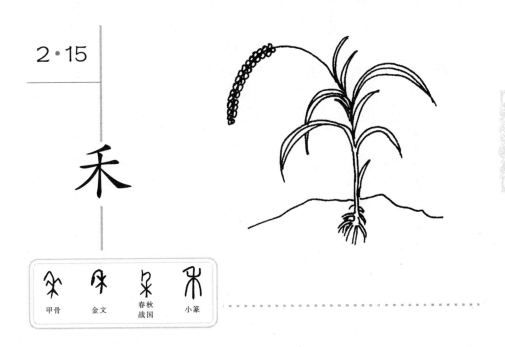

2·15

上象垂向一边的谷穗,中间象叶子,下边象根部,古文字形是"禾苗"的"禾"。"禾"本是谷子(即"粟")的专名,但在卜辞中已被用来泛指谷物。"锄禾日当午,汗滴禾下土,谁知盘中餐,粒粒皆辛苦。"唐朝李绅的这首《悯农》诗告诫人们要珍惜每一粒来之不易的粮食,其中"禾"指的就是各种谷物。

秉,古文字形象右手(即"彐")持"禾",是"拿着"、"握着"的意思,例如《古诗十九首·生年不满百》中有"昼短苦夜长,何不秉烛游"之句,其中"秉"用的就是它的本义。手里拿着,就有了"掌握"、"主持"的意思,如"秉公执

法"。

春秋战国 小篆

兼,古文字形象一手(即"彐")持两"禾",含同时占有两者或更多的意思,《孟子·告子上》说:"鱼,我所欲也;熊掌,亦我所欲也。二者不可得兼,舍鱼而取熊掌者也。"鱼和熊掌不能同时拥有,只好在两者之中做出取舍。我们今天所说的"兼职"、"兼课"的"兼"是从其本义引申而来的。因为是两"禾",所以字体又有了"两倍"的意思,如"昼夜兼程",等等。

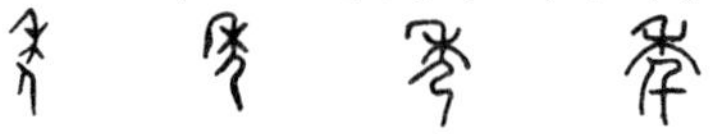

甲骨 金文 春秋战国 小篆

年,古文字形象"人"用肩扛"禾",表现的是丰收时节人们满载而归的场景,是"年成"、"收成"的意思,所以《穀梁传·桓公三年》说:"五谷皆熟为有年也。"《说文》也说:"年,谷熟也。"北京的天坛有一座古代帝王用来祈求丰收的祭坛,叫"祈年殿"。这个"年"用的是造字的本义。

现在人们都知道地球绕太阳公转一周为一年,这是通过对天象的长期观测得出的结论。而在上古,中国先民对"年"的时间概念的命名,则是与黄河流域谷物一年一熟的事实相联系的。

2·16

秋

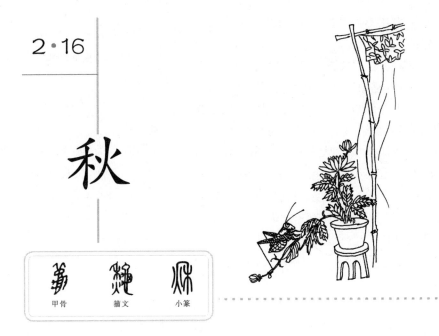

| 甲骨 | 籀文 | 小篆 |

甲骨卜辞中的"秋"显然象一种动物,更确切地说是一种昆虫的象形,但所象者何呢?

有人认为象蝗虫,但蝗灾是农人最为忌讳的,以蝗虫结构"秋"的字形,不合农人企盼丰收的心理。

唐兰认为秋字的构形"当为龟属而具两角者,其物今不可知"①,似龟却长着两只角,唐兰也闹不清它到底是个什么东西。

郭沫若指出,秋的甲文字形象蟋蟀:"龟属绝无有角者,且字之原形亦不像龟,其像龟甚至误为龟字者,乃隶变耳。今案字形实像昆虫之有触角者,即蟋蟀之类。以秋季鸣,其声啾啾然,故古人造字,文以象其形,声以肖其音,更借以名其鸣之节季曰秋。蟋蟀,古幽州人谓之'趋织',今北京人谓之'趋趋'。蟋蟀、趋织、趋趋,均啾啾之转变也。"② 秋字之所以读作 qiū,是借蟋蟀的鸣叫来象声的结果;而读过《诗经·豳风·七月》的人,也可以从中找到以蟋蟀结构"秋"字的理据:"七月在野,八月在宇,九月在户,十月蟋蟀入我床下。"农历十月,天气转凉,连蟋蟀也冻得爬进了农人的床下。这几句诗不仅生动而形象地描述了蟋蟀的

① 唐兰《殷墟文字记》第 8 页,中华书局,1981 年。
② 郭沫若《殷契粹编》第 345 页,科学出版社,1965 年。

生活习性,也在不经意间为秋的古文字形做了一个很好的注解。①

籀文"秋"字在甲文的基础上加火、禾。从禾的道理很显然:它象征着谷物成熟,故《说文·禾部》云:"秋,禾谷熟也。"从火表示大火星:上文说到的《诗经·豳风·七月》中还有这样两句诗:"七月流火,九月授衣。"大火星每年出现在东方天际的时节正是春天的开始,而向西落下就意味着秋天的到来。斗转星移,日月星辰的流转是古人确定季节更替的重要依据,也是"秋"字从"火"的理据所在。② 不过,籀文虽然构字理据清晰,但书写繁难,所以小篆省写作"秋",并沿用至今。

① 程俊英译文:"七月蟋蟀野地鸣,八月屋檐底下唱,九月跳进房门槛,十月到我床下藏。"《诗经译注》第267页。

② 何九盈《汉字文化学》第188-191页,辽宁人民出版社,2000年。

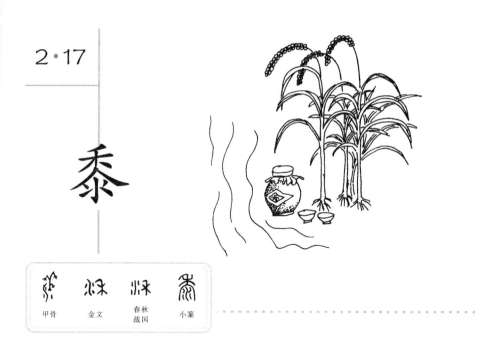

2·17 黍

| 甲骨 | 金文 | 春秋战国 | 小篆 |

《说文·黍部》:"黍,禾属而黏者也。"古人将黍归入禾一类的粮食作物,所以造字从禾。甲骨文字形象在长有很多穗的"禾"下加"水",这又是为什么呢?关于多穗的禾,罗振玉《殷墟书契考释》中有很好的解释:"黍为散

穗,与稻不同……①"关于水,《说文》引孔子的话说:"黍可为酒,禾入水也。"酿酒离不开水,于是就在多穗的"禾"下加"水"表示"黍"。《说文·酉部》又说:"八月黍成,可为酎(zhòu)酒。"关于酎,《说文·酉部》说是"三重醇酒也",段玉裁注曰:"酎者,三重酒也。……谓用酒为水酿之,是再重之酒也。次又用再重之酒为水酿之,是三重之酒也。"把酒当作水,重复酿两次,得到的就是酎酒,简言之,酎酒就是经过三次酿造的醇酒。那么人们不禁要问:商人哪儿来这么多的粮食酿酒呢？原来,由于得天独厚的气候条件,殷商时代的黍不仅能够一年两熟,而且还能大面积种植。所以,商人得以用剩余的黍酿造出甘醇的美酒。

① 罗振玉《殷墟书契考释三种》(上) 第178页,中华书局,2006年。

金文　　小篆

香,古文字形用盛在器具里的黍麦来表示谷物的馨香。唐朝诗人皮日休的《橡媪(ǎo)叹》中"山前有熟稻,紫穗袭人香"用的是它的造字本义,后泛指一切宜人的气味,如香水、香油、书香,等等。

2·18

米

米 米
甲骨 小篆

古文字形上下象一粒粒的米,中间的"一"象筛子。《说文·米部》:"米,粟实也。"没有脱壳的谷子是粟,脱了壳的就是米,古文字形所描述的正是用筛子脱壳的米粒。米后来不仅指粟实,凡脱壳的粮食都可称米,例如唐代贾公彦在为《周礼·地官·舍人》郑玄注作疏时说:"黍、稻、粱、麦、苽(gū)、大豆,六者皆有米,麻与小豆、小麦三者无米,故云:九谷六米。"米究竟指什么,则因时、地等条件而异。远古时代,黄河流域的农作物以粟为主,脱壳之后称为"粟米",长江流域以稻为主,脱壳之后称为"稻米",在现代汉语口语中,前者称为小米,后者称为大米。

暴 暴
金文 小篆

暴,小篆字形上边从日,中间从出、从廾,廾象双手,下边从米,四个部分合起来表示用双手把米拿到太阳底下,是"晒"的意思。中间的"出"和"廾"变为"共",下边的米写作"氺",于是字形成了今天的样子。从"把东西拿出去晒"引申出"使显露"的意思,如"暴露";暴还有一个常用义"猛烈"或"来势凶猛",例如暴风、暴雨、暴病等;来势凶猛的事物会给人以突然之感,所以字形又有了"突然"的意思,例如,我们今天常说的"暴富"、"暴发户"等等;字形还引申出凶狠、残酷的意思,如"暴力"、"暴君"等等。承担了如此众多的义项,"暴"字的兼职显然太多了,于是人们就在"暴"的旁边加"日"写作"曝",来表示它的造字本义,今天所说曝光的"曝"就是从这个意义引申而来的。

2·19

粟

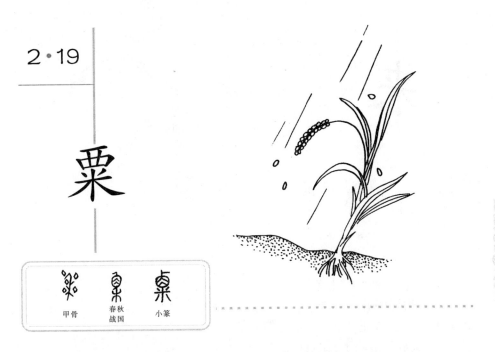

甲骨　春秋战国　小篆

古文字形中间象禾苗的杆儿和叶,四周象饱满的果实,这就是"粟"。粟是远古时代的先民用野生的猪尾草培育出来的,它耐干旱、易生长、好保存,是黄河流域的主要农作物,考古学家在距今七八千年前的磁山文化、七千至五千年前的仰韶文化以及四五千年前的龙山文化中,都发现了粟的踪迹。

中国宋代的博物学家罗愿在《尔雅翼》中指出:"古以米之有孚壳者皆称粟。"由此可知,粟在古代也可泛指各种带壳的粮食。

2·20

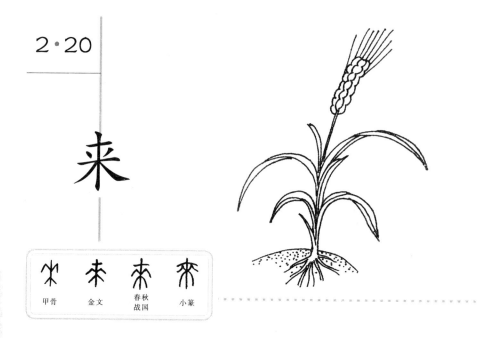

来

| 甲骨 | 金文 | 春秋战国 | 小篆 |

甲骨、金文的"来"上象直挺或下垂的叶穗,中间象茎秆坚挺,下部象根。罗振玉《增订殷墟书契考释》:"卜辞中诸来字皆象形。其穗或垂或否者,麦之茎强,与禾不同。"[1] 来本来指麦子,如《诗经·周颂·思文》:"贻我来牟(牟:大麦)"。[2] 但是代表粮食作物的汉字多用"禾"作偏旁,为什么只有"来"、"麦"、"齐"等表示麦子的字不在从禾之列呢?《说文·来部》:"来,周所受瑞麦来麰(móu)……象芒束之形,天所来也,故为行来之来。"据考证,麦子不是古代中国原产,而是产自埃及,考古学家在古老的埃及金字塔中,就曾发现了一粒小麦的炭化种粒。周人的祖先最初生活在今天陕西岐山、扶风一带,是他们最先从西亚引进了麦种,所以说"天所来也"。古代的先民不知麦子从何而来,便假托是鸟从天上衔来,所以在造字时未能将其归入"稻"、"稷"等"禾"旁之类。字形后来假借为往来的"来"之后,就在"来"字下面加了一个表示脚的"夂"作"麥",表示这种外来的作物。简化作"麦"。

> [1] 罗振玉《殷墟书契考释三种》(下) 第452页,中华书局,2006年。
> [2] 程俊英译文:"留给我们麦种。"《诗经译注》第629页。

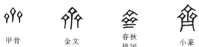

| 甲骨 | 金文 | 春秋战国 | 小篆 |

齐,古文字形象吐穗的小麦(或禾苗)高矮一边齐的样子,是"整齐一致"的意思。《说文·齐部》"禾麦吐穗上平也"说的就是这个意思。今天成语"良莠不齐"用的还是字的本来意义。繁体作"齊",简化作"齐"。

2·21

草

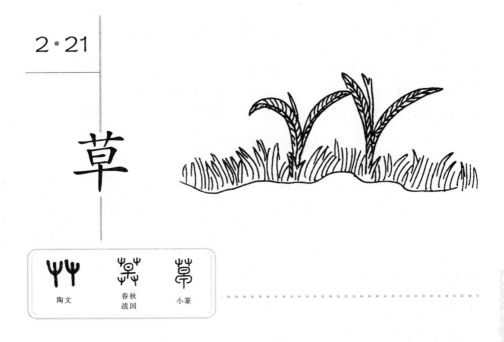

| 陶文 | 春秋战国 | 小篆 |

古文"屮"象一株小草,古人用两株"屮"象征丛生的杂草,是"各种各样的草"的意思。字形又作"草",用作偏旁时写作"艹",俗称"草头"或"草字头",表示与草本植物有关的事物。

| 甲骨 | 金文 | 春秋战国 | 小篆 |

生,古文字形在"土"上加了一棵小草,表示"植物生长"。后字形由植物的生长引申为一切生命的"生育"和"生存"的意思,生育义之例如《列子·汤问》:"子又生孙,孙又生子。"生存义之例如《孟子·告子上》:"生亦我所欲,所欲有甚于生者,故不为苟得也。"这些义项现代都仍很常见,在此不必赘述。

春秋战国 小篆

卉,古文字形象三株初生小草的形象,字形后来写作"卉",是各种草的总称。现在有"花草"之称,也叫花卉,说明"卉"原指"草",不过据考"卉"在古代是东越扬州一带的方言。由于现在"卉"一般只与花连用,所以常给人以美好的印象。

莽,古文象四株丛生的草,它的本义也是草,是古代南楚一带的方言。由于是表示丛生的草,"莽"后又常用来形容草木茂盛的景象,如"莽原"指的是杂草丛生的原野。字形后来加"犬"作"莽",好像有犬奔跑于其中。

莫,古文字形描绘了太阳西下,渐渐没入草丛之中的景象,是"傍晚"、"黄昏"的意思,所以《说文·茻(mǎng)部》:"莫,日且冥也。从日在茻中。"《说文·日部》对"晚"的解释也可印证"莫"的造字本义:"晚,莫也。"古人没有钟表,常以日月星辰的出没当作时间或季节变换的参照物,这便是"莫"的构字理据。字形借作表示"没有谁"、"没有什么"的无定代词和表示否定的副词后,就在"莫"下再加"日"作"暮(mù)"表示原来的意义,如"暮色"、"朝三暮四"等等。

华,音 huā。古文字形象草木之花的形状,表示花朵,如《易·大过》:"枯杨生华。"繁体作"華"。魏晋之后出现了"花"字:"艹"表示植物,"化"近似地表示读音,它承载了"华"的本义。在中国,最负盛名的花莫过于梅、兰、菊,她们与竹一起,被誉为植物中的"四君子",是自古以来文人墨客永远吟咏不尽的主题。

华又读 huá,表示开花,动词。如《礼记·月令》:"始雨水,桃始华。"后引申出来光彩、华丽、精华等多义。"华"又是我们民族和国家的代称,古称华夏,今称中华。

帝,古文字形象花蒂的样子。

在古代文献中,帝最初是部落的首领,是半人半神的英雄,众所周知的尧、舜都曾被称作"帝",又比如黄帝和炎帝。帝又是人格化的天,也即后世所说的"上帝","天"、"帝"、"上帝"也就成了意义相近的词。公元前 221 年,秦王嬴政统一中国,自称始皇帝,成为中国历史上第一个皇帝,后人称之为秦始皇。从那以后,"皇帝"就成为中国封建社会最高统治者的专用称号。

字形借作帝王之称后,就又加"艹"作"蒂",表示它原来的意思。

2·22

因

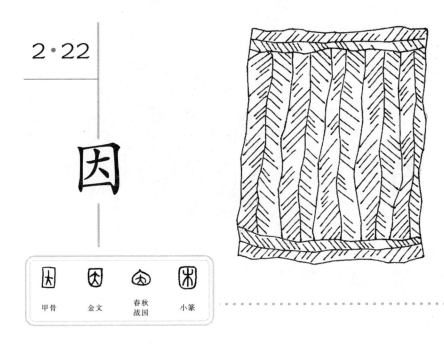

| 甲骨 | 金文 | 春秋战国 | 小篆 |

古文字形象交叉编织的草垫的形状,是"席子"的意思。字形后来借作"因为"的"因",就又加"艹"作"茵"来表示原来的意思,成语"绿草如茵"形容成片的绿草象席子一样,这里的"茵"用的是字的本义。由"席子"之义引申出"相互连接"、"相互依附"的意思,例如两个氏族、家族或家庭之间,以男婚女嫁为纽带相互连接在一起,构成相互依存的姻亲关系,又如结婚的事、结婚以后产生的夫妻关系叫"婚姻"。字形也因此加"女"作"姻"。

2·23

春

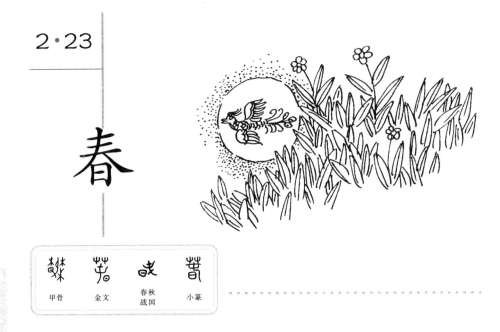

| 甲骨 | 金文 | 春秋战国 | 小篆 |

古文字形从"艸",象草木青青、万木复苏;从"屯",象种子破土发芽;从日,象太阳给大地带来温暖,春的古文字形好像一幅美妙的大地回春图,是"春天"的意思。春天孕育着勃勃生机,所以"春"又可用来比喻生命力的旺盛,唐代诗人刘禹锡的著名诗句"沉舟侧畔千帆过,病树前头万木春"即是其例。结束了寒冷而漫长的冬季,春的到来预示着新的希望。为了迎接春天的到来,古人会在年头岁尾举行各种祭祀神灵和祖先的活动,这就是中国最重要的传统节日春节的起源。

| 春秋战国 | 小篆 |

蠢,字形从蚰(kūn)春声,本义指昆虫慢慢爬行的样子,后引申出"笨"或"不聪明"的意思,如"蠢人"、"蠢话"、"蠢事"等。冬季过后,春天降临,各种各样的虫子从蛰伏冬眠中苏醒过来,慢慢蠕动,这就是"蠢蠢欲动"的最初意思,现在多用来比喻敌人酝酿进攻或坏人伺机开始进行破坏活动。

2·24

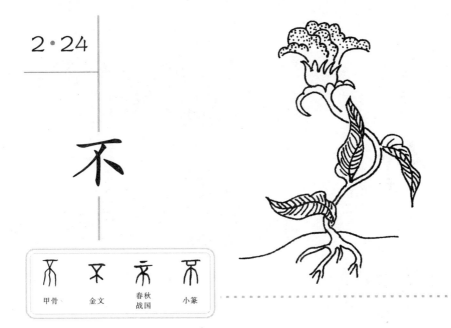

不

甲骨　金文　春秋战国　小篆

徐中舒《甲骨文字典》:"象花萼之柎(fū)形,乃柎之本字。"古文"不"象花萼下花蒂(即花托)的形状,《诗经·小雅·常棣》:"常棣之华,鄂不韡(wěi)韡。凡今之人,莫如兄弟。"① 诗人用花萼花蒂来比喻兄弟之情,其中的"不"指的就是花托。后来古人称木制、形状像花托的饮具为"杯",异体字写作"盃"(其中的"皿"表示器皿)。《红楼梦》中黛玉的《葬花辞》里有"未若锦囊收艳骨,一抔净土掩风流"的诗句,其中的"抔"是用双手组成花萼的形状,把东西捧起来的意思。"不"早在甲骨文中就已借作否定副词,原义则由后来另造的"柎"字所承载。

① 程俊英译文:"棠棣花开照眼明,花萼花蒂同根生。试看如今世上人,没人能比兄弟情。"《诗经译注》第292页。

小篆

胚,古文"丕"、"不"同为一字。"丕"是"不"下有"一","一"指示花蒂之下花萼的部位,是种子开始生长的地方。加"月(肉月)"写作"胚",《说文》作"肧",《说文·肉部》:"肧,妇孕一月也。"受精卵在母体的子宫内着床,有如孕育植物的种子一般。现代汉语中所说的胚胎就是从"胚"的这个意思来的。

2·25 竹

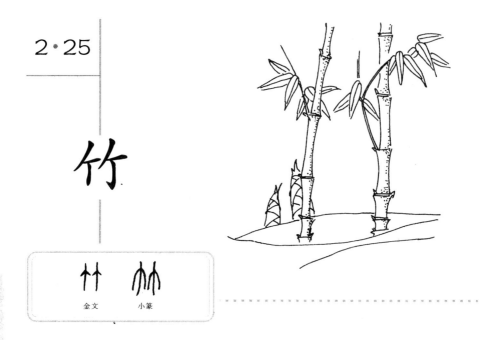

竹　艸
金文　小篆

古文字形象两支带有竹叶的竹枝，是"竹子"的意思。竹子是一种典型的热带、亚热带植物，但古时在黄河流域及其以北的地区很常见，这是因为殷商时代乃至春秋时期，中原一带气候温和，雨量丰沛，很适合竹子的生长。

在古代，竹子常用作书写材料。把品质上好的竹子劈开，削成细长的竹片，并用火烧烤去除水分，以便长久保存，这道工序叫"杀青"。杀青之后的竹简就可以用来书写了。若干写成的竹简用绳子穿起来叫做"编"，编在一起便成了册。除竹子外，古人也用木片书写文字，称为"木牍"。竹简与木牍合称"简牍"。与丝帛、纸张等材料相比，简牍要重得多。据《史记·秦始皇本纪》记载："天下之事无大小皆决于上，上至以衡石(dàn)量书……"唐代张守节云："衡，秤衡也。言表笺奏请，秤取一石……"① 一石是一百二十斤，各地上呈中央政府的简牍公文数量繁多，十分沉重。始皇批阅之时，都要由人按重量秤取，一次一石地送上来。西汉著名文学家东方朔曾经用简三千，给汉武帝写了一封自荐信，这封信要两个人才能勉强搬动。成语"学富五车"用车来衡量一个人的学问，就是因为那时的文章写在竹简上，笨重得只能车载。

公元105年，东汉宦官蔡伦改进了造纸术。此后，纸在民间不断推广，竹简、木牍才逐渐退出了历史舞台。

① 司马迁《史记》第一卷第258—259页，中华书局，1982年。

小篆

支，古文字形象一只手拿着一支带有竹叶的竹枝，也有文字学家认为象用手去除竹枝，是"枝条"的意思，字形后加"木"做"枝"。后引申出"分支"等义，又用作量词，多称量条状、杆状的东西。

2·26 笔

筆
小篆

是谁发明了笔？历来有蒙恬造笔的传说。蒙恬是秦时的大将，曾为秦始皇统一中国立下过汗马功劳。秦统一后，蒙恬官拜内史，专事文书之职。不过，考古学家已经从多处战国古墓中发现了早于秦代的战国毛笔，显然，笔的出现早于蒙恬生活的时代，将毛笔的发明归功于蒙恬有掠古人之美的嫌疑。事实上，蒙恬改任文职之后，由于整日与笔墨打交道，很可能对笔做了一些改进，说他是笔的改良者或许更为恰当。

笔的发明不仅早于秦代，而且也早于战国时期，因为从笔的古文字形来看，甲骨文、金文已有表示"笔"的字，这就是"聿"。"聿"象右手拿着一支饱蘸墨汁、笔毛散开的笔的样子。笔的出现还应早于商代。考古学家曾在几片早期的甲骨上，发现了用毛笔蘸着墨汁书写后尚未刻写的文字，以及用毛笔蘸着朱砂书写文字的陶片。河南仰韶以及西安半坡等新石器时代遗址的彩陶上,还出现了一些据说是用毛笔描绘的符号和花纹,有学者推测,那时的毛笔虽然不一定如后世一般的精致,但必定也是用动物的毛捆绑在竹木制成的笔竿上①,史前时期的笔应该就是后代毛笔的滥觞。

> ① 钱存训《书于竹帛——中国古代的文字记录》第 122 页,上海世纪出版集团,2006 年。
> ② 李乐毅《简体字源》第 15-16 页,华语教学出版社,1996 年。

《说文·聿部》:"聿,所以书也。楚谓之聿,吴谓之不律,燕谓之弗,秦谓之笔。"笔在殷商时期写作"聿",到了许慎写《说文》的时代,楚地仍然保留着旧有的名称,而秦国则叫做"笔",事实上,聿和笔只是古今字的不同。秦汉时代,聿的音、义都发生了变化,所以就加"竹"写作"筆"来表示原有的字义。燕地读笔为弗,是因为古无轻唇音,弗在那个时代是笔的同音字。吴地将笔读作不律,因为不律是笔的谐声。南北朝时的碑刻开始写作"笔",成书于 1037 年的北宋韵书《集韵》中出现了"筆,或作笔"的解说,可见当时俗写体的"笔"由于广泛使用已进入了文人的视野。1932 年当时的教育部公布的《国音常用字汇》收入了"笔"这个字形,1935 年由社会各界联合发起制定的《手头字第一批字汇》也提出了以"笔"代"筆"的主张。② 1956 年,"笔"在经历了近一千年的考验之后,最终成为正体。

从构形上看,"聿"、"筆"、"笔"三者的侧重点不同:甲骨、金文的"聿"象手拿毛笔在书写,侧重的是它的书写功能;篆文的"筆"是在"聿"的图画象形意味逐渐退化的情况下加上了"竹",意在以笔杆的质地强化笔的字义。隶变之后,"聿"的图画意味消失殆尽,笔头上动物的"毛"就代替了"聿"。制笔所用一般是羊毛、兔毛或者鹿毛,曹植有诗《长歌行》:"墨出青松烟,笔出狡兔翰",指的就是用兔毛做的笔头。

2·27

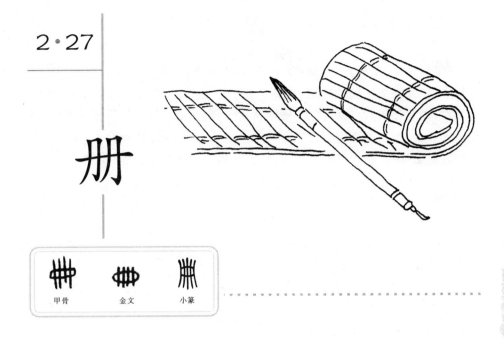

册

| 甲骨 | 金文 | 小篆 |

古人将文字写在竹简或木牍上,并用丝线、麻绳或皮条编连起来,形成中国历史上最早的书籍。"册"的甲骨文字形描绘的正是古代书籍的样子,其中长短不齐的竖道象竹简或木牍,两个横道表示用来编连竹简的丝麻线绳或皮条。册的本义是"简册"、"书简",《尚书·多士》:"唯殷先人有册有典"用的就是这个意思。册是中国最早的书籍,以至于现在我们仍然用"册"来指称各种各样的书籍,如"册子"、"史册"、"画册",书的量词叫"册",也是从这里来的。

| 甲骨 | 金文 | 小篆 |

典,古文字形象双手捧着简册放在几上,是典册的"典",表示"重要的文献、典籍",所以现在把具有权威性的重要著作称为"经典著作"。成语"数典忘祖"说的是数说典籍所载,却忘掉了自己的祖先,比喻忘本,它保留了"典"的造字本义。

| 甲骨 | 小篆 |

编,古文作"緐",字形从册从糸,意思是用丝绳将竹简按照一定的顺序排列、捆扎起来。字形后来写作"编",《说文·糸部》:"编,次简也,从糸扁。"这里的"次"是按顺序排列的意思。

小篆

栅,《说文·木部》:"栅,编竖木也。从木从册。"将竹枝、树枝等编成篱笆的样子,用来隔离不同的区域,这就是我们今天所说的栅栏。清代说文大家王筠在《说文释例》卷三中认为,栅字从册"乃象其形而从之。册便是栅形,此正古人妙处,不得拘墟以说之",该书卷八又说"栅从册,册非册书,多木卓立而中有编之形"。栅栏之形有如简册,古人据此信手拈来,实在是妙不可言。

2·28

古文字形象右手持盛有简册的器具,象掌管文书的史官。

《说文·史部》:"史,记事者也。"上古在王室或官府中掌管文字记录的人通称为"史",其中"太史"是西周、春秋时代记载史事、掌管文书档案的高级官员,例如司马迁,其地位和大臣相当;一般的"史"相当于今天的书记员,负责文件的起草、记录和保管。"史"在各级政府中的地位都是十分重要的,历代统治者都要任命可以信任的人担任此官职。在中国古代,史官具有优良的传统,记录史实毫不隐讳,秉笔直书不畏权势,不计利害,有的甚至不惜牺牲生命。《左传·襄公二十五年》记载:齐国的史官记录了权臣崔杼弑君之事实,崔杼便杀了他,史官的两个弟弟先后继承了哥哥的职位,他们拿起哥哥手中的笔,毫不留情地写下了崔杼弑君的事实,也被崔杼杀害。三个被害史官的弟弟又当了史官,第四次记录了崔杼弑君的事实,最后崔杼不得不放下了屠刀,因为他可以夺去史官的性命,却无法动摇他们捍卫历史真相的坚定信念和职业操守。另一位史官南史氏听说此事,不但没有退缩,反而手执写有"崔杼弑其君"的简策前往齐国宫廷,途中获悉事实真相已被记录在案,才原路返回。

由此看来,手持简册的形象很能说明史官的职业特点,因而也就成了古人造字的依据。

不仅如此,古代史官的职位都是世袭的。司马迁虽然是西汉时期的史官,但他的祖先早在周代就世代掌管王室的典籍。另据《左传·昭公十五年》记载,春秋时期,晋国的大夫籍谈出使周朝。周景王在宴会上拿着鲁国进贡的酒壶一边饮酒一边问:"晋国为什么没有贡品呢?"籍谈回答说:"晋国从来没有受过周王室的赏赐,所以没有器物可献。"周景王当即指出:"从晋的始祖唐叔起,晋国就不断受到王室的赏赐,你身为晋国的司典(也即史官),怎么竟然不了解这些史实呢?!"籍谈无言以对。客人退出后,周景王十分感慨地说:"籍父其无后乎!数典而忘其祖。"这就是成语"数典忘祖"的来历,现在常用来形容人忘了本或对本国历史一无所知的情形。

2·29 韭

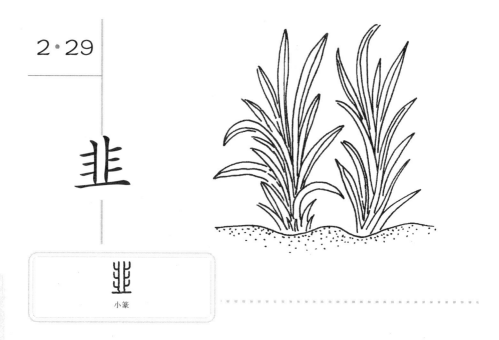

韭
小篆

《说文·韭部》:"韭,一种而久者,故谓之韭。"因为成熟的韭菜割下来以后,很快又长出新叶,种植以后可以反复收割,可供食用的时间比别的蔬菜长,所以许慎说它"一种而久"。"韭"的字形象韭菜割下来以后齐刷刷的样子,与它的生长特点有关;韭的读音又与"久"相同,暗示出其长久的生命力。

今天,在寒冷的冬季吃上一顿韭菜馅儿的饺子或者韭菜炒鸡蛋已经不是什么新鲜事了,但在古代,冬天的韭菜却可以成为豪门大户斗富的砝码。据史书记载,晋代有一个叫石崇的人,为了与国舅王恺比富,常在冬季拿出韭菜待客,着实令王恺自愧不如。他经过多方打探,终于得知石崇是用"杂以麦苗"的方法种植的,据说这和今天北方农村还在使用的"麦秸盖韭法"十分相像。

2·30

瓜

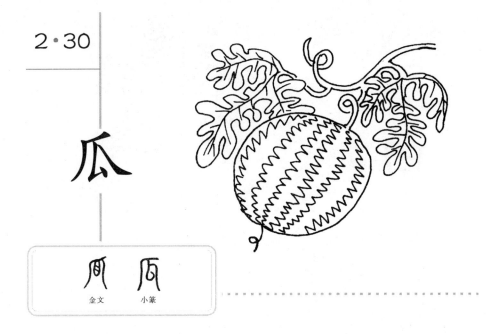

金文　小篆

古文字形象藤上结出的果实,是"瓜"的意思。如《诗经·豳(bīn)风》:"七月食瓜,八月断壶。"①

吃瓜常常要分成几块儿,所以用"瓜分"一词来表示分割领土、财产等;又由于瓜是蔓生植物,长在藤上,所以就有了"顺藤摸瓜"的说法,比喻顺着一定的线索进一步追根究底。古乐府《君子行》诗:"君子防未然,不处嫌疑间,瓜田不纳履,李下不整冠。"人在瓜田中(弯下腰去)提鞋,容易被人怀疑是在偷瓜;李子树下抬手整冠,容易被人怀疑是在偷李子,后人就用"瓜田李下"来比喻容易引起猜疑的场合或情况。

① 程俊英译文:"七月采瓜食瓜瓤,八月葫芦吃个光。"《诗经译注》第268页。

2·31

白

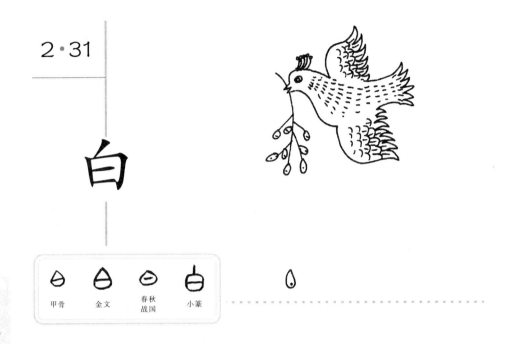

关于白的古文字形,有三种解释。一说"白"象一粒米,因为米的颜色是白的,所以后来又借作"黑白"的"白"。也有学者认为字形象太阳刚刚升起,天色已白的样子,后又引申出"明亮"的意思,如唐朝李贺《致酒行》诗云:"我有迷魂招不得,雄鸡一声天下白。"从"明亮"的意思引申出"清楚"、"明白",如成语"真相大白";又引申出"说明"、"告诉"的意思,如《古诗为焦仲卿妻作》:"便可白公姥,及时相遣归"。还有学者指出,"白"象大拇指,在五个手指中居于首位,所以称"大"。兄弟之中最大的称作"伯",按照这个说法,"伯"的声符"白"兼具"长"义;"仲"指年龄居中的兄弟,一般是老二,《诗经·郑风·将仲子》中的"仲子"即用此义;叔、季指三弟、四弟。古代人兄弟之间"伯仲叔季"的排列顺序就是这么来的。

2·32

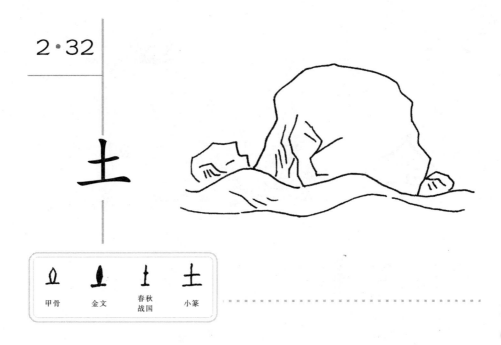

土

| 甲骨 | 金文 | 春秋战国 | 小篆 |

古文字形象地面上突出的土块儿，《说文·土部》曰："土，地之吐生物者也。"是"土地"、"泥土"的意思。用作偏旁表示与泥土、土石建筑有关的事物，如"地"、"场"、"坛"、"坊"、"垄"等。

古人以土地为安身立命之本，所以奉为神明，称之为"社"，换句话说，社是土地神，俗称"土地爷"。古人又以"稷"为谷神。社、稷分别代表土地和粮食，二者对国家政权的稳固至关重要，所以社稷又成为国家的象征。今天天安门西边的中山公园原为明清皇家祭祀土地和五谷的寺庙，里面有坛，原来铺着明清时代由各个府州送来的青、红、白、黑、黄五色土，象征"溥天之下，莫非王土"。文革时期，五色土一度换成了黄土，并种上了棉花，现已恢复原貌。

因为土地是人类赖以生存的物质基础，所以有"故土难离"或"热土难离"的说法，这里的"土"是"家乡"的意思，是从本义引申出来的。

2·33 金

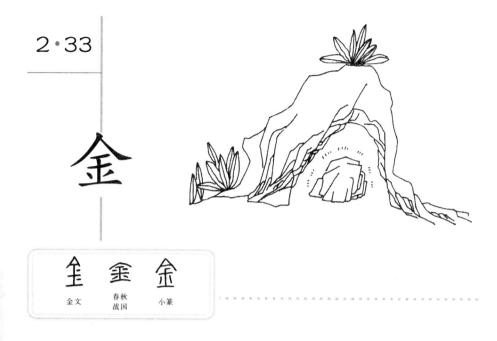

| 金文 | 春秋战国 | 小篆 |

古文字形最早见于金文,其上部的"亼"表示覆盖,中间的"土"是土壤的意思,土中的若干"丶"象金属物质,"金"的古文字形说明古人已经认识到土中含有金属(今天称为金属矿)这一自然现象,明代宋应星在《天工开物》中说:"夫金之生也,以土为母。"《说文》:"金,五色金也。"所谓五色金,有人说是金、银、铜、铅、铁,我们不妨看作多种金属的总称。实际上,在古代文献中"金"可以指称不同的金属,《史记·平准书》:"虞夏之际,金分三品,或黄或白或赤。""三品"一般多解释为金、银、铜。如金文就是指铸刻在各种青铜钟鼎彝器上的铭文。

金文(旧时也称钟鼎文)是殷商及周代所使用的文字。商代铸刻在钟鼎上的文字较少,字体与甲骨文接近,到了周代,字数渐渐多了起来,清朝道光年间出土的毛公鼎上字数最多,共497字。字形也趋于规整,字体与小篆相仿,目前能够辨识的金文字数大约有一千多个,内容涉及商周时代社会生活的各个方面,具有很高的史料价值。

"金"用作偏旁(简化为"钅")表示各种金属以及金属制品等,如"铜"、"银"、"鉴"、"钟"、"钱"之类。近现代化学家又创造了许多新字,表示以前我们不认识的金属化学元素,如"铝"、"钠"、"钙"、"镭"等。

2·34 田

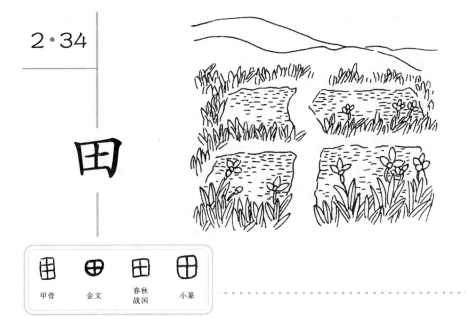

| 甲骨 | 金文 | 春秋战国 | 小篆 |

关于田的字形,蒋礼鸿先生认为:"有树谷之田,有猎禽之田,形同而非一字也。"①《说文·田部》也说:"田,陈也,树谷曰田……,十,阡陌之制也。""陈"即阵,古代围猎的规模很大,参加者必有细致的分工,并摆出相应的阵势,这个"田"指的是田猎的田;而"树谷之田"指的是种田的田。同一个字形,却有两个不同的意思,这究竟是为什么呢?郭沫若曾指出:"卜辞中常见的田字就是一个方块田的图画,殷代必然有四方四正的方块田,才能产生得出那样四方四正,规整划分的象形文的田字。"②但殷商时代最初的方块田并不是专门开垦出来的,而是打猎时焚烧树木后获得的,郭沫若更进一步地指出:"在中国的文字上最初的田字不是后来的禾黍粟麦的田,而是供刍牧狩猎的田。③"这是因为远古时代,草木茂盛,禽兽逼人,生产力水平低下,我们的祖先常用焚烧林草的办法来对付野兽。古文字形中的"囗"象人们以为屏障的天然沟汊,沟汊之内便是狩猎的范围,"囗"中用"十"、"井"或"丰"等划分成若干区域,当人们在"囗"中燃起熊熊

① 蒋礼鸿《读字肊记》,转引自《汉语大字典》第四卷第2524页,四川辞书出版社、湖北辞书出版社,1988年。

② 郭沫若《奴隶制时代》第20页,见《郭沫若全集·历史编》第三卷第20页,人民出版社,1984年。

③ 郭沫若《中国古代社会研究》,见《郭沫若全集·历史编》第一卷第209页,人民出版社,1982年。

大火焚烧林木时,受到惊吓的野兽四处逃窜,有的被烧死,烤熟的兽肉使人类告别了茹毛饮血的时代;有的侥幸逃出森林,却被等在外边的猎人捉住。这便是古时的"田猎"。田猎让先民们不仅获得丰富的猎物,焚烧后的灰烬还是上好的有机肥料,猎场经过开垦成了肥沃的农田。古文字中有这样一个字形"𢿙"(畋),像人手持"丨"平整土地,"丨"象耒的简写,所以《说文·支部》云:"畋,平田也。"经过平整之后的土地可以成为"树谷之田"。如此说来,古文"田"同时兼有"打猎"和"耕地"这两个意思也就不难理解了。

此外,古人的田猎还和军事活动有关。据甲骨卜辞记载,历代商王在出征讨伐时,特别是长途征战中,都会沿途田猎,这一方面是为了锻炼士兵的实战能力和意志品质;另一方面也是为了就地取材,通过田猎获得军队的补给。

古文字形中,由"田"组成的字不少,例如:

小篆

苗,"田"里长的小草("艹"),就是"幼苗"的"苗"。

甲骨　金文　春秋战国　小篆

邦,甲骨文字形象在田界上植树(即"木"),是"封邦建国"的"邦"(参见"封"字的说解)。金文始加"邑"(阝)"邦"可指国家,如称建立外交关系为"建立邦交",称邻近的国家为"邻邦",等等。

甲骨　小篆

畴,古文字形象耕田时犁道弯弯曲曲的形状,表示已经耕作过的土地,所以《说文·田部》云:"畴,耕治之田,从田象耕屈之形。"农人常以种植的各种农作物来区分田地间的不同区域,所以"畴"又有了"种类"的意思,如"范畴"。"繁体作"疇",简化作"畴":"田"表示字的意义范围,"寿"近似地表示字的读音。

小篆

畸,《说文·田部》:"畸,残田也。"方块田之外,边边角角的零散土地就是"畸",所以《正字通》云:"井田为正,零田不为整者为畸,地势多斜曲。"从本义引申出来,凡不对称、不完整的都可以称作"畸",如称不正常的变化为"畸变",称发育不完全为"畸形",等等。

画 金文 春秋战国 小篆

画，《说文·画部》："画，界也。"金文字形上象右手执笔，下象两脚规，加"田"表示可以耕种的土地，小篆在"田"的周围加上了田界，是"划分土地"的意思。如何分配土地、犒赏手下的功臣和贵族，往往是古代帝王，特别是开国之君为政的首要大事。"画"的古文字形形象地反映了古代政治生活中的土地分封制度。繁体作"畫"。

疆 金文 春秋战国 小篆

疆，《说文·田部》："畺，界也。"畺既"疆"，是"边界"的意思。古文字形从二田，表示两块相邻的土地，从弓，表示用弓丈量土地。字形加"土"，更突出了划分土地的内容。《诗经·豳风·七月》有"万寿无疆"的诗句，这里的"疆"是"极限"的意思，是从字的本义引申出来的。

2·35

周

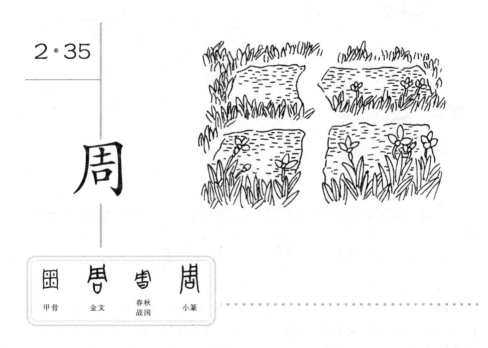

周 甲骨 金文 春秋战国 小篆

　　古文字形象田间长满禾苗的样子，《说文·口部》："周，密也。"是"周密"的意思。

　　今天的陕西岐山、扶风一带在远古时期曾经拥有大片肥沃的土地，那里常年气候温和湿润,特别适合农业生产,一望无际的大地上到处长满了禾苗。商朝时,这里生活着一个姬姓的方国,它的始祖后稷教百姓种田,农业成为这个方国的经济命脉。于是,这个农业发达的方国就叫"周",这片肥沃的土地就叫"周原"。靠着先进的生产力,周人最终打败了暴虐无道的商纣王,建立了新的政权,因此,金文就在甲骨文字形的基础上加了一个"口",象征着国家政令之所出,用以指代已经取得统治地位的朝代,即周朝。

《说文·山部》:"山,有石而高,象形。"古文字形象群峰起伏,是"大山"的意思。

丘,《说文·丘部》:"土之高也,非人所为也。"古文字形象两侧较高,中间可供出入的山地,是自然形成的可以穴居的场所,所以说丘对于古代先民有着特殊的意义。未有宫室之前,人们为避洪水,往往选择地势较高的小山凿穴而居,丘就成了古人理想的住处。字形后引申为山丘、丘陵的"丘"。后人常将"山丘"连用,指称低矮的山,但在古代汉语中,山、丘有别。清代王筠在《说文句读》中指出:"无石曰丘,有石曰山。"所以丘相当于我们今天所说的

"土山包"。

据《史记·孔子世家》记载,孔子出生时,头顶四周较高,中间较低,很像土丘,既然丘是人们赖以生存的天然场所,以"丘"为名不是很好的事吗?孔子的父亲因此给他起名叫"孔丘"。

小篆　小篆

岩,岩在古文中有两个异体字"嵒"和"巖"。《说文·山部》:"嵒,山巖也,从山品。"徐铉注曰:"从品象巖厓连属之形。"嵒字从山从品,品象山崖之上岩石连绵不绝的样子。《说文·山部》又云:"巖,岸也。"岸是陡峭的山崖,所以"岩"的本义是陡峭的山崖。字形用来指"岩石"是现代的用法,与"石"相通,如花岗岩又称花岗石,石灰岩又称石灰石,等等。

"巖"字的笔画繁多,结构复杂,所以早在汉代的碑刻上就出现了"岩"这种简写体。1955年公布的《第一批异体字整理表》中,"岩"取代了"巖"成为正体。1979年,台湾颁布的《标准行书范本》也以"岩"代"巖"。

2·37

阜

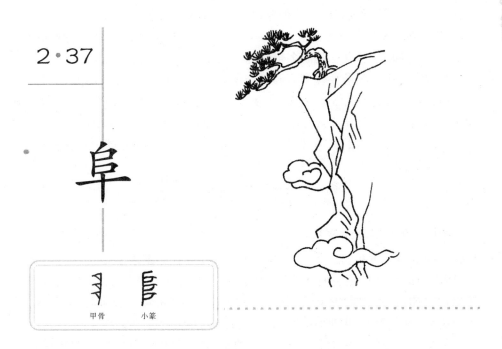
甲骨　小篆

《说文·阜部》曰:"阜,大陆山无石者。"阜和丘都是土山,其区别就在于阜大丘小。山有大小,字却难以表现,古人于是将"山"字横写来表现山坡陡

峭的大土山。用为偏旁写作"阝",在字的左边,称作"左耳朵"或"耳朵旁",表示与山地、山势有关的事物,例如:

陟,音zhì。古文字形象两脚登高,是"登"、"攀登"的意思。《诗经·周南·卷耳》中的"陟彼高岗"表现了思妇想象出门在外的夫君登上高山的情景。

降,音jiàng。两脚下山,古文"降"是"从高处往下走"的意思。现代汉语中,"降"是"落下"的意思,如飞机降落等。

陵,古文字形象一个人一只脚在地上,一只脚踏着"阜"攀登的形象,本义是"攀登",如《左传·成公二年》:"齐侯亲鼓,士陵城。"意思是说齐侯亲自击鼓,鼓励士兵攀登城墙。又比如曹植《洛城赋》:"经通谷,陵景山。""陵"在古代汉语中的基本义是大土堆、土山,如《左传·昭公十二年》:"有酒如渑(miǎn),有肉如陵。"意思是酒多得像渑河之水,肉多得堆积如山。

古代帝王不仅生前要住宫殿楼阁,还为死后大修坟墓。这些坟墓的封土往往高大如山,因此称之为"陵"。在众多皇家陵寝之中,规模最为宏大、保存最为完好的莫过于秦始皇陵了。它的封土在修建之初曾高达115米,经过两千年的风雨,至今仍然有76米高。又如北京西北的燕山山麓埋葬着明代的十三个皇帝,人称"十三陵"。

阳,阳的甲骨文字形从阜,表示大山;从日,表示太阳;还有一个部分象树枝,表示阳光下植物生长的意思。这三个部分合起来表示山南向阳的方位,所以山南水北的地方称为"阳",如朝南的山坡称为"阳坡",地处安徽省凤凰山之南的地方叫"凤阳",衡山之南的地方叫"衡阳",洛水之北叫"洛阳",沈水(即浑河)之北叫"沈阳",襄水之北叫"襄阳",等等。繁体作"陽"。

古文"阴"与"阳"相对,是"阳光少"的意思,所以山的背面即山北水南的地方为"阴",如华山的北边叫"华阴",淮水的南边叫"淮阴",等等。繁体作"陰"。

2·38

石

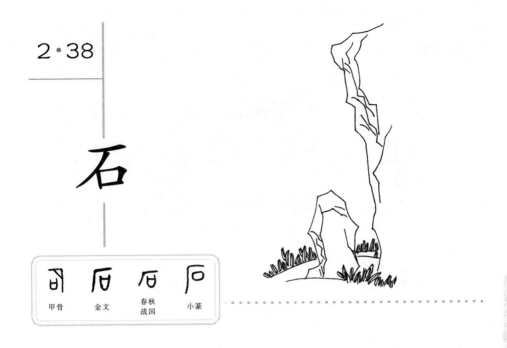

| 甲骨 | 金文 | 春秋战国 | 小篆 |

古文字形象山崖下的石块的形状，是"石头"、"石块"的意思。"石"用作偏旁表示跟石头有关的事物——矿物或石制品等，如"岩"、"砾"、"硫"、"砖"、"砚"之类。近现代化学家又用这个偏旁创造了许多新字表示我们原来没有认识的非金属元素，如"硒"、"碘"、"碲"等。

大约二三百万年前，原始人类还过着采集和渔猎的生活，他们以石头为材料打制出各种比较粗糙的生产和生活工具，史称旧石器时代。到了八九千年以前，人类开始进入农业和畜牧业社会，所使用的石器多经过磨制，有的甚至带有钻孔或较为锋利的刃部，史称新石器时代。作为人类早期使用的工具，石头伴随着人类从蒙昧走向文明，难怪有学者认为是石头开启了人类文明的大门呢。

2·39 丹

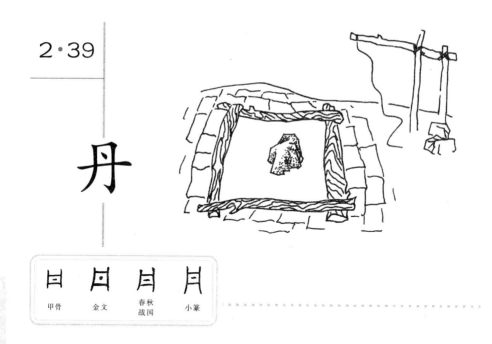

| 甲骨 | 金文 | 春秋战国 | 小篆 |

古文字形象井穴中的矿石，"丹"用作颜料，也叫"朱砂"。因为朱砂是红颜色的，所以"丹"又可表示红色。朱砂研磨之后，可用来写作绘画。《吕氏春秋·诚廉》说："丹可磨也，而不可夺赤。"民族英雄文天祥曾写下"人生自古谁无死，留取丹心照汗青"的千古绝句，用丹砂不改本色来表现诗人视死如归的气概。

期盼长寿是人类生存的本能，但祈求长生不老则超越了生命的极限。为了实现万寿无疆的妄想，上至封建帝王下到平民百姓，纷纷想尽了各种办法，秦始皇的办法是派遣徐福率童男童女入海求仙方，汉武帝则热衷于神仙方术，社会上因此兴起了"炼丹"之术，也即以丹砂等为原料炼制所谓的神药。从那以后，越来越多的帝王将相相信服了这种药就可以长生不老，羽化成仙，《西游记》中太上老君给玉皇大帝练就不老金丹的神话正是在这样一个背景下展开的。事实上，世界上并没有这种神药，相反许多人却因服用了所谓"灵丹妙药"而命丧黄泉，《红楼梦》中的贾敬即是一例。据统计，中国历史上确因服用丹药而死的仅皇帝就有十四位之多。有历史学家认为，清代顺治皇帝的死因并不像民间传说的那样是死于情杀或仇杀，而是死于服用丹药。

| 金文 | 春秋战国 | 小篆 |

青，古文字形的上半部象草木初生的"生"，下半部象矿穴，表示从

矿中提取像草木色的颜色,是"青色"的"青"。此外,青色还可以从蓝草中提取,中国古代著名的哲学家荀子在《劝学篇》中写道:"青,取之于蓝而青于蓝。"后人多用"青出于蓝而胜于蓝"比喻在学业上超过老师的学生。

2·40 玉

甲骨　金文　春秋战国　小篆

古文字形象用绳穿起来的成串儿的宝石,是"玉石"的"玉"。

许慎称玉为"石之美"者,一语道破了玉的本质:玉不过是美丽的石头而已。事实上,远古时代本无所谓玉、石之分,对于那种藏之深山、未经雕琢的璞玉来说,玉就是石,石就是玉。随着社会的发展,古人开始以石头为材料制作各种生产、生活用具,在寻找上好石材的漫长的过程中,人们发现了一种坚韧而美丽的石头,才渐渐地将它与普通的石头区别开来,并给它起了一个新的名字"玉"。因为比较珍稀,玉还被看作是一种宝物,并用绳子穿起来,用作装饰,这就是古人造"玉"字的理据。

玉石之美契合了古人的审美情趣和道德伦理,所以常用玉来形容美好的事物,如称美酒为琼浆玉液,称美食为玉食,华丽的锦缎叫玉锦。玉也可用来表示尊敬,如称他人的照片为玉照,他人的身体叫玉体,他人的书信、言辞叫玉音,等等。谦谦君子还以玉比德,因为它象征了人间仁、义、智、勇、洁的品格,"玉有五德①"之说由此而来。佩玉戴玉,以五德之玉规范自身操守更是古之君子的行为准则,因此就有了"君子无故玉不去身"的古训,没有特殊的理由,诸如丧父丧母等,身上佩戴的玉是不能摘掉的。玉石如此之美,以玉拟人便是最高规格的礼赞,例如《诗经·秦风·小戎》:"言念君子,温其如玉。"②《诗经·卫风·淇奥(yù)》云:"有匪君子,如切如磋,如琢如磨。"诗人赞扬这位极富文采的君子,有如经过切、磋的象牙,又像经过琢、磨的玉石一样完美无缺。《诗经·郑风·子衿》:"青青子衿,悠悠我心。……青青子佩,悠悠我思。"③让姑娘不思茶饭的正是身系佩玉的翩翩美少年。古人还以赠玉表达爱意,《诗经·卫风·木瓜》有诗:"投我以木瓜,报之以琼琚。……投我以木桃,报之以琼瑶。……投我以木李,报之以琼玖。匪报也,永以为好也。"④琼琚、琼瑶和琼玖都是古代男子身上的佩玉,用来送给心爱的姑娘,是为了表达"永以为好"的心意。

① 《诗经·秦风·小戎》"言念君子,温其如玉",汉郑玄笺:"玉有五德。"唐孔颖达疏引《聘义》:"君子比德于玉焉,温润而泽,仁也;缜密以栗,知也;廉而不刿,义也;垂之如坠,礼也;孚尹旁达,信也。"

② 程俊英译文:"想起夫君好人儿,人品温和玉一般。"《诗经译注》第221页。

③ 余冠英译文:"青青的是你的长领襟,悠悠的是想念你的心。……青黝黝是你的佩玉带,心悠悠是我把相思害。"见《诗经选译》第84页,作家出版社,1956年。

④ 程俊英译文:"送我一只大木瓜,我拿佩玉报答她。……送我一只大木桃,我拿美玉来还报。……送我一只大木李,我拿宝石还报去。不是仅仅为还礼,表示爱你爱到底。"《诗经译注》第119页。

在考古发掘中,出土的玉器不仅数量繁多,殷墟商王武丁的妻子妇好墓中一次出土大小玉器755件;而且年代久远,最早甚至可以追溯到七八千年前的新石器时代,中国也因此享有"玉石之国"的美誉。但是,黄河流域并不出产玉石,制作玉器的原料是从哪儿来的呢?经专家鉴定,目前出土及保存下来的玉器,所用原料中的相当一部分产自和田。和田,古称于阗(tián),位于新疆西南,距商周时代的政治中心有万里之遥,那么,和田美玉是如何到达中原的呢?《穆天子传》上说,周朝天子周穆王,曾亲自驾驭八匹骏马自陕西进入河南,向北经山西雁门关到达内蒙,再沿黄河经宁夏、甘肃、青海等地进入新疆,最后到达昆仑山深处的玉山,并受到那里的部落女首领西王母的盛情款待。返回时,西王母和沿途几个部落的首领都曾送给穆王无数宝石。这虽非信史,但学者们普遍认为从此书记述的带有神话性质的传说中也可窥见某些历史的真相。历史学家范文澜推断:"一个天子不会冒险远游",周穆王所走的路线"当是西方早有通商的道路"。① 这条路正是我们今天所说的殷商时代的"玉石之路",它以和田为中心,向东沿河西走廊或北方大草原进入中原地区,周穆王巡游的路线与此大致吻合,他带回的宝石应该就是和田玉;玉石之路向西进入中亚,据说在

① 范文澜:《中国通史》第一卷第94页,人民出版社,1994年。

今天的巴基斯坦及伊拉克都曾发现过和田玉。直至今日,这条路上还留有当年玉石贸易的诸多痕迹,例如地处甘肃、新疆交界地带的玉门,汉武帝就曾在此派驻官员,筛选玉石,收缴关税,"玉门"这个名字也是汉武帝取的,意谓"玉石输入之门"。新疆西部的喀什,是维语"玉石集中地"的意思,等等。

古文字形中有很多由"玉"组成的字,例如:

璞,《说文·玉部》:"玉未治者。"指的是未经加工的玉石,也叫璞玉。

理,《说文·玉部》:"治玉也。"即顺着玉石的纹理把它从石头中分离出来。所以,理后来又有了"治理"、"管理"、"办理"等诸多含义。

琢,现代汉语中,"琢磨"常指认真地研究、思考,这个意思也是从对玉石的加工引申而来的。古人治玉曰琢,治石曰磨。"理"是治玉的第一步,之后还要经过打磨加工,这就是琢。《礼记·学记》中说:"玉不琢不成器",意思是说,没有经过雕琢的玉不能成为重要的礼器。

璧 金文 璧 小篆

璧,《说文·玉部》:"瑞玉,圜也。"指的是一种玉器,扁平、圆形、中间有孔,是古代贵族祭祀、朝聘、丧葬时用的礼器,也可用作装饰品。历史上最著名的璧恐怕莫过于和氏璧了。据《韩非子·和氏》记载,楚人卞和于楚山之中得到了一块璞玉,并把它献给了厉王。厉王让玉工鉴定,玉工看了说是石头,厉王遂以欺君之罪下令对卞和施用刖(yuè)刑,削去了他的左脚。厉王死后,卞和将璞玉献给武王,玉工仍坚持说是石头,于是武王下令削去了他的右脚。文王即位后,卞和在楚山抱着璞玉哭了三天三夜,哭得眼睛都出了血。文

王听说后,派人问卞和:"天下受刖刑的人多的是,为什么只有你哭得这么悲伤?"卞和回答说:"我并不是为自己受刖刑而哭泣,美玉被当作石头,忠贞之士被当作欺君之人,这才是我悲伤的原因。"文王于是命人治理璞玉,得到了一块无瑕的美玉,并命名为"和氏之璧"。另据《史记·廉颇蔺相如列传》记载,和氏璧曾为赵国的国君赵惠文王得到,秦昭王听说后派人给赵王送信,说愿意用十五座城市来换取和氏璧,后世因此有"价值连城"之说。

瑕
小篆

瑕,《说文·玉部》:"玉小赤也。"指的是玉石上红色的小斑点。所谓"白璧无瑕"的意思是洁白的美玉没有瑕疵。上文说到秦昭王觊觎和氏璧,企图据为己有,关键时刻,蔺相如沉着机敏,对秦昭王说:"璧有瑕,请指示王。"秦昭王把和氏璧递给蔺相如后,蔺相如用计保住了和氏璧,并派人连夜将它送回赵国,这就是著名的"完璧归赵"的故事。

弄　　弄　　弄
甲骨　金文　小篆

弄,古文字形象双手把玩玉石,是"玩弄"的"弄"。《诗经·小雅·斯干》:"乃生男子,载寝之床,载衣之裳,载弄之璋。……乃生女子,载寝之地,载衣之裼,载弄之瓦。"① 后来人们就用"弄璋"指代生了男孩儿,用"弄瓦"指代生了女孩,"弄璋之喜"、"弄瓦之喜"则分别成为祝贺生育男孩、女孩的贺词。这里,"弄璋"的"弄"体现了古人的造字意图。

① 程俊英译文:"如若生个男孩子,给他睡张小眠床,给他穿衣又穿裳,给他玩玩白玉璋。……如若生个小姑娘,给她铺席睡地板,一条小被包身上,纺线瓦锤给她玩。"《诗经译注》第352页。

2·41

巫

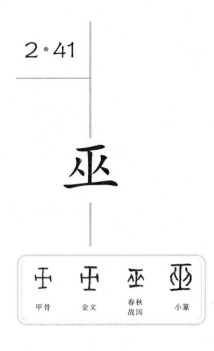

《说文·巫部》曰:"巫,巫祝也,女能事无形,以舞降神者也。象人两袖舞形。"巫是借助咒语、舞蹈、祭祀等活动交通人神、天地的中介,在女曰巫,在男曰觋(xí),许慎的说解显然是针对女巫的职业活动而言的,与巫字的构形似有出入。甲骨文出土后,一些学者认为巫的古文字形象两根交叉着的长条形玉。

在现代人看来,巫不过是乡野之间装神弄鬼、骗取钱财、大搞迷信活动的巫师,因为多为女性,所以也称之为"巫婆"或"女巫"。那么,这些人是古人所说的巫吗?他们和玉有什么关系呢?

东汉王逸为《楚辞·九章》中的"灵"字作注云:"灵,巫也,楚人名巫为灵。"由此可知,楚人把巫叫做"灵",也叫"灵保"。繁体的灵从巫霝①声写作"靈",灵还有另一个写法从王(玉)作"靈"。《说文·玉部》:"靈,巫以玉事神。"段玉裁注云:"巫能以玉事神,故其字从玉。"结合现代考古学和人类学的研究综合考察,与现代社会中受人诟病的巫师、巫婆

① "霝"字所反映的是巫术求雨的祭祀活动,从雨从三"口",三"口"象依次排列的祝告之器。

相反,远古时代的巫(或称巫史)是原始宗教的主宰,是受人尊敬的智者,是比孔圣人还早的圣人,"也是后代知识分子的先驱……若论知识结构的全面性而言可能称得上'通才'",他们"通天文、晓地理、识万物、懂医药、会

打仗、能管理、包办宗教仪式、专与天神地祇人鬼交往",能"以惊人的记忆力背诵一长串氏族谱系和迁移转战史"①,传说中的伏羲、黄帝、仓颉等人就是巫师之中的佼佼者。玉则是巫师手中的神器,其作用相当于西方基督教的十字架②。有了玉,巫师就能上通神灵,下降福祉,否则,就无从获取上天的旨意,人间众生也无法得到神的保佑,而神也就得不到众生的供享。简言之,作为神器的玉是巫师用来交通人神、天地的工具③。这既是"巫以玉事神"的道理所在,也是古人用"玉"造"巫"字及"霊"的理据。

① 何九盈《汉字文化学》第290页,辽宁人民出版社,2000年。

② 韩国学者赵容俊更进一步提出,巫手中的玉与西方基督教的十字架存在着某种相通之处:"西方基督教的十字架,亦颇像甲骨文的'巫'字般两I交叉",它一方面象征着宗教的严肃与庄重,另一方面也是神父用来驱逐附着于人体鬼魅的工具。见《殷商甲骨卜辞所见之巫术》第95-96页,文津出版社,2004年。

③ 参见杨伯达《巫玉之光——中国史前玉文化论考》,上海古籍出版社,2005年。

2·42

舞

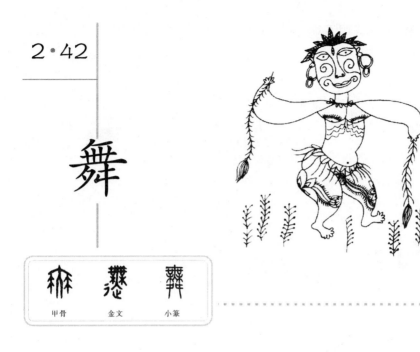

| 甲骨 | 金文 | 小篆 |

甲骨文字形象人双手执牛尾、踏着欢快的节奏翩翩起舞的样子。《吕氏春秋·古乐》曾对祖先歌舞的场面进行了描写:"昔葛天氏之乐,三人操牛尾,投足以歌八阙:一曰载民,二曰玄鸟,三曰遂草木,四曰奋五谷,五曰敬天常,六曰达帝功,七曰依地德,八曰总禽兽之名。"其中关于舞蹈形态的描述,与甲文字形的描摹如出一人之手笔。

需要说明的是,原始的舞蹈不为娱乐——也就说不上什么"表演",它是古代巫术活动中沟通人神、天地的主要形式,因而带有强烈的功利性质,例如葛天氏乐舞八个部分所表现的内容分别是:

载民——古人的生殖崇拜;

玄鸟——商部落的图腾崇拜;

遂草木——祈求草木茂盛、牛羊健壮;

奋五谷——庆祝五谷丰登;

敬天帝——感谢上苍的赐予;

达帝功——祈愿天神保佑、赞美祖先公德;

依地德——感谢大地的给予;

总禽兽之名——借模仿动物的动作祈求鸟兽繁殖,以确保人类衣食无虞。

在施展巫术的过程中,巫师不仅是这一活动的主体,也是人类历史上最初的舞蹈家,由此我们不难断定,古文字形中,手持牛尾的应该就是正在施展巫术的巫师。

2·43

小

小　小　水
甲骨　金文　小篆

古文字形用一个个散落的小点表示"细小"的"小"。散落的小点本无所谓多少,古人用三点表示细小的"小",它的反义词是"大";用四点表示稀少的"少",它的反义词是"多"。

沙　沙
金文　小篆

沙,古文字形象水中有细小的颗粒,是"沙子"的"沙"。

2·44

水

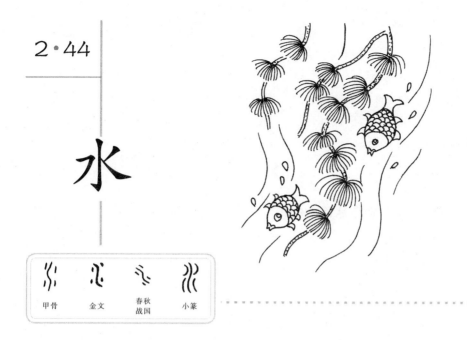

| 甲骨 | 金文 | 春秋战国 | 小篆 |

中间是水脉,两边的水点象奔腾的浪花,古文"水"指的是河水。先秦文献中,一般的河流叫"水","河"指黄河,后来泛指河流,现在还有少数河流沿用古名,比如汉水。流经甘肃、陕西等地的渭河,古代称渭水,现在则两者皆可。后"水"由"河流"义转指"无色无味的透明液体",如《荀子·劝学》:"冰,水为之而寒于水。""水"用作偏旁多写成"氵",表示与水有关的事物,例如:

| 甲骨 | 金文 | 小篆 |

渊,古文字形象河水中打着漩涡的水流。《说文·水部》:"渊,回水也,从水象形,左右岸也,中象水。"义为打旋的水,引申为深水,成语"战战兢兢,如临深渊,如履薄冰"语出《诗经·小雅·小旻》,形容的是周幽王任用奸佞小人给百姓带来的恐惧心理。

| 甲骨 | 金文 | 春秋战国 | 小篆 |

涉,水边有两只脚,古文字形是"趟水过河"的意思,成语"跋山涉水"用的是它的本义。

金文　春秋战国　小篆

浮,古文字形是一只手抓住掉在水里的小孩的头部,使之浮于水上的意思,所以"浮"的本义是"漂浮"。后来漂在空中也说"浮",如《论语·述而》中说:"不义而富且贵,于我如浮云。"后世常说"富贵如浮云",表示对金钱、地位毫不看重的意思。

金文　小篆

冰,古文字形象冰面上的析纹,冰是由水凝结成的,所以又加"水"作"冰"。字形用作偏旁,写作"冫",表示与温度低有关的事物,如"冷"、"冻"等

有些字从现代汉字已经看不出和水有什么关联了,但在古文字形中与水有关,例如:

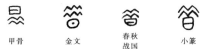

甲骨　金文　春秋战国　小篆

昔,远古时代,洪水经常泛滥,令人难以忘记。"昔"的古文字形就是在横流的洪水上加"日",表示已经成为过去的洪水泛滥的日子,所以《玉篇·日部》说:"昔,往也。"是"往昔"的意思。《诗经·小雅·采薇》:"昔我往矣,杨柳依依。今我来思,雨雪霏霏。"诗中"昔"与"今"相对,用的是字的本义。

甲骨　金文　春秋战国　小篆

谷,古文字形象水刚从洞口中流出,但尚未形成水流,"口"表明泉眼所在,是"山谷"的"谷"。

甲骨　金文　春秋战国　小篆

永,古文字形象水流曲折,是"水流"的意思。因为流动着的水不会枯竭,所以"永"又有了"永远"的意思。

甲骨　金文　小篆

回,古文字形象回环之状,也有人认为象水流、河道回环、往复,是"回绕"的意思。字形后当"来回"的"回"讲,"回绕"义加"辶"作"迴",简化后又成了"回"。

2·45

川

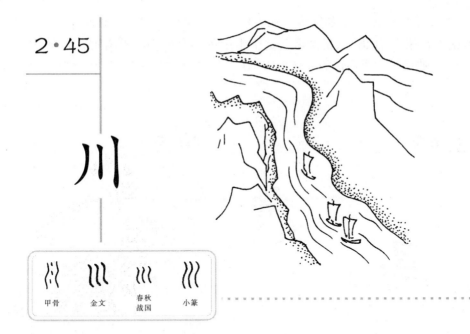

| 甲骨 | 金文 | 春秋战国 | 小篆 |

| 甲骨 | 金文 | 春秋战国 | 小篆 |

川，古文字形象水在山中流动，是"河流"的意思，中国幅员广阔，地势西高东低，先民视野中的河流几乎都是自西向东流向大海，《诗经·小雅·沔(miǎn)水》云："沔彼流水，朝宗于海。"这两句诗译成白话就是："流水盈盈向东方，百川归海成汪洋。"①

① 程俊英《诗经译注》第342页。

| 甲骨 | 金文 | 春秋战国 | 小篆 |

州，古文字形象水中的陆地，是"小岛"的意思。《诗经》开篇的《周南·关雎》有"关关雎鸠，在河之洲"的诗句，"洲"即"小岛"。但州不是一般的小岛，《说文·川部》曰："水中可居曰州，周绕其旁，从重川。昔尧遭洪水，民居水中高土，或曰九州。"罗振玉也认为："州为水中可居者，故此字旁象川流，中央象陆地。"② 州是水中可以居住的陆地，帝尧之时，洪水来临，百姓纷纷选择地势较高的小岛避难。大禹治水，将中国划分为九个区域，称作"九州"。"州"借作行政区划后，原字又加"氵"

② 罗振玉《殷虚书契考释三种》(下)第403页，中华书局，2006年。

写作"洲",以表示"水中的陆地",如少年时代的毛泽东曾经站在湘江的一个江心岛上"指点江山,激扬文字",这个水中的小岛因盛产柑橘而被称为"橘子洲"。被汪洋大海环抱的大陆也叫"洲",如"七大洲"。

2·46 鸟

古文字形象长尾巴的鸟的形象,是"鸟"的意思。繁体作"鳥"。用作偏旁,"鸟"一般写在字的右边或下边,表示各种能飞的动物。

乌,古文"乌"与"鸟"的区别在于"鸟"点上了眼睛而"乌"没有,因为乌鸦这种鸟全身长满黑色羽毛,很难看出它的眼睛。唐朝诗人张继曾用"月落乌啼霜满天,江枫渔火对愁眠"的诗句描绘苏州城外寒山寺的晚来景象,诗中的"乌"即指"乌鸦"。

鸣,古文字形突出了鸟的口,象征着鸟在鸣叫,是"鸟鸣"的意思。《韩非子·喻老》中记载了楚庄王的一段趣事:楚庄王执政三年,不发政令,也无所作为,手下人十分婉转地提醒他说:"南方有一只鸟飞到一座山上,三年来从

未抖动过自己的翅膀,不飞也不鸣叫,这是什么缘故?"庄王回答说:"这只鸟要么不飞,飞则冲上云霄;要么不叫,叫则世人震惊。"《史记·滑稽列传》用此典故说:"此鸟不飞则已,一飞冲天;不鸣则已,一鸣惊人。"这就是成语"一鸣惊人"的来历。

后来,"鸣"泛指自然界以至各种器物发出声响,如鸡鸣、虫鸣、鸣枪、钟鼓齐鸣等等。

西,古文字形象鸟巢,是"鸟在树上栖息"的意思。《说文·西部》:"西,鸟在巢上,象形。日在西方而鸟栖,故以为东西之西。"小篆下象鸟巢上象鸟,字形楷化后鸟简化作"一",罗振玉认为:"日既西落,鸟已入巢,故不复如篆文,于巢上更作鸟形矣。"① 鸟入巢多为太阳西下之时,所以字体又借作表示日落的方向。

① 罗振玉《殷虚书契考释三种》(下)第411页,中华书局,2006年。

古代主人之位在东,宾客之位坐西面东,以示尊敬,所以尊称私塾先生或尊贵的客人为"西席",如《红楼梦》第二回贾雨村得知林如海"正要请一西席,教训女儿"林黛玉,便前往应聘。"西席"也称"西宾",如唐代柳宗元《重赠刘连州》:"若道柳家无子弟,往年何事乞西宾。"

旧,繁体作"舊"。古文字形象巢中飞出的鸟,也有人认为"臼"表示读音。原本是鸟名,后借作新旧的"旧"。

离,古文字形象用网捕捉林中鸟的形象,所以古文"离"是捕获、捕捉的意思。鸟被捕捉后失去了自由,这是很不幸的,所以"离"又有了"遭受"的意思。中国古代第一位伟大的诗人屈原用"离骚"来命名他的长篇诗作,抒发了他遭遇苦难的内心感受。字形后来假借为离别的"离",所以也有人说"离骚"的意思就是"离别的痛苦",可备一说。繁体作"離"。

2·47

鸡

甲骨　金文　小篆

　　鸡最初的字形是象形字,但小篆写作"鷄",成了形声字,其中的"鸟"是形符,鸡虽然不会飞,但在生物学上确属鸟类,古人取这个形符还是很恰当的;"奚"是声符,是根据鸡的鸣叫模拟而来的。简化字用笔画较少的"又"代替了表示声音的"奚",写起来容易了,但却失去了表音的功能。

　　汉语中像这样以不同的鸣叫声给动物命名的还有很多,例如,猫、鹅、鸭、(青)蛙、蝈蝈、蛐蛐、知了、(乌)鸦、鹧鸪等。据音韵学家的分析,这些字的古音都与字所表示的动物的鸣叫声基本相合。王宁在《中国古代烹饪饮食用语名实考》一文中认为:

　　　　鸭声短促,声中似有噶喳,所以"鸭"字古音在"影"纽"叶"韵,拟读[ɐap],是入声,人们常把说起话来喉咙里总像喳着什么似的人叫'公鸭嗓',正说明鸭叫时有噶喳的特点。

　　"鹅"字古音[ŋa],正是它的鸣叫声。李时珍说:"鹅名自呼。"这是因为人们以它的鸣叫声命名,鹅一叫,倒像是自己在呼叫自己的名字。唐代诗人骆宾王七岁作《咏鹅诗》:"鹅鹅鹅,曲项向天歌,白毛浮绿水,红掌拨清波。"在孩子的眼中,绿水中的白羽,微波里的红掌,构成了一幅色彩斑斓的游禽图。更妙的是那三个连呼的"鹅",既像是孩子在岸上欢呼着那美丽的动物,又像是那美丽的动物在昂首傲然地高歌着[ŋa-ŋa-ŋa]。

　　鹅是傲慢的,绿眼、黄喙(huì)、霜毛、玉羽、红掌,高高地昂头向天,

《尔雅》注说它"峨首似傲，故曰傲也"，"鹅"、"傲"古音近似，这是用声训来推究一个易为人捕捉的特点。鹅是一种蛮厉害的家禽，能看门警盗，又能除虫却蛇，中国古代常用它来保障小门小户的安全。①

> ① 王宁《训诂学原理》第294—296页，中国国际广播出版社，1996年。

2·48

zhuī

隹

古文字形象一只鸟。"隹"与"鸟"字形的区别在于"鸟"字有较长的尾巴而"隹"字没有，所以《说文·隹部》解释此字为"鸟之短尾总名也"。"隹"用作形符，多与鸟有关，例如：

隻，音 zhī。古文字形象右手捉住一只鸟（即"隹"），《说文·隹部》："隻，鸟一枚也。"后来用作量词，是"一隻"、"两隻"的"隻"。简化作"只"。

雙，音 shuāng。古文字形象右手（即"又"）捉住两只鸟（即"隹"），《说文·

佳部》："隻，……从又持佳，持一佳曰隻，二佳曰雙。"后来用作量词，是"一雙"、"兩雙"的"雙"。简化作"双"。

雀
甲骨　金文　小篆

雀，古文字形由"小"、"佳"组成，表示小鸟，即"麻雀"的"雀"。

集
甲骨　金文　小篆

集，古文字形象"佳"落在树上，是"鸟在树上休息"的意思。《诗经·小雅·黄鸟》说："黄鸟黄鸟，无集于桑。"① 这里的"集"用的是字的本义。因为鸟往往是成群地落在树上，所以，"集"又有了"聚集"的意思。

① 程俊英译文："黄鸟黄鸟听我讲，不要停在桑树上。"《诗经译注》第349页。

2·49

燕

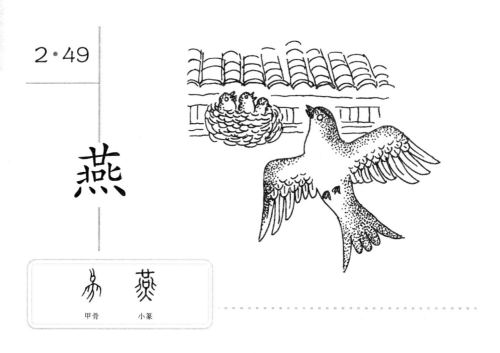

燕
甲骨　小篆

古文字形象头、脚、翅膀和身体俱全的鸟在飞，是"燕子"的"燕"。古代汉字中，各种飞禽的名称都用鸟或佳作形符，为什么独有燕子的"燕"特殊呢？

《诗经·商颂·玄鸟》说："天命玄鸟,降而生商。"① 《史记·殷本纪》的记载更为详尽:"殷契,母曰简狄,……为帝喾(kù)次妃。三人行浴,见玄鸟堕其卵,简狄取吞之,因孕生商。"这段话的意思是说,帝喾的第二个妃子简狄与友人结伴外出洗澡时,看见一枚黑色的鸟落下的蛋,就拿起来吃了,之后受孕生下了商的始祖契。契知道自己的母亲是简狄而不知道自己的父亲是谁,说明契出生之时,商这个部落还处于母系氏族公社阶段。文中所说黑色的鸟,也就是燕子。商人把燕子看作自己的始祖,认为它特别神圣,于是就为这种鸟单造了一个字,这就是我们看到的"燕"字。

① 程俊英译文:"上天命令神燕降,降而生商始建商。"《诗经译注》第678页。

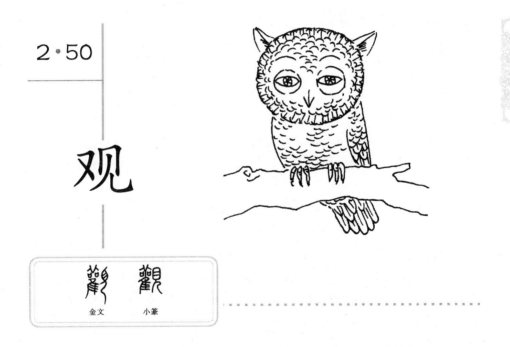

2·50 观

金文　小篆

　　古文字形突出了猫头鹰的两个大眼睛,繁体作"雚",后又加"见"作"觀",用以强调字的本义。《说文·见部》云:"观,谛视也。"是"仔细地观察"的意思,成语"察言观色"、"冷眼旁观"保留了字的本义。

　　"雚"的笔画太多,所以简化为"又",这样,就失去了象形和表音的作用;与此类似的还有"歡"和"權",它们分别简化为"欢"和"权",笔画是减少了,但提示字音的功能也随之消失。

2·51

羽

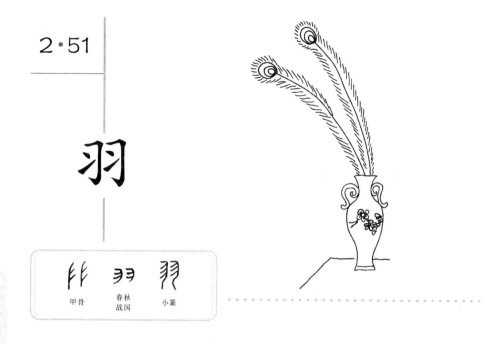

| 甲骨 | 春秋战国 | 小篆 |

古文字形象鸟身上长长的羽毛,《说文·羽部》:"羽,鸟长毛也。象形。"《礼记·礼运》:"昔者先王……未有麻丝,衣其羽皮。"羽毛不仅可以为禽鸟抵御寒冷,更是人类学会纺织以前的天然衣物。"羽"作偏旁构成的字多跟羽毛或飞翔有关:

金文　小篆

翼,《说文·飞部》:"翼,翅也。"是鸟或昆虫的翅膀,因为鸟翼上有羽毛,所以用"羽"来构字。《庄子·逍遥游》:"鹏之背不知其几千里也。怒而飞,其翼若垂天之云。"其中的"翼"就是"翅膀"的意思。后来"翼"被"翅"、"翅膀"取代,在现代汉语中,"翼"不再单独使用,而常用来形容像翅膀一样的东西,如"机翼",但在成语"不翼而飞"、"如虎添翼"中,用的还是它的本义。

小篆

翅,《说文·羽部》:"翅,翼也。"翅与翼同义,但词义相对比较单纯,表示翅膀或像翅膀一样的东西,如鸡翅、鸭翅、鱼翅等。

小篆

翔，《说文·羽部》："翔，回飞也。从羽羊声。"自古飞和翔的区别在于飞是振翅高飞，翔则是展翅盘旋，现代汉语中，翔仍有盘旋义，如"滑翔"，但飞、翔连用，有时泛指飞，其义无别。

小篆

翻，《说文·羽部新附》："翻，飞也。从羽番声。"是上下左右飞来飞去的意思。由此引申出"反转"、"变动方向"的意思，如杜甫《贫交行》"翻手作云覆作雨"，《哀江头》"翻身向天仰射云"，等等，又如现代汉语中，翻车、翻船、翻身的"翻"仍跟这个引申义密切关联，但"飞"的基本义素已经消失。

2·52

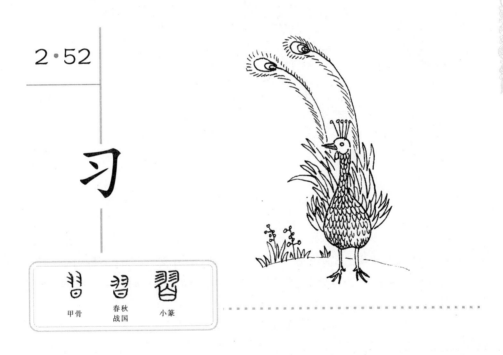

繁体作"習"。古文字形象日出之时鸟儿扇动翅膀，练习飞翔的样子，所以"习"的本义是鸟多次练习飞翔。《礼记·月令》："鹰乃学习。"这里的"学习"是动宾结构，意思是"学展翅飞翔的技能"。由多次展翅发展出"反复练习"之义，《论语》中"学而时习之"的"习"用的就是此义。在现代汉语中，习武、习字、温习、补习的"习"仍保留着这个意思。

学、习有别。南朝顾野王所著《玉篇》说:"学,受教也。"宋代毛晃所著《增韵》说:"学,受教传业曰学。""学"的本义就是请别人给自己传授知识或技能。在现代汉语中,这仍是它最基本的意义,如学外语、学电脑、学钢琴,等等。

古人常将学、习连用,久而久之,形成了现代汉语中的"学习"一词,指通过听、读、实践、思考获得知识和技能,其中的"学"和"习"不必再加辨析。

2·53 凤

甲骨　小篆

上象鸡的冠和嘴,下有孔雀般的曳地花翎,甲骨文"凤"象一只引颈高歌的美丽的鸟。凤并不是自然界真实存在的动物,而是远古时期带有图腾性质的祥瑞之鸟,也叫凤凰。

汉语中有这样两句俗话:"鸡窝里飞出金凤凰","凤凰落毛不如鸡"。都说凤凰非梧桐不栖,非竹实不食,非醴泉不饮,高贵圣洁,一如甲骨文字形中所描绘的那样,怎么会和乡间的野鸡相提并论呢?《说文·鸟部》对凤的形体描述得更为详尽:"凤,神鸟也。天老曰:凤之象也,鸿前、麟后、蛇颈、鱼尾、鹳颡(sǎng)、鸳思、龙文、虎背、燕颔、鸡喙,五色备举。出于东方君子之国,翱翔四海之外,过昆仑,饮砥柱,濯(zhuó)羽弱水,莫宿风穴,见则天下大安宁。从鸟凡声。"远古时期,黄河、长江流域生存着许多部落,他们以各自喜爱、崇拜的动物为图腾,或鸡、或燕、或鱼、或鹿、或蛇、或鱼,抑或孔雀……他们之间相互攻击、相互兼并又相互融合,形成了一个极为强大的部落。这个部落的图腾,便是汇集百鸟之美、兼具百兽之长、羽化成仙的神鸟——凤。

若以性别来论,凤为雄性,凰为雌性。自古以来人们常用凤凰来比喻婚姻爱情关系中的男女,"凤兮凤兮归故乡,遨游四海求其凰",司马相如琴歌一曲凤求凰,终于赢得了千古好姻缘。在帝王之家,凤又常与龙并举,龙是皇帝凤是后。民间传说少女时代的慈禧向往"凤在上、龙在下"的另类生活,暗示出其追求权利的欲望与叛逆性格。

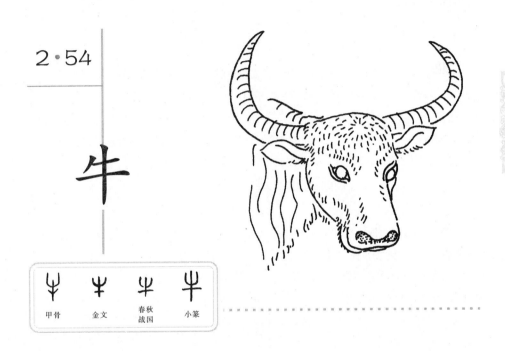

2·54 牛

甲骨　金文　春秋战国　小篆

古文突出了长着两只角的牛头,是"牛"的意思。《世本》上说商王王亥将牛用于运输和农耕,可见牛在商代就已经从普通的动物变成力畜了。

马、牛、羊、鸡、犬、豕(猪)都是较早被人驯养的动物,古时合称"六畜"。牛在六畜之中非常重要,它不仅可以用于农耕,而且还是重大祭祀活动中的主祭品,每逢祭祀之时,商人杀牛少则几头,多则成百上千。商代以牛、羊、豕三牲祭祀神灵和祖先,三牲具全称作"太牢";只有羊、豕而无牛的祭祀称作"少牢",所以《说文·牛部》说:"牛,大牲也。"商人很迷信,常用牛的骨头,特别是肩胛骨和肋骨来占卜吉凶,殷墟出土的众多兽骨,大部分是牛的骨头。

牛在农业生产和祭祀活动中的地位使得分辨牛的性别、毛色、年龄显得格外重要。我们今天所见很多以"牛"作形符的字,在古代都与牛的种种特性或牧业活动有关,例如:

甲骨　金文　小篆

牡,古文字形中的"⊥"象阳具,是雄性动物最为突出的外在特征,本意指公牛。《说文·牛部》:"牡,畜父也。"可见古文字形合"牛"与"⊥"又可表示其它雄性动物。《诗经·邶风·匏(páo)有苦叶》:"雉鸣求其牡。"意思是说野鸡鸣叫为的是求偶。

甲骨　金文　小篆

牝,音 pìn。"匕"在古文字形中表示雌性,以"牛"作形符,本意指母牛。《说文·牛部》:"牝,畜母也。"古文字形中,"匕"的旁边或豕(猪)、或虎、或马、或羊,表示各种雌性动物,后来字形固定用"牛"作形符,泛指所有雌性动物。如"牝鸡司晨",字面的意思是说母鸡报晓,这显然有违自然规律,而在封建社会中,这个成语却被用来讥刺妇人掌权,不敬之意跃然纸上。

小篆

特,《说文·牛部》:"特,……牛父也。"本意指形体健壮的雄性领头牛。后引申为一头牲畜,进而引申为"杰出"、"独特"之义。另外,"特"还可指一切动物乃至人的配偶。现代汉语中,"特"的其他意义均已消失,而表示"独特"、"特殊"的引申义成为主要意义。

小篆

牺,《礼记·曲礼》:"天子以牺牛。"郑玄注云:"牺,纯毛也。"这句话的意思是说天子祭祀时要用纯色的牛。所以牺的本意是指宗庙祭祀时所用毛色纯而不杂的牛。繁体作"犧"。

金文　小篆

牲,《说文·牛部》:"牲,牛完全。"《字汇·牛部》:"祭天地宗庙之牛完全曰牲。"牲的本意是祭祀用的全牛。清代说文大家朱骏声《说文通训定声》引《周礼·天官·庖人》郑玄注:"始养之曰畜,将用之曰牲。"并解释说:"是牲者祭祀之牛也,而羊豕亦以类称之。"人工饲养的叫"畜",准备祭祀用的叫

"牲"，后世牲、畜连用，泛指人工饲养的各类家畜，这其中当然也包括羊和猪。

后世又将"牺牲"连用，泛指一切可以用来祭祀祖先或神灵的牲畜。今天，"牺牲"多指为正义的事业而献出生命，是从其本意引申出来的。

　　　　甲骨　　小篆

物，王国维《释物》："……物本杂色牛之名。"①本意指杂色的牛，后引申为世间万物之称。

① 王国维《观堂集林》（一）第287页，中华书局，1959年。

　　　甲骨　　金文　　小篆

牧，古文字形表现人用右手拿着棍子或鞭子赶牛的景象，是"牧牛"的意思。甲骨文中还有一个字形的左边有三只羊，表示放牧羊群。后来扩大为放牧一切家畜。字形后来引申为掌管六畜的官吏。古代统治者视百姓如驯养的牲畜，因而字义从放牧各种家畜而变成管理民众，所以古代有"牧民之德"的说法。但由于观念的变化，现代"牧"的对象只能是牛羊马等牲畜，绝不能用于人。

　　　甲骨　　金文　　小篆

告，《说文·告部》："告，牛触人，角著横木，所以告人也。从口从牛。"许慎在这里要告诉大家的是古代的一种习俗，即在牛的角上绑缚一根横木，以此提醒人们此牛具有攻击性，需要小心为是。告的基本义是告诉，如《诗经·齐风·南山》："娶妻如之何？必告父母。"

2·55

角

| 甲骨 | 金文 | 春秋战国 | 小篆 |

古文字形象牛角，泛指动物(如牛、羊、鹿等)头上长出的坚硬的角质物。古人好饮酒，牛角的表层坚硬，内部中空，恰好成了饮酒的绝好器具，宰杀牛时将牛角完整地切割下来，就可以获得天然的酒杯，造字者还从切割牛角获得了灵感，借以表示"分解"义，例如"解"，古文字形用双手分解牛角的情景来表示"分割动物肢体"的意思。字形后来将表示"手"的部分写作"刀"而成为我们现在见到的"解"。除"分解"外，后来"解"又有"解除"、"解释"、"了解"等意义。

角似乎是远古时代唯一能用作的酒杯的天然物品，诸多表示酒具的字也用"角"来做偏旁，例如：

小篆

觚，音 gū。《说文·角部》："觚，乡饮酒之爵。"觚是一种加了底座的角，盛行于商周时代。此外"觚"还有另一个意义，西晋陆机在《文赋》中"或操觚以率尔，或含毫而邈然"之句，唐代李善注曰："觚，木之方者。古人用之以书，犹今之简也。"此处所说是古代习字用的八面形或六面形的木柱，名为"觚"。成语"率尔操觚"原指人的文思敏捷，可以拿起木简不假思索地书写，但后来也可表示写作态度草率不严谨，例如晚清著名词家陈廷焯(zhuó)在《白雨斋词话》中说道："今人不知作词之难，至于艳词，更以为无足轻重，率尔操觚，洋洋得意,不自知其可耻。"①

> ① 陈廷焯《白雨斋词话》卷九,转引自《汉语大词典》第二卷第384页,汉语大词典出版社,1995年。

觯
小篆

觯,音zhì,《说文·角部》:"觯,乡饮酒角也。"觯也是一种饮酒的器具,盛行于商代晚期和西周初期。觯、角虽然同为饮酒的器具,但两者有别,据《礼记·礼器》记载:"宗庙之祭,尊者举觯,卑者举角。"

小篆

觥,音gōng,《说文·角部》:"觵,兕(sì)牛角可以饮酒者也。……俗觵从光。""觥"是"觵"的俗体。觥是用野牛的角制作的酒器,因为野牛的角很大,所以觥也可以横放,当作贮酒罐。经过改进的觥有盖、有流(吐水口)、有把手,腹部椭圆,下有三足,是一种非常精美的酒杯。宋代欧阳修在《醉翁亭记》中说:"射者中,弈者胜,觥筹交错,起坐而喧哗者,众宾欢也。"这里的筹是行酒令用的筹码,后人用"觥筹交错"来形容众人在一起宴饮的热闹场面。

觞
小篆

觞,音shāng,《说文·角部》:"觞,觯实曰觞,虚曰觯。"觞指斟满酒的酒器。"滥觞"原指江河的发源地水少得只能浮起酒杯,后用来比喻事物的起源。

2·56

羊

𦍌	𦍌	羊	羊
甲骨	金文	春秋战国	小篆

古文字形突出了羊头的两只角,是"羊"的意思。羊肉肥美,羊皮可以御寒,且是马、牛、羊、鸡、犬、豕六畜中性情最为温顺、面相也最为和善的,所以《说文·羊部》谓:"羊,祥也。"

羊肉肥美,古人以之为食物的代表,所以很多与饮食有关的字都用羊来构造,例如:

甲骨	金文	春秋战国	小篆

养,古文字形象手持羊鞭放羊的样子,楷书繁体作"養",从食羊声。《说文·食部》:"養,供养也。"本意是提供生存所需,并使其成长。《荀子·礼论》:"父能生之,不能养之。"这里的"养"用的是字的本义。

甲骨　金文　小篆

羞,古文字形象一只手抓着羊,表示"进献食品",是用羊来祭祀神灵或先祖的意思。字形后来又引申为美味的食品,如屈原《离骚》:"折琼枝以为羞兮";李白《行路难》:"金樽清酒斗十千,玉盘珍羞直万钱。"这个意义的"羞"后来又加"饣"作"馐",简化还原作"羞"。

小篆

羡,小篆从羊从㳄(xián),象人面对美味的羊肉张着大嘴垂涎三尺的样子,其中㳄同"涎",是口水的意思,后写作"㳄"。《说文·㳄部》:"羡,贪欲也。"是"贪图美味"的意思。从贪图美味又引申出"因喜爱而想得到"之义,如"羡慕"。

羊性格温顺,肉味鲜美,令人喜爱,所以,许多褒义词都从羊构字,例如:

甲骨　金文　小篆

祥,《说文·示部》:"祥,福也。"本意是神所指示的征兆,后专指吉兆,并由此引申出"吉利"的意思。

甲骨　金文　小篆

美,羊大了则味道肥美。《说文·羊部》:"美,甘也。从羊从大。羊在六畜主给膳也,美与善同意。"直到现在,饭店、餐馆不是还以"肥羊"来招揽生意吗?

金文　小篆

善,《说文·言部》:"善,吉也。"是"美好"的意思。

金文　小篆

鲜,音xiān。《说文·鱼部》:"鲜,鱼名。"指的是鲜鱼、活鱼,《老子》云"治大国若烹小鲜"即是其义。字形后引申出味道鲜美的意思。

2·57 羌

甲骨　　金文　　小篆

"羌"字的上半部是羊,下面的"儿"是人的变体。古人为什么用羊在人的头上来表示"羌"呢？事实上,像"羌"字这样,在人的头顶上描画自然景物,在商周时期的铜器铭文中还有一些,这种造型很耐人寻味。同样的造型在美洲原住民的图画记事中也有发现,美国达科他地区的印第安人在一次人口登记时画了十九个人,每个人头上都画有树叶、马、牛、鹿、鸟等形象,用来表示部落中的十九个图腾氏族；一个印第安人写信要求儿子回家,也在头上画了一只乌龟来表示自己的图腾①。那么,从印第安人图画记事的实例中是否可以得出这样的推测：中国古代汉字中人头顶上的自然景物就是古代氏族部落的图腾呢？

单就"羌"来考察,上述推测似乎可以成立。《说文·羊部》云："羌,西戎牧羊人也。从人从羊,羊亦声。"的确,羌是生活在殷人西北的一个部族,以羊为自己的图腾,游牧为生。此后历经迁徙,在与邻近部落逐渐融合的过程中形成了现在的羌族,他们生活在四川、青海、甘肃一带,仍以放牧牛羊为生,可以说是中国境内最为古老的民族之一。

甲骨文中还有一个这样的字形：字的左边像一个装饰着羊角头饰的人,右下方像绳索。合起来表示用绳索捆绑俘虏的意思。这个字形反映出殷人对

① 汪宁生《从原始记事到文字发明》,《考古学报》1981年第1期。

待羌人的一种心态。古代羌是殷的劲敌,双方长期处于敌对状态。殷人对待羌人俘虏,一方面要用其所长,让他们从事畜牧生产;另一方面,又会把他们当作祭祀用的牺牲品,残酷之极。即使是在文字上,也一定要用绳子把他们捆起来,决不放松。

2·58

shǐ

豕

甲骨　金文　春秋战国　小篆

古文"豕"就是今天所说的猪,其甲骨文字形是象形字,象一只猪的侧面形象,猪的肚子下有一道,象雄性动物的阳具。猪繁体作"豬",是以豕为形符的形声字,在古代特指猪仔,例如,《广雅·释兽》中说:"豕子,猪。"秦汉之后,"猪"逐渐取代"豕"成为通名。现代汉语中,"豕"仅见于成语,如"狼奔豕突"等。

甲骨　金文　小篆

逐,甲骨文在"豕"下加代表足的"止",表示追逐野兽。殷商时代,豕和牛、羊一样,是田猎的目标。古代的先民常常采用围赶的方法来抓捕野兽,这就是卜辞中常见的"逐",是商人田猎活动的一种重要方式。

圂,音 hùn。甲文字形象一豕或二豕在"囗"中,是豢养猪的场所,即"猪圈",《玉篇·囗部》:"圂,豕所居也。"但圂在《说文》中的意思不同于《玉篇》:"圂,厕也。从囗,象豕在囗中也,会意。"依《说文》之说,圂是厕所,杨树达认为:"古人豕牢本兼厕清之用……今长沙农家厕清即在豕圈,犹古代之遗制矣。"[1]猪吃人的粪便,人吃猪的肉,可能古人已经认识到了这条食物链。至今,在中国农村还有一些地方,仍然把猪圈当作厕所,这也是"圂"一字兼有二义的道理所在。

① 杨树达《积微居小学金石论丛》(增订本)第22页,中华书局,1983年。

2·59 马

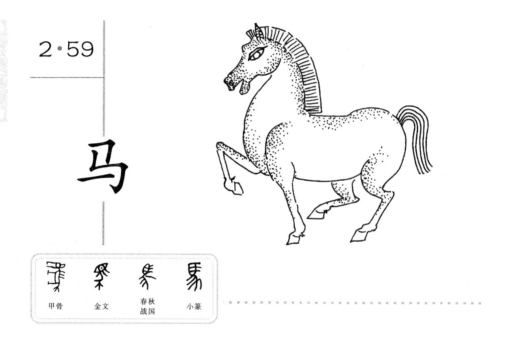

古文字形是马的形象,字形繁体作"馬",简化字将草书楷化作"马"。用作偏旁表示与马有关的事物或与马相类的动物。

考古发掘证明,马是殷商时代的主要役畜。据先秦时期的《世本》记载,"相土作乘马"[2],相土是商代先祖,传说是他教会人们使用马,

② 《周礼·夏官·校人》注引《世本》原作"相士作乘马",据王国维《殷卜辞中所见先公先王考》,此句"士"应为"土",见《观堂集林》第二册第413—414页,中华书局,1984年。

并发明了用马拉车。今之所谓马路,在古代即指可供马车行走的道路。又比如"马上"一词,其最初的意思是"马背上"。《史记·郦生陆贾列传》讲了这样一段故事:书生陆贾在汉高祖刘邦面前张口闭口谈及《诗》、《书》,搞得刘邦很是恼火,他张口骂道:"老子是在马背上打下的江山,要你这《诗》、《书》有何用场!"陆贾也毫不客气地回敬了他一句:"你在马背上得到了天下,难道还想在马背上治理天下不成?"后世因此以"马上得天下"代指建国之武功。唐朝诗人林宽有诗《歌风台》:"莫言马上得天下,自古英雄尽解《诗》。"元代诗人萨都剌有诗《登歌风台》:"五年马上得天下,富贵乐在归故乡。"人在马背上,行走做事迅速,"马上"一词因有"立刻"的意思,这就是现代汉语中副词"马上"的来历。

商人用马作役畜,如何驾驭马就成了重要的事:

驾,古文字形突出了人手拿鞭子,张口吆喝马的情形,是"驾驭"的"驾"。

驭,古文字形是右手拿着鞭子赶马的形象,是"驾驭"的"驭",其中的"又"是"手"的意思。

2·60 犬

甲骨　金文　春秋战国　小篆

《说文·犬部》："犬，……象形。孔子曰：'视犬之字如画狗也。'"古文字形一如孔子所言，象尾巴上翘的狗的侧面形象，《孟子·离娄下》云："君之视臣如犬马，则臣视君如国人。"对比"豕"和"犬"的甲骨文字形，王国维认为："腹瘦尾拳者为犬，腹肥尾垂者为豕。"腹部瘦小、尾巴卷起的是狗，腹部肥大、尾巴下垂的是猪，显然，古人造字正是抓住了猪、狗两者的体态特征和习性特点。许慎的说解还透露出这样一个信息："狗"这个字很早就出现了，但从经济的角度讲，同一时代一般不太可能出现两个意义、用法完全一样的字或词，上古时代的犬与狗必定有所区别。《尔雅·释畜》："（犬）未成豪，狗。"狗是毛还没有长全的犬，即小狗为狗，大狗为犬（以"句"为声符的一组同源字都含有"幼小"的义素，如"狗"为"小犬"、"驹"为"马驹"等）。现代汉语一般称"狗"；"犬"不单独使用，但作为语素，仍然活跃在现代汉语的词汇中，例如警犬、猎犬、导盲犬等等。

从感情上说，中国人对狗的心理很是矛盾：一方面喜欢养狗，赞扬狗的忠心耿耿。"儿不嫌母丑，狗不嫌家贫"正是中国人对狗的最高评价。《晏子春秋》记述了"景公欲以人礼葬走狗"的旧事：齐国的国君齐景公的猎狗死了，齐景公又是棺材又是祭祀，要给爱犬以与人同等规格的葬礼，可见其爱犬之深、悲伤之极。《孔子家语》中也描述了一段感人的故事：孔子的看家狗死了，孔子虽然生活窘困，却不忘嘱咐他的学生子贡用席子"厚葬"自己的看门狗，不要让狗的头部直接接触泥土。下面这个例子也能说明中国人对狗的感情，《史记·司马相如列传》中说："(相如)少时好读书，学击剑，故其亲名之曰犬子。"若不是对狗喜爱之极，父母怎么会给孩子起"犬子"这样的名字呢？中国人常在人前称自己的儿女为"犬子"、"犬女"，这既是自谦之辞，也是一种爱称。但另一方面，中国人也很不待见狗，常常用"狗"来骂人，"犬子"一词也可作为对别人儿子的蔑称，例如在《三国演义》的故事中，东吴孙权为了联合蜀国抗击曹魏，曾派诸葛亮的哥哥诸葛瑾深入蜀地，欲为孙权之子求娶关羽之女，不料关羽听了勃然大怒，破口大骂："吾虎女安肯嫁犬子乎！"同是"犬子"，用法不同，折射出对狗的不同心态。

用"狗"、"犬"的词语还有很多，例如：

狗官：骂人话，比喻无恶不作、危害百姓的官吏。

狗窝：形容脏乱不堪的住处。

狗崽子：骂人话，指坏人或坏人的子女。

狗仔队：指专门打探名人隐私的无聊记者，尤指偷拍名人行踪的摄影记者。

哈巴狗：又作叭儿狗、巴儿狗，形容顺从、谄媚的人。

癞皮狗：形容没有廉耻的人。

落水狗：比喻失势的坏人。

丧家狗：比喻被主子遗弃而无家可归的人。

狗皮膏药：本是一种涂在小块狗皮上的膏药，疗效很好，但过去常有走江湖的人用假造的这种药来骗钱，所以常用来比喻那些说得好听，实际上骗人的东西。

汉语中与狗有关的词语还有很多，但好话不多。这种对狗的矛盾心理实在是中国人自己造成的，因为狗乃性情之物，只知道效忠主人，不讲条件，也没有原则。有句话说得好："狗随主人。"人善狗也善，人恶狗也恶。

用"犬"组成的汉字与狗有关，如：

甲骨　　小篆

吠，《说文·口部》："吠，狗鸣也。"吠在汉语中词义单纯，且古今没有变化。陶渊明《归园田诗》中"狗吠深巷中，鸡鸣桑树颠"，以及成语"鸡鸣犬吠"、"蜀犬吠日"等用的都是字的本义。

甲骨　　金文　　小篆

兽，甲骨文字形从"单"，象人手中捕猎的工具；从"犬"，狗的嗅觉灵敏，能够准确地寻觅到猎物,猎人须臾离不开它,杨树达认为:"从犬者,猎必从犬,此狩猎之所用也。"①甲文兽字中的"犬"即古人所说的走狗,今人称猎狗。因此兽的本义是打猎。字形后来转指野兽,如《尔雅·释鸟》:"二足而羽谓之禽,四足而毛谓之兽。"野兽向来凶残,所以字形又用来比喻人的凶狠、残暴。唐朝诗人孟郊《择友》诗云:"兽中有人性,形异遭人隔。人中有兽心,几人能真识。古人形似兽,皆有大圣德。今人表似人,兽心安可测。"诗中的"兽"既指野兽,也指如野兽一般的凶残。兽的篆文加"口"写作"獸",也许是后来的"野兽"义渐渐地与"犬"失去联系的缘故,《说文》等古代字书大多还收了去"犬"作"嘼"的简写字体,简化字作"兽"。

① 杨树达《积微居小学述林》第66页,中华书局,1983年。

"犬"用作形符,在字的左边时写作"犭",因此,与打猎有关的字往往少不了狗的身影,如狩、猎、获等等,一些陆地上的动物也用"犭"来归类,一个突出的例子就是狮子的"狮"。

甲骨　小篆

狩,甲文字形或与"兽"同。商朝人打猎叫"狩",狩字从犬从守,是"带着狗守候着被火驱赶的动物"的意思,是一种以焚为主的田猎活动。焚烧树木还可以造成大片空旷的土地以及燃烧后的有机肥料,为农耕活动创造了条件。

小篆

狮,说起狮子,人们一定会想起遍布中国城乡的石狮子和舞狮队,备受外敌欺凌、尚未觉醒的中国称为"睡狮",20世纪崛起的中国称为"醒狮"。如此受人喜爱的狮子在甲骨文、金文及《说文》中却看不见它的踪影,这是因为狮子原来生活在非洲和亚洲西部——也即西域,是作为文化交流的珍奇异兽来到中国的。据文献记载,第一只来到中国的狮子是由月氏(Ròuzhī)国于汉章帝元和四年(公元88年)进献的,第二年安息国也进献了一头狮子,此后历朝历代,直至清康熙年间各国贡狮不断。贡狮虽然不少,但其境遇却远远不如中国境内的石狮子,它们当中的绝大部分都不知所终,唯一知其下落的是公元6世纪北魏时期波斯国王进献的一只狮子,在来到中国六年之后,即被遣送回国,而且由于"波斯道远、不可送达"在半路上就被杀掉了。①

当中国人第一次看到这个如此庞大的动物时,不知该如何称呼它,于是就根据它的外语发音(sēr)称之为"师"②,为了明确字的意义类属,字形后来又加"犭"写作"狮"。

① 蔡鸿生《狮在华夏——一个跨文化现象的历史考察》,中山大学出版社,1993年。

② 关于狮子的语源,学术界存在着不同的看法,详见罗常培《语言与文化》第19—20页,语文出版社,1989年。

2·61

象

| 甲骨 | 金文 | 小篆 |

古文字形中的象有着长长的鼻子和牙,胖墩墩的身子和四肢,一副逼真可爱的样子。

现在,象是一种生活在热带、亚热带的动物,而殷人的活动地区在中原及附近地区,为什么汉字中会出现大象,以及由"象"构成的字呢?大约一、两万年以前,中原地区的年平均温度比现在要高 7-8℃ 左右,到了殷商时代,据气象学家竺可桢先生分析,这一地区大部分时间的年平均气温仍比现在高 2℃ 左右,一月的温度大约比现在高 3-5℃①。而且,那时中原地区雨量丰沛,卜辞中有很多冬春季节下雨的记录,全年温和湿润,所以,中原大地处处草木丛生,森林茂密,很适合大象及其他热带和亚热带动物的生长。考古学家还在这一带发现了不少大象的化石,以及象牙杯、玉象、青铜象等工艺品。说到中原地区,也就是今天河南全境、山东西部、湖北北部一带,古称豫州,《说文·象部》说:"豫,象之大者。"是"大象"的意思。之所以称为豫,会不会是与这一地区盛产大象有关呢?

西周中叶以后,随着气候逐渐转冷,加上人类开发活动的破坏,中原地区的生态环境日渐恶化,迫使大象一步步地向南方迁徙,远离了生长于斯的故土。所以到了东汉许慎著《说文》时,大象已经成了"南越(今广东广西一

① 竺可桢《中国近五千年来气候变迁的初步研究》,载《考古学报》1972 年第 1 期。

带)大兽"了。

和大象一起南迁的还有孔雀、犀牛、大熊猫及野猪等动物。

2·62

为

| 甲骨 | 金文 | 春秋战国 | 小篆 |

古文字形象一只手牵着一只象,郭沫若先生认为是"以象从事耕作",商承祚先生认为"象以手牵象助劳之意",罗振玉先生认为"古者役象以助劳其事",等等。所以古文"为"象人驯养、役使象,表示有所作为,是"干"或"做"的意思。许慎没有见过甲骨文,所以在《说文》中把"为"解释为"母猴",显然是错误的。字形繁体作"爲"或"為",简化字将草书楷化作"为"。

大象体态敦厚,性情温和,驯化之后,人们让它从事劳作,这在商代是十分常见的事。《吕氏春秋·古乐篇》上说:"商人服象。"考古学家在殷墟中发现了象坑,表明大象在那时还可用为祭品。《左传·定公四年》记载了楚昭王"执燧象以奔吴师"的故事,把点火器系在大象的尾巴上,让受惊的大象冲向敌军的阵营,吴军顿时乱作一团。这表明古人还曾将象用于战事。

2·63

虎

| 甲骨 | 金文 | 春秋战国 | 小篆 |

古文字形象一只老虎的侧面形象，表示"老虎"，《说文·虎部》："虎，山兽之君。"许慎的说解充满了对虎的敬意。

| 金文 | 小篆 |

彪，《说文·虎部》："彪，虎文也。"古人用"彡"表示虎身上的斑纹，由此引申指老虎，今天说的"彪形大汉"就是形容身材魁梧、强壮如虎的男子。"彪"又从"斑纹"引申出"有文采"的意思，所以常用"彪炳"来形容文采焕发，进而引申为"照耀"，如"彪炳青史"、"彪炳千秋"等。

2·64

鹿

甲骨　金文　春秋战国　小篆

古文字形象一只鹿的侧面形象，表示"鹿"。

甲骨卜辞中有许多关于鹿的记载，说明古代鹿曾经与我们的祖先亲密接触，在黄河流域生活、繁衍。鹿的毛色华丽、体态轻盈、性情温顺，很像一位优雅的贵妇人，赢得人们的喜爱与赞美实属理所当然。然而美丽可爱的鹿也刺激了人类的占有欲，成了捕猎杀戮的对象。甲骨卜辞不乏商王猎鹿的记载，吃鹿肉，喝鹿血，用华丽的鹿皮打扮自己，用美丽的鹿茸滋补身体，成了历代王公贵族的生活追求，这在清代小说《红楼梦》中依然可以看到。在文学语言中，鹿还可用作权利的象征，《史记·淮阴侯列传》："秦失其鹿，天下共逐之。"说的是秦亡之后各路英豪中原大战的历史，这是成语"群雄逐鹿"、"逐鹿中原"的缘起。

由"鹿"构成的汉字比较多，例如：

甲骨　金文　小篆

麓，音 lù。古文字形象鹿在林中奔跑，表示林木生长的山脚地带，即"山麓"，其中的"鹿"既表示意义，又提示字的读音。

甲骨　金文　春秋战国　小篆

庆，繁体作"慶"，其中"鹿"象华丽的鹿皮，"心"表示心意、心愿，"夂"象脚,表示"去到",合起来是带着美好的心愿和华丽的鹿皮前去庆贺、祝福的意思,庆的古文字形源自用赠送鹿皮的方式表示祝贺的习俗。

小篆

尘,鹿的脚步轻盈,鹿群过后,扬起的必定是细小的尘埃,所以古文"尘"合三个"鹿"和"土"构成,象鹿群走过时扬起的细小尘埃。字形后来将三个鹿简化为一个鹿,写作"塵"。后起会意字干脆合"小"与"土"作"尘",不仅笔画简单,而且意义明确。现为"塵"的简化字。

甲骨　　金文　　小篆

丽,甲骨文中,"丽"是由二"耒"二"犬"构成的,象两只犬拉着两个耒的样子,表现的是古代农业生产中常见的偶耕场景。徐中舒《甲骨文字典》认为,甲骨文的"麗"是"以鹿之特饰双角为丽之异构","丽"是它的简化字形。总之,古文"丽"的基本义是"成双成对"的意思,如刘勰《文心雕龙》中称两两相对(即对偶)的词句为"丽辞";丽的这个意思也写作"俪",如"骈词俪句"。书面语中,"俪"也可用来指称夫妻,如"伉俪"。"漂亮"、"美好"是"丽"的一个常用义,如南朝谢朓《入朝曲》:"江南佳丽地,金陵帝王州。"又比如杜甫《丽人行》:"三月三日天气新,长安水边多丽人。""佳丽"、"丽人"指的都是美丽、漂亮的女子。

2·65

兔

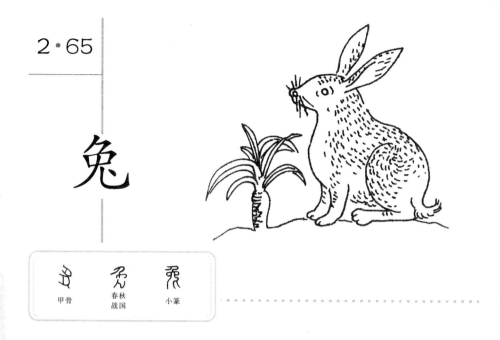

| 甲骨 | 春秋战国 | 小篆 |

古文字形象兔子，是"兔子"的"兔"。

逸
金文　小篆

逸，兔子善跑，"逸"字从兔从辵，表示兔子从罗网中挣脱出来，泛指逃跑。现代汉语中常将"逃逸"并提，但古代汉语逃、逸有别。"逃"的意义比较宽泛，凡是为避免伤害而离开都可以叫"逃"。"逸"则特指从各种束缚和羁绊中逃脱、脱离，例如"逸禽"是指从网罗中逃出的飞鸟，"逸虎"是指逃出陷阱的老虎，"逸民"是指脱离社会、脱离人群的人，后也特指隐居而不做官的人，"逸兴"是指脱离了低级趣味的兴致，等等。逃脱束缚之后可获得自由与闲适，于是引申出安逸的"逸"。与之相对的是"劳"，如《孙子兵法·军争》："以近待远，以逸待劳，以饱待饥。"又如《晏子春秋·谏上》："温而知人之寒，逸而知人之劳。"现代汉语中，仍常以"劳、逸"对举，如"好逸恶劳"、"劳逸结合"、"以逸待劳"、"一劳永逸"等等。

2·66

鼠

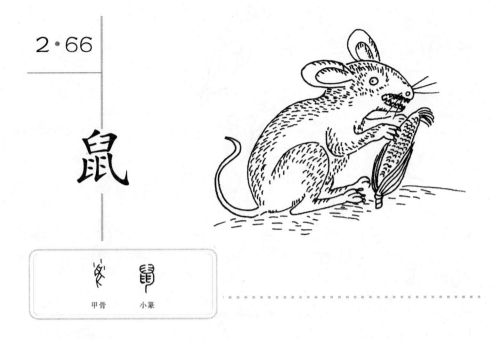

| 甲骨 | 小篆 |

古文字形突出了老鼠的牙齿,是"老鼠"的"鼠"。老鼠给人最突出的感觉就是它的大牙,《诗经·鄘风·相鼠》:"相鼠有齿,人而无止",意思是"瞧那耗子还有齿,做人反而不知耻!"①《诗经·魏风·硕鼠》:"硕鼠硕鼠,无食我黍。……硕鼠硕鼠,无食我麦。……硕鼠硕鼠,无食我苗。"剥削者侵吞他人劳动成果的行为,令人想起了饕餮一般的老鼠,这些有关鼠的描写都没有离开它的牙。

① 余冠英《诗经选》第53页,人民文学出版社,1998年。

2·67

虫

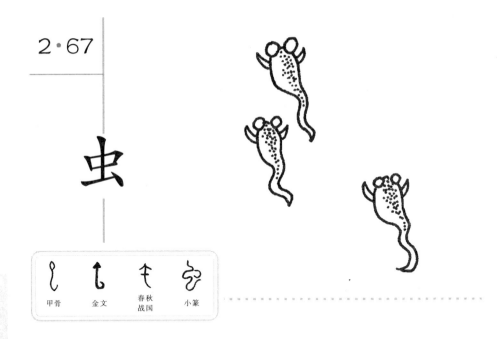

| 甲骨 | 金文 | 春秋战国 | 小篆 |

今天的"虫"字，在古文中读作 huǐ，从它的古文字形来看，像一条卧着的小蛇。今人所说"虫子"的"虫"在古代写作"蟲"，表示数量很多、聚集在一起的小虫，《说文·虫部》云："蟲，有足谓之蟲，无足谓之豸。"然而至迟在汉代的帛书与竹简中，"虫"就已经被当作"蟲"的简体来使用了，段玉裁甚至认为，在古代曾经存在过一个虫、蟲不分的时代。

古人曾把虫作为动物的通称，表现在汉字上，《说文解字》中用"虫"作部首的字就有 299 个。据动物学家的分析，这 299 个由"虫"构成的字中，包括了哺乳动物、两栖类动物、爬行动物、腔肠动物、蠕形类动物、软体动物、甲壳类动物、龟鳖目动物及各种昆虫[①]。西汉《大戴礼记·易本命》："有羽之虫三百六十，而凤凰为之长；有毛之虫三百六十，而麒麟为之长；有甲之虫三百六十，而神龟为之长；有鳞之虫三百六十，而蛟龙为之长；倮(luǒ)之虫三百六十，而圣人为之长。"何谓"圣人"？圣人不过是一只无羽、无鳞、无甲、毛未褪净的虫。可见古人把世间的一切生灵，包括人，都视为虫。民间至今还称老虎为"大虫"，称蛇为"长虫"，称爬行动物为"爬虫"，等等。

古文中和虫有关的字还有一些，例如：

① 郭郛、[英]李约瑟、成庆泰《中国古代动物学史》第 122-130 页，科学出版社，1999 年。

甲骨　金文　春秋战国　小篆

万，古文字形象蝎子。后借作表示十个千的数字。中国人早在商代就已经有了数字"万"的概念，甲骨文中已经发现的最大的数是3万。

繁体作"萬"，简化字将草书楷化作"万"。

甲骨　金文　春秋战国　小篆

它，古文字形象蛇，《说文·它部》曰："虫也，从虫而长，象冤曲垂尾形。上古草居患它，故相问'无它乎'？"由于雨水丰沛，草木茂盛，温暖潮湿的气候，使得黄河、长江流域虫蛇为患，可见古人视蛇为灾祸，一句"没蛇吧"，变成了见面互表关切的问候语。字形后来加"虫"作"蛇"。

借作代词指称人以外的事物，则是很晚的事了。

2·68

虹

| 甲骨 | 春秋战国 | 小篆 |

　　雨过天晴,天边往往会出现一道美丽的彩虹。但古人却把彩虹看作是一种不祥之兆,因为彩虹一出现,雨就停了,这对常常求雨企盼丰收的远古先民来说是非常不吉利的,所以古文字形将彩虹写成一条虫子的样子;商朝人认为虹一定特别能喝水,于是就在虹的两边画了两个张着大嘴的头,表示它已经把雨水喝干。

　　古人认为彩虹不仅是有生命的,而且还有性别。和自然界的许多生物一样,彩虹中色彩鲜艳的为雄性,叫"虹";色彩暗淡的为雌性,叫"霓",合称"虹霓",也叫"七彩霓虹"。所以篆书用"虫"作形符("工"近似地表示读音)。今天,街上红红绿绿的广告灯称为霓虹灯,是因为它像天上的彩虹一样能发出各种耀眼的光彩。

2·69 鱼

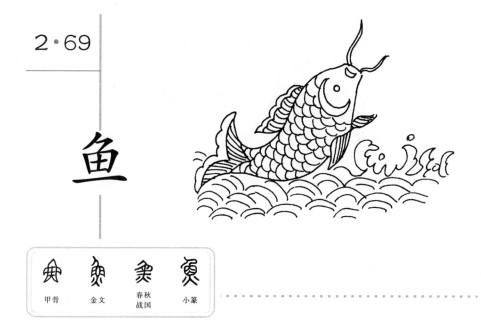

| 甲骨 | 金文 | 春秋战国 | 小篆 |

《说文·鱼部》:"鱼,水虫也。象形。鱼尾与燕尾相似。"陕西西安半坡出土的约七千年前的彩陶上就有鱼的符号,甲骨文、金文更是把鱼刻画得栩栩如生。据学者们推测,这很可能与远古的大洪水有关。相传在远古时代,洪水来临,人们在逃亡中失去了狩猎的条件,于是,鱼成了他们的天然食物。但是,直到现在,鱼仍然是一个单义词,这在汉语中是很少见的;用"鱼"构成的字,大部分是各种鱼名,只有极少数的字,如"鲜(鱻)"、"鲁"等例外。字形繁体作"魚"。

在古代鱼不仅是重大祭典中不可缺少的祭品,也是上层社会接待嘉宾的必备食品。《诗经·小雅·鱼丽》唱道:"鱼丽于罶(liǔ),鲿(cháng)鲨,君子有酒,旨且多。"① 下一首《南有嘉鱼》又唱道:"南有嘉鱼,烝然罩罩。君子有酒,嘉宾式燕以乐。"② 这两首诗都描写了古代贵族宴客时有鱼有酒的场面。《孟子·告子上》说"鱼,我所欲也;熊掌,亦我所欲也。"可见鱼是和熊掌齐名的美味佳肴。《战国策·冯谖客孟尝君》中,冯谖弹铗而歌:"长铗归来兮,食无鱼。"他要求孟尝君用鱼来招待他,以

① 程俊英译文:"鱼儿篓里历录跳,小鲨黄颊(即'黄颊鱼')下锅烧。老爷有酒藏得好,满坛满罐清香漂。"《诗经译注》第312页。

② 程俊英译文:"南方有好鱼,群群游水中。主人有好酒,宴会宾客乐融融。"《诗经译注》第314页。

示尊重。

"鱼"又和"余"同音,"有鱼(余)"说明生活富裕,是吉利话,所以在春节年夜饭的餐桌上,鱼就成了不可或缺的菜肴,用以象征"年年有余"。

渔,古文字形象鱼在水中。商王朝统治时期,境内遍布着大大小小的河流湖泊,所以,商人时常捕捞鱼虾。他们捕鱼的技术也很高明,不仅用网,还会用喇叭状的竹篓,竹篓的构造很精巧,不小心游进去的鱼是无法逃出来的。直到今天,江南和一些少数民族地区仍然在使用这种捕鱼工具。

2·70

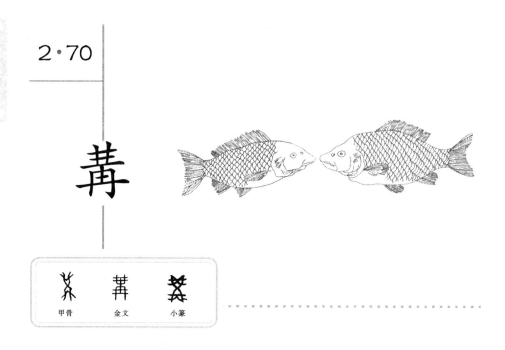

丵的甲骨文字形象两条相遇的鱼,是"相交"、"相遇"的意思。丵作为单独的个体,已不存在于现代汉字之中,但用作声符不仅可以提示汉字的字音,而且还可以表示相交的意思,例如:

构,繁体作"構"。《玉篇·木部》:"构,架屋也。"所以"构"就是把木头搭在一起盖房子。木头是造房子用的材料,所以字形从木;将木材稳稳地相交叠架起来是建房的方式,也是仓颉造字的着眼点,所以字形的另一半从冓,既可表音,又可表义。现代汉语所说的结构,既可以指结构房屋,也可指结构汉字;既可以是动词,也可以是名词,如房屋的结构、组织结构等等。

沟,繁体作溝。《周礼·考工记·匠人》:"井间广四尺、深四尺谓之沟。"沟的本义是遍布井田、纵横交错的人工水渠,字形从冓突出了沟的交错状态。

购,繁体作購。《说文·贝部》:"购,以财有所求也。"购指的是以货币交换物品的买卖方式,字形从贝,因为古代曾以贝壳做货币;从冓强调的是交换。

媾,《说文·女部》:"媾,重婚也。"段玉裁注曰:"重婚者,重叠交互为婚姻也。"《说文》所言"重婚"指的是互有姻亲关系的几代人或多人之间结成新的婚姻关系,是"亲上加亲"的意思。它不同于今天所说的重婚,即同时存在于同一人身上的多次婚姻,在现代是违反法律的。春秋时期的秦国和晋国几代联姻,《国语·晋语四》说"今将婚媾以从秦",其中的"媾"一字点明了秦晋之间亲上加亲的婚姻关系,后世因此以"秦晋之好"来代指美好的姻缘。媾后来泛指一般意义上的婚姻。

讲,繁体作講。《说文·言部》:"讲,和解也。"段玉裁注曰:"不合者调和之,纷纠者解释之,是曰讲。"讲的特点在于沟通矛盾的双方,使之交流,最后达到和解的目的,例如《史记·穰(ráng)侯列传》云:"今(魏)王背楚、赵而讲秦,楚、赵怒而去王,与王争事秦,秦必受之。秦挟楚、赵之兵以复攻梁,则国求无亡不可得也。愿王之必无讲也。"。"讲秦"意即与秦国讲和,"无讲"是不要与秦国讲和。现在我们把老师在课堂上传授知识叫"讲课",而不是"说课"、"谈课",因为"讲"强调的是老师在传道、授业、解惑的同时与学生之间的交流,只有老师的一言堂而没有交流的课堂教学一定是失败的教学。

2·71

贝

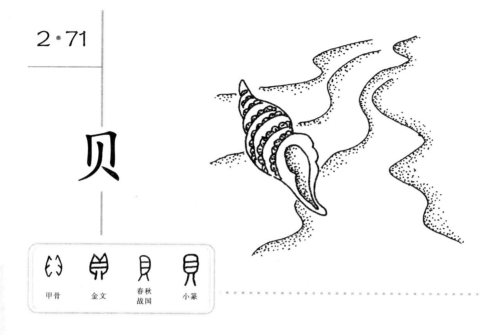

| 甲骨 | 金文 | 春秋战国 | 小篆 |

古文字形象贝壳的形状,繁体作"貝"。物以稀为贵,贝,特别是海贝,并非中原物产,而是从遥远的海边交换而来,对中原地区的人来说就显得格外珍贵。起初,人们把贝当作装饰品,甲骨文中有一个"賏"字,《说文》说是"颈饰也",就是项链一类的物品。由于具有小巧、便于携带、易于保存等优点,贝逐渐成了货币,所以,贝字用作形符,多与买卖交易或财物有关。

| 甲骨 | 金文 | 春秋战国 | 小篆 |

得,古文字形象一只手拿着贝,是"得到"的"得"。贝是货币,所以有了贝就获得了财富,这是古人造字的依据。《诗经·周南·关雎》有诗"求之不得,寤寐思服",《后汉书·班超传》说"不入虎穴,不得虎子",这里得到的就不仅仅是货币或财富了。

| 甲骨 | 金文 | 春秋战国 | 小篆 |

败,古文字形象人右手持棍扑打贝,是"败坏"的"败"。繁体作"敗"。

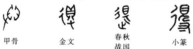

| 金文 | 小篆 |

婴,《说文·女部》:"婴,绕也。""賏"是古代的项链,古人用女性脖子上

戴着饰物表示"缠绕"的意思。字形后来表示初生的婴儿,汉代刘熙《释名·释长幼》上说:"人始生曰婴儿。"

2·72 朋

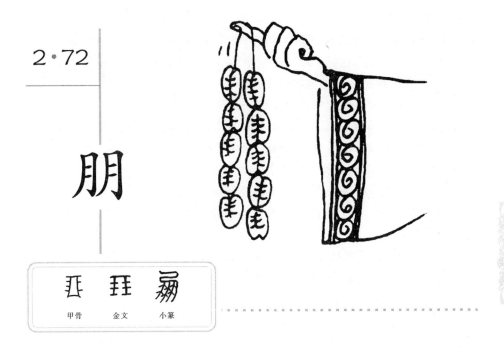

甲骨　金文　小篆

　　朋的古文字形象两串用丝线穿起来的贝或玉。殷商时期贝和玉都是货币,朋所表示的是一种货币单位。王国维先生认为,一串五枚贝,两串十贝为一朋,《诗经·小雅·菁菁者莪(é)》"既见君子,锡(通"赐")我百朋①"中的"朋"用的是字的本义。与货币有关的还有一个字:珏。王国维认为古文朋、珏一字,珏的古文字形象两串用丝线穿起来的玉石,五枚玉一串,两串十玉为一珏。②因此,珏也是殷商时期的货币单位。那么,同为商王治下的疆土,为何出现了两种不同质地的货币形式呢?古代交通不畅,"居山者以玉为货……居河者以贝为货"③。贝和玉的差别在于流通区域的不同,两者所体现的价值应该没有太大的区别,关于这一点,有"宝"字为证。
　　甲骨文中的"宝"从宀从玉从贝,象室内有贝又有玉,是合体会意字,表

① 程俊英译文:"有幸见到好老师,胜过赏我百千文。"《诗经译注》第304页。
② 王国维《观堂集林》第一册第161—162页,中华书局,1984年。
③ 马叙伦《读金器刻词》第6页,中华书局,1962年。

示珍宝的意思。金文加声符"缶"而为形声字,繁体作"寳"。宝的古文字形表明,贝和玉在古代一样都是值得珍视的财物。"宝"是"寳"的简体,最初始见于汉代,其后历朝历代多有采纳。玉贵贝贱,贝壳不再是宝物,"贝"脱离"宝"字的形体也在情理之中了。上个世纪30年代当时的教育部公布的《国音常用字汇》及《简体字表》,以及1979年台湾公布的《标准行书规范》也都采用了这一字形。除去简化字形的因素外,贝壳不再是珍贵的宝物也是原因之一。

商周时期的铜器铭文中还有这样一个符号(见图),象人担贝而走之形。马叙伦认为该形体中间象人在走,两边象肩担手扶着两串贝,是朋友的"朋"的本字:"担贝而走,明以货易物也。货物相易,社交之所由生。故借为五伦中朋友之称。"① 这个字形不仅描画了古代商旅往来奔走的繁忙景象,同时也揭示出朋友一词源于古代生意场上的商业伙伴的事实。

① 马叙伦《读金器刻词》第6页,中华书局,1962年。

有趣的是,数学家从朋、珏的构形之中发现了一个数学现象:至少在殷商时代,人们已经掌握了倍数的概念。

2·73

龙

甲骨　金文　春秋战国　小篆

　　什么是龙？没有人见过。在古人的描述中，龙可以上天入地、兴云致雨、翻江倒海，是传说中的神异动物。甲骨文和金文的"龙"象一种大头大口、长身挺立的怪兽，《说文·龙部》也说龙是"鳞虫之长，能幽能明，能细能巨，能短能长。春分而登天，秋分而潜渊"，似乎具有世间百兽所不具的各种能力，那么，龙究竟是一种什么样的动物呢？仔细分析它的形象，不难发现，龙有蛇一样的身子，兽的腿，猪或马的头，马的鬣(liè)和尾巴，鹿的角，狗的爪子，鱼的鳞和胡须；如鳄鱼一般潜入深渊，如蟒蛇一般弯曲自如，又如闪电一般震慑苍茫大地，它气宇轩昂，颇具阳刚之美。显然，这不是一种自然界真实存在的动物。闻一多先生认为，龙"是一种图腾，并且是只存在于图腾中而不存在于生物界中的一种虚拟的生物，因为它是由许多不同的图腾糅合成的一种综合体"①，从其以蛇身为主的外形特征看，龙图腾的形成是"蛇图腾兼并与同化了许多弱小单位的结果……"②。或许可以说以蛇身为主体，集马、鹿、狗、鱼等多种动物之美而形成龙图腾之

① 闻一多：《伏羲考》，《闻一多全集》第三卷第79页，湖北人民出版社，1993年。
② 同上第80页。

时，就是神州大地各个部落逐渐融合而成华夏民族之际。至今龙仍然是中华民族的象征。

　　中国的皇帝自称是"真龙天子"，所以皇帝的容颜叫"龙颜"，穿的、用的

是"龙袍"、"龙床"、"龙椅",生的是"龙子"、"龙孙"……。普通百姓"望子成龙",是希望自己的孩子有出息,成为杰出人物。海内外的华人都自称是"龙的传人",表示作为中华民族子孙的骄傲与自豪。繁体作"龍"。

2·74

龟

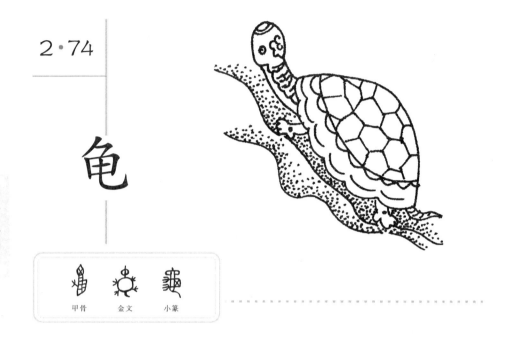

甲骨　金文　小篆

　　古文字形象龟的侧面或正面形象,有头、身、四足和尾部,是乌龟的"龟"。字形繁体作"龜"。

　　龟是一种长寿的动物。《说文·龟部》:"龟,旧也。外骨而内肉者也。"段玉裁注解说"旧"即"久"字,所以龟有长久之义。唐朝音乐家李龟年的名字就蕴涵着长寿之意。现代俗语常说"千年王八万年龟",仍旧承认"龟"是长寿的,只是话语之间增添了几许不敬。在东邻日本,"龟"字仍然可以出现在姓名中,这是因为他们沿袭了中国古代的习惯,把龟作为长寿的象征。

　　龟背上的硬壳称作龟甲,古人常用来占卜吉凶。在纸和竹简出现之前,龟甲也是记事用的书写材料。殷商及西周时代的文字正是由于书写在龟甲和兽骨上,才得以保存至今的。

2·75

蚕

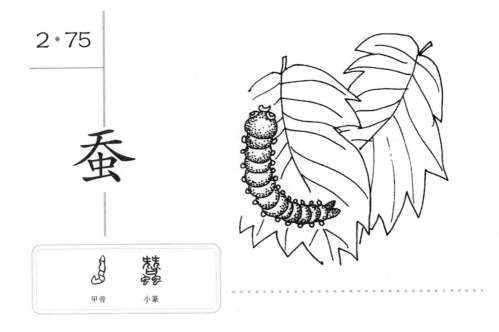

| 甲骨 | 小篆 |

古文字形象一只胖乎乎、正在蠕动的蚕宝宝的样子，是"蚕"的意思。

春蚕吐丝，结成蚕茧。远古的先民于无意之中从被水浸泡的蚕茧中发现了丝，于是开始养蚕缫丝，纺织丝绸。1926年，在山西省夏县西阴村距今5500年的新石器遗址中，考古学家发现了半枚切口平直的蚕茧的壳，同时出土的还有石制的纺轮、纺锤、骨针、骨锥等物品。尽管还没有足够的证据证明半枚蚕茧与诸多纺织用品之间的关系，但这些物品仍然给今天的人们留下了关于远古时代蚕丝业的想象空间。1977年，浙江余姚河姆渡遗址出土了一个牙雕骨盅，上面雕刻着四个似在蠕动、栩栩如生的蚕纹，其形态酷似家养的蚕，可见早在7000多年前，蚕就进入了古代先民的视野。

据卜辞记载，商王武丁曾经用牛羊和奴隶祭祀蚕神，成书于汉代的《蚕经》也说："蚕为龙精。"古人为什么这么崇尚蚕呢？唐代诗人李商隐曾经有诗："春蚕到死丝方尽，蜡炬成灰泪始干。"春蚕以自己的生命为代价，贡献出缕缕丝线，为人类遮羞御寒，我们应该感谢它。

字形曾作"蠶"，简化作"蚕"："虫"表示小动物，"天"近似地表示字的读音。

2·76

皮

| 金文 | 春秋战国 | 小篆 |

古文字形象右手拿着半个"革",《说文·皮部》:"剥取兽革者谓之皮",皮泛指从各种野兽、牲畜身上剥下来的带毛的兽皮,成语"皮之不存,毛将焉附"用的是字的本义。

皮与肉分离的时候,皮相对于肉来讲,会呈现出一定的角度,换句话说,皮是倾斜的,所以,路面倾斜的地方叫"坡";人的腿有疾,走路时身体一歪一歪的,是谓"跛足";《说文》上说"颇,头偏也",可见所谓"颇"指的是头脑歪斜,至今"不正"之义还保存在"偏颇"一词中,后来则借作副词;石头不完整,散落一地,是谓"破",即破碎之意,等等。

| 金文 | 小篆 |

革,剥下的毛皮经过加工,去毛晒干后剩下的就是"革"。古文字形的上、中、下各部象一张头、身、尾具全但却没毛的兽皮,是"皮革"的"革"。制革要经过加工改造,除去上面的毛,所以"革"又有了改革、除旧更新的意思。

| 甲骨 | 金文 | 春秋战国 | 小篆 |

韦,古文字形写作"韋"。上下象两只左脚,表明是两个人,"口"代表城池,表示背离某地。后假借为经过鞣制的熟皮。《易经》深奥难懂,孔子为了弄

懂其要义,常常反复研习,以至于将用于编联竹简的牛皮绳弄断了三次,这就是"韦编三绝"的故事。为了加以区别,原来的字形后来加"辶"写作"違",简化作"违",是违背的"违"。

比较起来,带毛的皮叫皮,去毛的皮叫革(现在叫生皮),经过鞣制的皮叫韦(现在叫熟皮)。

2·77

火

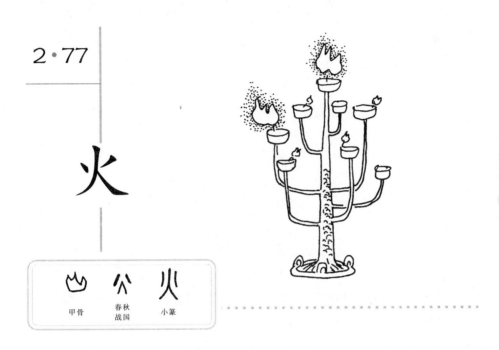

甲骨　春秋战国　小篆

古文字形象物体燃烧时发出的火焰。

据《礼记·礼运》记载:"昔者先王,未有宫室,冬则居营窟,夏则居橧(zēng)巢。未有火化,食草木之实,鸟兽之肉,饮其血,茹其毛。"没有学会用火之前,人类的祖先过着茹毛饮血的生活,那时的食物"腥臊恶臭而伤害腹胃"(《韩非子·五蠹》)。远古时代的先民最先遇到的应该是火山爆发或电闪雷鸣之后的天火。大火过后,惊魂未定的人们忽然闻到了一股闻所未闻的扑鼻香味,那是烧焦的各种野味和坚果。经不住香味诱惑的先民本能地将其放到嘴里,人类至此尝到了第一块熟食,历史也因此翻开了新的一页。事实上,火不仅仅意味着蛮荒时代一块美味可口、易于消化的烧烤,它还是古人瑟瑟寒风之中的一丝温暖,是漫漫长夜之中的一片光明,更是抵抗野兽侵袭的有力武器,火从根本上改变了古人的生存条件。考古学家曾在云南元谋及陕西蓝田等多处遗址中发现了人类用火的遗迹,但都无法确定是否与人工用火有关,也许那时的祖先还只是火的看管者。传说燧人氏发明了钻木取火,即一种摩擦取火的方法。考古学家在北京周口店遗址中发现了4—6米的灰烬层,以及动物的烧骨和石器,种种迹象表明"北京猿人"已经掌握了人工取火的技术,它意味着大约到了四五十万年前,人类进入到了最初的文明时代。

炎,《说文》:"炎,火光上也。从重火。"古文字形用两个"火"表示火苗上窜、火光升腾的景象。字形后来引申出"炎热"的意思。

传说中华民族始祖之一的炎帝在世时发明了多种农具,使民稼穑,所以炎帝又称神农氏。《易·系辞下》:"神农氏作,斫木为耜,揉木为耒。耒耜之利,以教天下。"这说明中国在炎帝时代已经进入了农业社会。

焱,《说文·火部》:"焱,火华也。"古文字形象跳动着的火花,是"火花"、"火焰"的意思。

爨,音cuàn。小篆字形中,上面的"冂"象古代的炊具,后来写作"同";从"臼",象端着炊具的两只手;"冂"象灶膛口;从"林"表示柴火;从"廾"表示将柴火送进灶膛的双手,后来写作"大";从"火"表示灶膛里熊熊燃烧的火焰。整个字形表示"烧火做饭"的意思。现代常用的"炊",从构形上看从火吹省声,吹不仅表声,也表明了"吹火以助火势"的意思,俗语"巧妇难为无米之炊"证明了炊字的本义。

爨后来转指烧火做饭的灶,北京门头沟区的斋堂有一个古老的村落,名叫"爨底下",这里所说的"爨"就是灶的意思。

2·78 赤

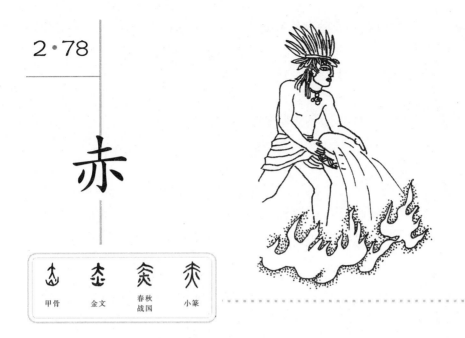

| 甲骨 | 金文 | 春秋战国 | 小篆 |

古文字形用"大"和"火"表示"赤色"的"赤"。赤和丹、朱、绛、殷、红等字一样,在汉语中都表示红的颜色,那么,它们有什么不同呢?

从造字意图中可以看出,赤是火的颜色,它所代表的红色最为纯正,即我们所说的正红色。汉代刘熙《释名·释采帛》说:"赤,赫也,太阳之色也。"用于抽象义,表示纯真、忠诚,"赤诚"就是从这个意思引申出来的。

| 金文 | 春秋战国 | 小篆 |

殷,音 yīn。作为颜色名读作 yān,它所表示的是血凝固之后呈现出来的黑红色,如《左传·成公二年》:"流血及履,左轮朱殷。"杜预注曰:"血色久则殷。"现代汉语中,"殷红"一词常用来形容发暗的血迹,道理就在于此。

小篆

绛,《说文·糸部》:"绛,大赤也。"实际上是一种接近紫色的深红色。南朝梁江淹《咏美人春游》诗有"问珠点绛唇"之句,后"点绛唇"成为词牌名。

| 甲骨 | 金文 | 春秋战国 | 小篆 |

朱,是朱砂的颜色,鲜红色。杜甫诗:"朱门酒肉臭,路有冻死骨。"朱门

指朱漆的红色大门,是王公贵族豪宅最惹人注目的标志,朱门由此成了豪门贵族的代名词。

| 甲骨 | 金文 | 春秋战国 | 小篆 |

丹,丹的颜色取自朱砂,也是鲜红色,颜色浅于"赤"。

小篆

红,今天的红古代说朱或赤,那么古代的红色指的是什么颜色呢?唐代崔护诗:"去年今日此门中,人面桃花相映红。"显然,无论是姑娘的面颊还是桃花的颜色,都不会是鲜红的。古人所说的红应是今天所说的粉红。

2·79

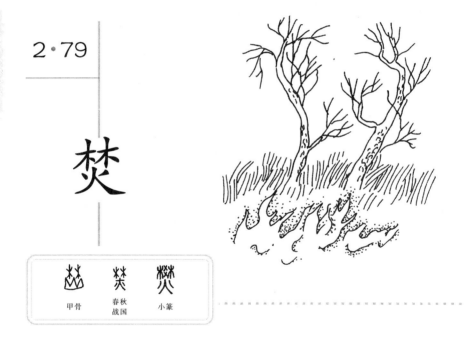

焚

| 甲骨 | 春秋战国 | 小篆 |

《说文》:"焚,烧田也。"段玉裁认为:"燓即焚之讹(譌)。"所以古文字形象焚烧树林的样子。

《孟子·滕文公上》有这样一段记载:"当尧之时……,草木畅茂,禽兽繁殖。五谷不登,禽兽偪人,兽蹄鸟迹之道,交于中国。尧独忧之,举舜而敷治焉。舜使益掌火,益烈山泽而焚之,禽兽逃匿。"洪水横流,禽兽逼人,尧忧心忡忡,舜受命于危难之时,任命益司火之职,益点燃了山间的树木,无处藏身的野兽或被烧死,或被逼得四处逃窜。直到春秋战国时期人们还在使用这种方法。《韩非子·内储说上》讲了这样一个故事:鲁国人在都城北面一个干涸的沼泽放火焚烧林木,北风劲吹,火势逐渐向南蔓延,鲁哀公担心大火烧到国都,就派人去救火,但是派去的人一见从大火中逃窜出来的野兽,都无心救火,转而纷纷追逐这些从天而降的美味。不过现在看来焚烧山林的做法不利于可持续发展,同是这位韩非子,在《韩非子·难一》中就指出了其严重的后果:"焚林而田,偷取多兽,后必无兽。"

后来,焚保留了"烧"的义素,但受事早已不限于林木,如《左传·僖公十五年》:"火焚其旗。"又如至今仍在使用的词语焚香、焚化、焚书坑儒、玩火自焚等。

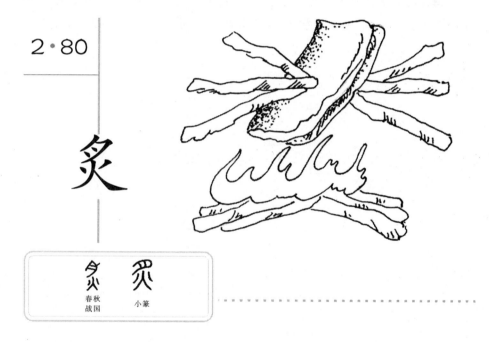

2·80

炙

春秋战国　小篆

古文字形象一块吊着的肉在火上烘烤,表示"烤",《说文·炙部》:"炙,炙肉也,从肉在火上。"又表示"烤熟的肉",成语"残羹冷炙"用的是这个意思。

炙是烧烤过的肉,还有一些字因烧烤的动物不同,所表的意思也有所区别,例如:

| 金文 | 春秋战国 | 小篆 |

焦,古文字形象火烧鸟(即"隹"),后表示"烧焦"的"焦"。

| 金文 | 春秋战国 | 小篆 |

然,古文字形象火烧犬肉,后表示"燃烧"的意思。"然"借作代词、连词等后,又加了一个"火"作"燃"。

| 甲骨 | 金文 | 春秋战国 | 小篆 |

羔,古文字形象用火烧羊的形象,所以羔的造字本义是"烧烤羊肉"。小羊肉嫩,烤出来一定味道鲜美,所以后来就表示"小羊"的意思,如羔羊。

三 生活篇

3·1

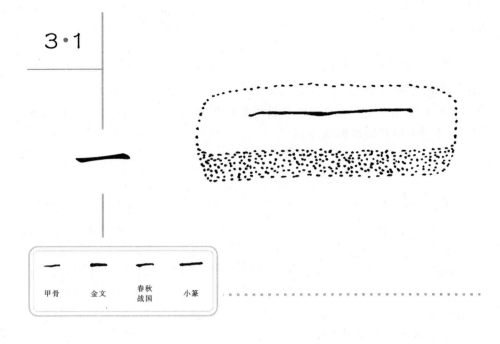

人类社会从诞生之日起,就必须面对如何记数的问题。

郭沫若认为:"数生于手。古文一二三四写作一二三三,此手指之象形也。手指何以横书?曰,请以手作数,于无心之间必先出右掌,倒其拇指为一,次指为二,中指为三,无名指为四,一拳为五;六则伸其拇指,轮次至小指,即以一掌为十。一二三四均倒指,故横书也。"① 这段话的意思是说中国人的祖先最早建立数的概念时,就像今天母亲教幼儿一样,是掰着手指头来数数的。

① 郭沫若《甲骨文字研究》第111页,科学出版社,1962年。

"一"在汉字中常常用作指事符号,例如:

二	二	上	上
甲骨	金文	春秋战国	小篆

上,上面的一横短,下面的一横长而略带弧形,甲骨、金文字形以长横作基准,用短横在上表示"上"的方位,本义是上边或高处的意思。秦以后,"上"特指皇帝,如《史记·陈涉世家》:"扶苏以数谏故,上使外将兵。""上"即秦始皇。司马迁在《史记·太史公自序》中又写道:"作今上本纪",这里的"今上"就是当时的皇帝汉武帝。"上"又可用作动词,表示由低向高处走的意思,如唐朝诗人王之涣《登鹳雀楼》:"欲穷千里目,更上一层楼。"

下,甲骨、金文字形以一长横作基准,短横在下,本义是下边。"下"也可用作动词,表示从高处到低处,例如《左传·庄公十年》:"下,视其辙。"李白《黄鹤楼送孟浩然之广陵》:"故人西辞黄鹤楼,烟花三月下扬州",这里的下表示"去、到(地势较低的地方)"。

天,甲骨、金文的下边象站立着的人的正面形象,也即"大";上部突出的是人的头部,两者合起来表示的是"头顶"的意思,所以《说文·一部》云:"天,颠也。至高无上,从一大。"天的这个意思至今仍然保留在现代汉语之中,如称人或某些动物头顶部分的骨头为"天灵盖",称治疗头疼的中药为"正天丸",等等。小篆将古文字形线条化,人的头部就写成了"一",这就是今天我们所看到的"天"字的雏形,而这也正是许慎将"天"字列入"一"部的道理所在。从这个意思引申开来,称头顶上罗列着日月星辰的广大空间为"天空"。

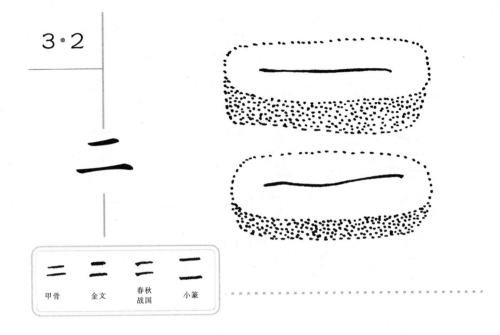

| 甲骨 | 金文 | 春秋战国 | 小篆 |

古文用两条长短相等且相互平行的横线,表示大于一的正整数"二"。"二"是偶数,有成双成对的意思,是个吉利的数字。

汉语的熟语"二百五"借指做事鲁莽冒失、不着边际的人。关于"二百五"的来历,有多种说法,其中一种是:旧时银子五百两为一封,二百五十两为半封。半封与"半疯"谐音,故谓"二百五"。

"二"在汉字中,也可用作指事符号,例如:

甲骨　　小篆

亘,音 gèn。甲骨文象回旋的水流,小篆在原有字形上加"二",表示水的两岸。因此亘就有了"在时间、空间上连续不断"的含义,如从古到今为"亘古",山脉、道路等横向延伸、连绵不断为"横亘"。

三 生活篇

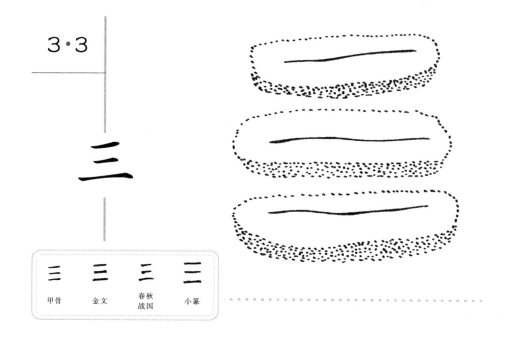

古人掰着手指数数,掰到中指时数三,古文用三条横线表示三的数目。

八卦中的第一卦乾卦写做"☰",这三道分别代表天、地、人,也就是说,它包括了天上、地下以及人间的一切事物,所以老子说"一生二、二生三、三生万物"。"三"在古文中常常代指多数,这种观念表现在语言上,就有了"三番五次,三令五申,三思而行"等词语;表现在汉字上,三人为"众",三木为"森",三石为"磊",三火为"焱",三口为"品",三水为"淼",三日为"晶"(这里的"日"象天上的星星,三个日象点点繁星),三金为"鑫",三心为"惢"(后加"艹"作"蕊"),三"車"为"轟"(简化作"轰"),三"毛"为"毳"等等。

3·4 四

| 甲骨 | 金文 | 春秋战国 | 小篆 |

甲骨、金文字形用四道来表示三之后的正整数。古文的另一种写法是"⊡",象口中吸气,即"气息"的样子;也有学者认为,"四"象鼻中流涕,是"鼻涕"的意思,"四"借作数字后,就加"氵"作"泗"来表示此义。《诗经·陈风·泽陂(bēi)》:"有美一人,伤如之何?寤寐无为,涕泗滂沱。"① 其中的"涕"是眼泪。诗人思念心上人,眼泪、鼻涕有如大雨滂沱一般,可见其用情之深。

"泗"又为水名,在今山东省境内,因其有四个源头而称作"泗水"。白居易词《长相思》写道:"汴水流,泗水流,流到瓜州古渡头。"其中的"泗水"就是这条河。

① 程俊英译文:"看见一个美男子,我心爱他没办法!日夜相思睡不着,眼泪鼻涕一把把。"《诗经译注》第248–249页。

3·5 五

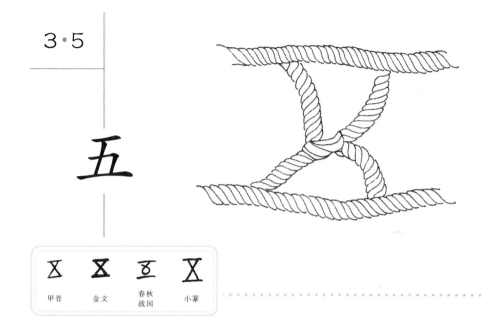

古人写到四画时,已觉得很是繁琐,不能再用增加横线的办法表示后面的数目;又因为上古结绳记事,从一到九五居其中,所以把绳子交叉表示五的记号。

古时军队的编制,是将五人分成一个基本单位,所以字形就合"人(亻)"、"五"作"伍"。《周礼·夏官·诸子》:"国有大事,则帅国子而致于大子,惟所用之。若有兵甲之事,则授之车甲,合其卒伍,置其有司,以军法治之,司马弗正。"郑玄注:"军法:百人为卒,五人为伍。""伍"由此引申出"军队"、"部队"的意思,"队伍"、"行伍出身"等词语盖源于此。

古代的居民组织,五户人家也叫"伍"。

3·6 六

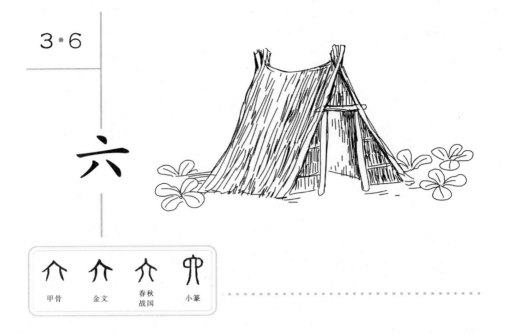

徐中舒《甲骨文字典》认为:六"为田野中临时寄居之处,其结构简易,暴露于野,即古之所谓庐"。① 六即古"庐"字,《说文·广部》曰:"庐,寄也。秋冬去,春夏居。"庐是古人在田间搭建的简易窝棚,供农人春夏农忙之时临时寄居。待秋收结束、严冬来临便会回到原来的家。《诗经·豳风·七月》:"穹窒熏鼠,塞向墐(jìn)户。嗟我妇子,曰为改岁,入此室处。"② 诗中描绘的正是农人结束秋收、返回固定住所后,打扫房屋、准备过冬的场景。"庐"与"六"古音相近,今安徽有六安县,六读作lù。字形表示数字五后面的正整数,是假借的用法。

因为是临时居住的场所,庐作为人类早期建筑,当然难免简陋,后世因此以之代表陋室。成语"三顾茅庐"的故事人所共知。事实上,诸葛亮虽然是一介布衣,但从其隐居简陋的"庐"中就可看出,他并非真想在此久住,以退为进、伺机出山才是此时诸葛孔明先生的真实意图,一个"庐"字很是耐人寻味。"结庐在人境,而无车马喧。"陶渊明诗中的庐还多了一层远离尘嚣、回归自然的意味。

① 徐中舒《甲骨文字典》第1529页,四川辞书出版社,1989年。

② 程俊英译文:"打扫垃圾熏老鼠,泥好大门封好窗。累完嘱咐妻和子,眼看就要过年关,赶快住进这房间。"《诗经译注》第268页。

3·7

七

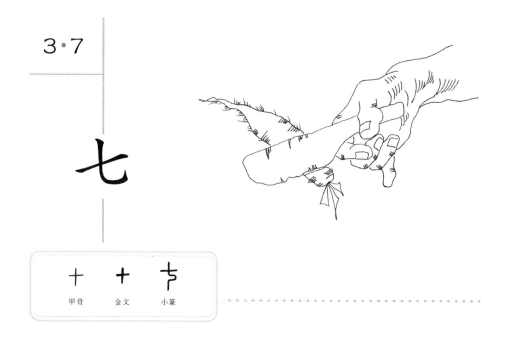

| 甲骨 | 金文 | 小篆 |

古文在横上加一竖,表示"切断"的意思。字形借作数字七后,就加了一个刀作"切",以表示它原来的意思。

《说文》:"切,……从刀,七声。"《广雅·释诂》:"切,断也,割也。"《一切经音义》:"切,割也,刌(cǔn)也。"据说因为"七"的形、义都有"切"的意思,所以古制就在七月斩杀犯人。

"七七"在汉语中有三个含义。第一个指农历七月初七,是神话故事中牛郎和织女鹊桥相会的日子,现在有人称之为中国的情人节。这天的夜晚叫"七夕",是相爱着的男女甜蜜而温馨的欢聚之时,白居易《长恨歌》中"七月七日长生殿,夜半无人私语时"描写的就是这样的一个时刻。第二个含义指人死后的第四十九天,按过去中国的传统习俗,人死后每隔七天祭奠一次,直到七七四十九天为止,这一天叫"七七"。现代又产生了第三个含义,指发生在公元1937年7月7日的卢沟桥事变,这一天是日本发动全面侵华战争的开始。

3·8 八

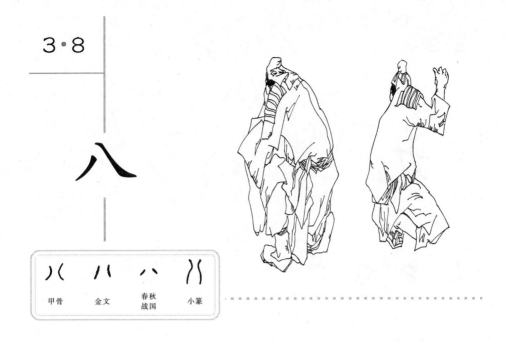

| 甲骨 | 金文 | 春秋战国 | 小篆 |

　　古文用两个相背而略带弧形的笔画表示分开的意思,借指数字"八"后,单独一个"八"已没有分开的意思,但作为字的组成部分,"分"中的"八"仍有此义。

　　数字八原有"分别"义,所以一些地区有"逢八不回家"的习俗。与此相反,在南方,由于有的方言"八"与发财的"发"谐音,所以有人认为"八"能给自己带来财运。

3·9 九

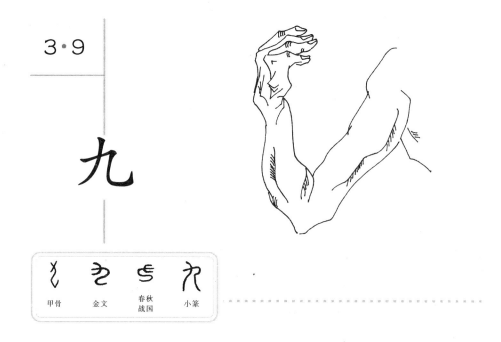

| 甲骨 | 金文 | 春秋战国 | 小篆 |

古文字形的前半部分是表示手的"又",后半部分象弯曲的胳膊,所以是"肘"的意思。字形假借为数字"九"之后,又另造一个形声字"肘"来表示它原来的意思。

今天中国的行政区划是二十三个省、四个直辖市、五个民族自治区以及两个特别行政区,但行政区划的历史可追溯到久远的年代。传说大禹治水之后,为便于管理,将当时的华夏大地划分为九个区域,称作"九州"。不过各种典籍对"九州"具体名称的说法有很大出入,大多数学者认为,九州存在的真实性和具体位置、界限尚待考证。但无论如何,经过历史的积淀,"九州"已经成为中国的一个代称,在中国人的心目中带有既亲切又神圣的意味。

3·10

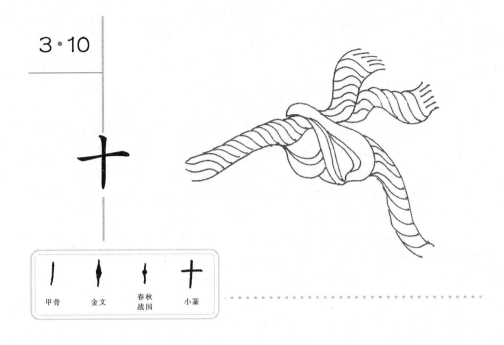

古文字形象绳子上打了一个结,是数字"十"的意思。《说文》:"十,数之具也。"又说"数,始于一,终于十。"十是个位数的终结,所以又引申出"达到极点"的意思,如"十分"、"十足";成语"十全十美"、"十万火急"等等。

廿,音 niàn。郭沫若认为:"十之倍数,古文则多合书。"①所谓"合书",就是合起来书写的意思,将两个"十"合起来写作"廿"。实际上,廿的古文字形更像两根各打一结的绳子,既然绳子打一个结表示"十",那么两根各打一结的绳子放在一起就可以表示二十,所以《说文·十部》云:"廿,二十并也。"现在"廿"多用于书面语,意思未变。

① 郭沫若《郭沫若全集·考古编》第一卷第 117 页,科学出版社,1982 年。

卅,音 sà。同"廿"的造字方法一样,古人用三根各打一结的绳子放在一起表示三十,所以古文"卅"也是合书,是将三个"十"合起来书写。《说文·卅部》:"卅,三十并也。"1925 年,上海爆发了一场轰轰烈烈的反帝爱国运动,因为发生在 5 月 30 日,因此被称为"五卅运动"。为什么不叫"五三十运动"呢?

这是因为汉语在构造新词时倾向于尽可能选择双音节，"五卅"读起来更顺口。

据《易·系辞下》记载："上古结绳而治，后世圣人易之以书契，百官以治，万民以察。"《庄子·胠(qū)箧(qiè)》也谈到："昔者……祝融氏、伏羲氏、神农氏。当是时也，民结绳而用之。"许慎《说文·叙》曰："及神农氏结绳为治，而统其事……黄帝之史仓颉，见鸟兽蹄(tí)迒(háng)之迹，知分理之可相别异也，初造书契。"上述记载表明，在文字产生之前的远古，的确曾经出现过结绳记事的时代。绳子易腐烂，不易保存，所以先人如何结绳以记事已无从知晓，不过从中国境内的少数民族以及美洲印第安人那里，考古学家、人类学家发现了不少结绳记事的实例，例如上个世纪中期，文物考古专家李家瑞就在云南发现了一些十分有趣的例子：傈僳人黑麦燕收养侄儿，自侄儿进门之日起，就用涂了墨的麻绳打结计算账目，一月一结，侄儿参加工作后，叔叔就拿出了打着五十一个结的绳子，和他结算四年多来的生活费。这根绳子后来被保存在云南省博物馆内。又比如哈尼人买卖土地时，用单股麻线打结，一个结代表一两银子，结与结之间距离相等，表示单位相同，最后两结之间的距离只有前边的一半，则代表半两。交易时，打着同样结数的绳子共有两根，买卖双方各执其一，作为凭证。① 独龙人远行时，会用结绳的方法来计算日子，每走一天打一个结，数一数结的数目就知道走了多少天。怒族人结绳记事的方法是大事用大结，小事用小结，② 这恰巧为《易·系辞下》郑玄注"事大，大结其绳；事小，小结其绳"的说法提供了有力的实物证据。这些实例是否也可算是"结绳而治"呢？

① 李家瑞《云南几个民族记事和表意的方法》，《文物》1962年第1期。

② 汪宁生《从原始记事到文字发明》，《考古学报》1981年第1期。

南美印第安人也曾用结绳的方式来记数：打一个结表示"十"，打两个结表示"百"，打三个结表示"千"。远在万里之遥的印第安人表示"十"的方式与古代汉字所体现的记数方式如出一辙，真是太奇妙了！关于古代汉字反映结绳记事的情况，还可补充一例，金文中有一个字，似乎也保留了结绳的踪迹，这就是"卖"字(见字形)。从构形上看，卖的上边象打了结的绳索，绳索上打的结记录了交易的金额或数量；中间的横目象眼睛，代表全神贯注参与交易的人；下边象作为货币的贝。由此看来，金文"卖"所描绘的当是结绳时代的交易活动。同样保留结绳痕迹的汉字还有"冬"和"孙"等字(参见冬、孙的说解)。

金文

上述事实表明，古人造字时借用了结绳记事的方法，不过仅凭这几个字例就得出汉字起源于结绳的结论,未免武断了些。

此外,从甲骨文中数字的用法来看,商朝人已经形成了抽象的自然数的概念。李约瑟博士在主持编撰《中国科学技术史》时,对比世界不同文明的数字系统,得出了这样一个结论:"总的来说,商代的数字系统是比古巴比伦和古埃及同一时代的字体更为先进、更为科学的。"①卢嘉锡《自然科学发展大事记·数学卷》也认为:"中国商代甲骨文中有了相当完善的十进位值制记数法,这是世界上最早的十进位值制记数法……由于引进了表示位数的特殊的数字如十、百、千、万等,能确切地表示出任何自然数,因而也是相当成功的十进位值制记数法,历代稍有变革,但其基本框架则一直沿用至今。"②

> ① 李约瑟《中国科学技术史》(第三卷·数学)第29页,科学出版社,1978年。
> ② 卢嘉锡《自然科学发展大事记·数学卷》第1页,辽宁教育出版社,1994年。

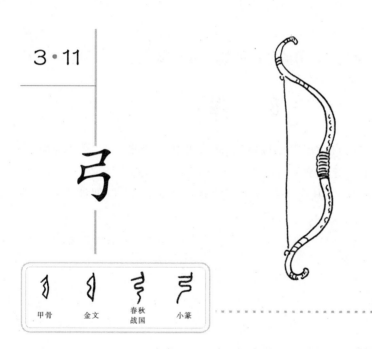

3·11

弓

| 甲骨 | 金文 | 春秋战国 | 小篆 |

古文字形象弓,上面多出的一笔象用作装饰的兽角。兽角还有重要的作用,就是系射鸟用的生丝绳。这种绳子叫缴(zhuó),缴的两头分别系在箭的尾部和弓上,以便箭射出后可以收回。

据考古出土的实物来看,在中国,弓箭的出现至少可以追溯到三万年以前①，在狩猎或战争中，弓和箭都使用得非常普遍。许慎《说文》能对弓的解释可称为点睛之笔："弓，以近穷远。"弓与箭配合使用，不仅可以杀伤动物或敌人，而且还能使自己避免近身搏斗的危险。

"弓"在汉字中用作偏旁，一般表示与弓有关的事物、动作、状态，例如：

① 贾兰坡《什么时候开始有了弓箭？》，《郑州大学学报》1984年第4期。

春秋战国　　小篆

张，《说文·弓部》："张，施弓弦也。"字的本义是上弓弦，后引申为张开弓弦的意思，成语"改弦更张"、"剑拔弩张"中的"张"用的就是这个意思。又引申用于一切张开的动作乃至张开之物，如一张纸。

小篆

弦，古文字形在弓上加指示性符号"○"，表示弦之所在。成语"箭在弦上"形象地描绘了临战箭发前的紧张状态，比喻事态发展到了不得不做、话到了不得不说的地步。

甲骨　　小篆

弹，音dàn。弹的自身形象难以描述，古人便在弓弦之上加"○"来表示这种可以发射的弹丸。制造弹丸的目的在于击杀野兽，是狩猎所必需之物。

字形后来写作"弹"，其中"弓"表示字的意义类属，"单"近似地表示字的读音。

三　生活篇

3·12

shǐ

矢

| 甲骨 | 金文 | 春秋战国 | 小篆 |

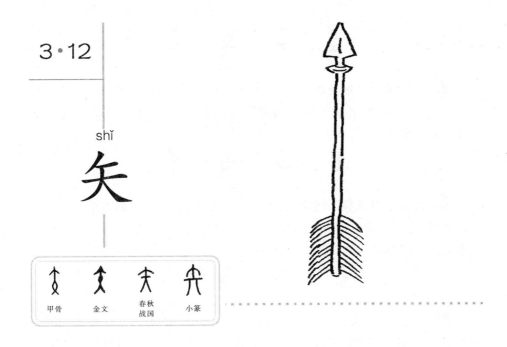

  即箭,古文字形描绘了箭头、箭杆、箭尾等各个部分。《易经·系辞下》:"剡(yǎn)木为矢。"剡是"削"的意思,"剡木为矢"就是把木头削成笔直的箭杆。箭杆再装上由石、骨、兽角、贝或金属制成的箭头,这几种质地的箭头不仅重于木制的箭杆部分,而且十分尖锐,这样就可以使其在发射的那一刹那获得较大的速度。在箭的尾部两侧装饰羽毛,为的是保持飞行过程中的平衡。古代先民就是这样用所知的力学原理和娴熟的制作技术,制造出了那个时代最具杀伤力的武器。考古学家贾兰坡曾经指出:"弓箭的发明,在当时来说,确是一件了不起的大事。不仅准确性强,容易命中,也便于携带。"[1]《左传·昭公二十六年》记载了齐国和鲁国的一次交战:齐将子渊捷弯弓劲射鲁国大夫声子,箭擦过车辕仍然射入声子之盾达三寸之深。声子也不示弱,只一箭,就隔着皮带射死了对方的战马。时至今日,作者描绘战场上箭矢穿梭的传神之笔,仍令人有耳际生风的感觉。

  单独一个"矢"已不见于现代汉语,而只存于"众矢之的(的,音dì,箭靶的中心)"、"有的放矢"等成语之中。

[1] 贾兰坡《什么时候开始有了弓箭?》,《郑州大学学报》1984年第4期。

| 甲骨 | 金文 | 春秋战国 | 小篆 |

至，字形象矢从远处射来，直插入地，古文"至"是到来的意思。如杜甫《石壕吏》诗"一男附书至，二男新战死"，以及成语"宾至如归"等用的是它的本义。后引申作达到极点、极、最，例如：至尊、至大。

| 甲骨 | 金文 | 春秋战国 | 小篆 |

函，古文字形象盛矢的背袋，字形后引申出包含、包容的意思。函不仅可以装箭，也可以存放信件，所以函又可以当"信封"讲。后来装在信封里的信也可以称作"函"，如"信函"、"函件"等。

| 甲骨 | 金文 | 春秋战国 | 小篆 |

射，一张弓，一支箭（矢），恰似箭在弦上，待机而发，古文字形是"发射"的意思。毛泽东《沁园春·雪》中"只识弯弓射大雕。"这句诗恰当地描画了"射"的原始字意。

| 甲骨 | 春秋战国 | 小篆 |

雉，音 zhì。以箭射隹（zhuī，短尾鸟），古文字形表示一种外观像鸡的鸟。因为要用箭才射得到，可知是一种野鸟，所以又称野鸡。刘邦的妻子叫吕雉，刘邦当了皇帝，"雉"就成了皇后的名讳。可能是因为远离了游牧、狩猎的生活，如今虽然不再需要避古代皇家的名讳，也几乎无人以此为名了。

3·13

矛

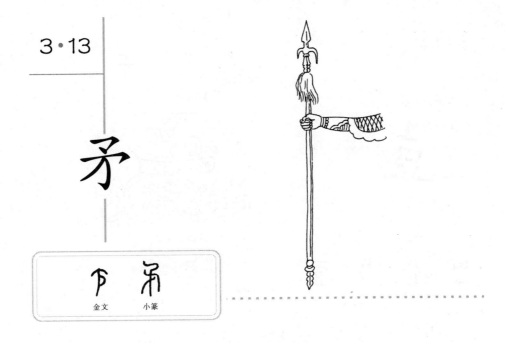

金文　小篆

　　矛的金文字形上象矛头的双刃,下象有环状物的杆,表示用绳索将矛头固定在杆上,矛是一种可以直刺的兵器,殷商时代的矛头是用青铜制成的,到了汉代,由于铁器的普及,铜矛就变成铁矛了。

甲骨　金文　小篆

　　盾,古文字形象古代战争时防护身体的盾牌,它可以用来抵挡敌人的刀、箭、戈、矛等进攻性武器的攻击。发明盾的人实在是了不起,直到今天,各国的防暴警察在制止骚乱时使用的仍然是这种古老的防身武器。

　　现代汉语常用"矛盾"来比喻言语和行为自相抵触的现象,它源自一个古老的传说。古代有一个人卖矛和盾。他先说自己的矛如何锋利,什么样的盾都能刺进去;又说自己的盾如何坚固,什么样的矛都刺不破。旁人问他:"拿你的矛去刺你的盾,结果会怎样呢?"他无言以对。后来人们用"矛盾"来比喻自身言语、行为相互抵触,例如"他的辩解矛盾之处太多"。

3·14

豆

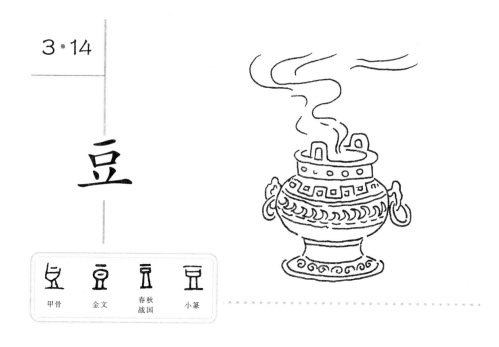

| 甲骨 | 金文 | 春秋战国 | 小篆 |

古文字形中的豆上边有盘,中间有柄,下边有底座,象一个高脚器皿,最初用作餐具,例如《周礼·冬官·梓人》云:"食一豆肉,饮一豆酒,中人之食也。"古人在举行乡饮酒礼时,来宾身份、地位不同,使用豆的数量也有所不同,据《礼记·乡饮酒》记载:"六十者三豆,七十者四豆,八十者五豆,九十者六豆。"由此看来,地位、年龄越高,使用豆的数量就越多,所享用的食品也就越加丰富。后来,豆成了盛肉脯、肉浆一类食物的礼器。

豆后假借为豆类作物的总称。上个世纪90年代,考古学家在河南境内发现了距今3000年的大豆籽。春秋战国时期,黄河、长江流域都已种植大豆。秦汉时期,不仅大豆的种植非常普遍,河南密县打虎亭汉墓中还发现了大面积的石刻画像,上面生动地再现了磨制豆腐的劳作场面,它证明豆腐的出现至少不晚于汉代,汉高祖刘邦之孙淮南王刘安发明豆腐的传说也正是在这个背景下产生的。不过春秋以前,代表豆类作物总称的词是"菽"。有一个成语叫"不辨菽麦",形容人的愚昧无知,典故出自《左传·成公十八年》:"周子有兄而无慧,不能辨菽麦,故不可立。"连形态迥异的大豆和麦子都不分,这样的人一定弱智,怎么能立为国君呢?战国以后"豆"才用来表示豆类作物的名称,《战国策·韩策》:"韩地险恶山居,五谷所生,非麦而豆。"汉代以后,"豆"便取代了"菽",成为豆类的总称。三国时的曹植在《七步诗》中,以"煮豆燃豆萁,豆在釜中泣"的形象比喻,质问其同根而生的哥哥曹丕:"相煎何太急？"这首诗相当通俗，说明"豆"已在口语中通用，并构成了"豆萁"这样的复合词。

3·15

丰

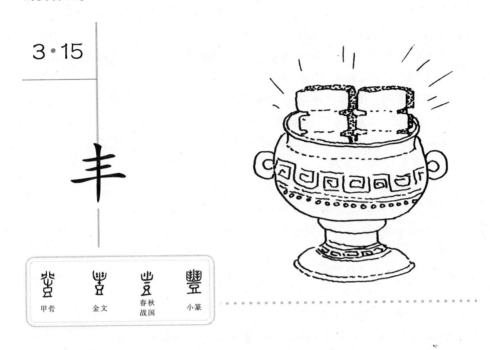

甲骨　金文　春秋战国　小篆

丰，"丰"和繁体的"豐"原为不同的两个字。"丰"的古文字形属《说文·生部》，许慎解释为"草盛丰丰也"，指草木茂盛，引申为体态丰满。"豐"属《说文·豆部》，古文字形像在一种叫豆的器具上放了两串玉，所以许慎说"豐，豆之豐满者也"，是丰盛、丰满的意思。今天"豐"简化为"丰"，以"丰富"为基本义，如我们常说"丰富多彩"、"丰衣足食"等。此外，由"丰盛"引申出"大"义，如《列子·杨朱》有"丰屋美服"之语，今天也还说"丰碑"、"丰功伟绩"。

繁体的"豐"一共十八笔，写起来麻烦自不用说，就是称说也不是件容易的事。丰子恺先生就曾遇到过这样一件尴尬的事情：

我上轮船，钻进房舱里，先有这个肥胖的钱庄商人在内。他照例问我"尊姓？"我说："丰，咸丰皇帝的丰。"大概时代相隔太远，一时教他想不起咸丰皇帝，他茫然不懂。我用指在掌中空划，又说："五谷丰登的丰。"大概"五谷丰登"一句成语，钱庄上用不到，他也一向不曾听见过。他又茫然不懂，于是我摸出铅笔来，在香烟簏(lù)上写了一个"丰"字给他看，他恍然大悟似的说："啊，不错不错，汇丰银行的丰！"

啊，不错不错！汇丰银行的确比咸丰皇帝时髦，比五谷丰登通用！以后别人问我的时候我就这样回答了。①

尽管钱庄商人最终明白了繁体的丰的写法,但是想必类似的情景发生不止一次,以至于丰子恺先生日后又再次地提到了他的姓的写法:

我的姓太古怪了。这样地难写,又那样地少见。陌生人问"尊姓"时,回答他"敝姓丰",往往叫他想不出哪一个丰字来。虽然昔年我曾发明用"泰丰公司"的"丰",或"汇丰银行"的"丰"来注释,但近来也觉得有些不妥。泰丰公司已经关门,银行又东坍西倒,将来也许我无法注解。望道先生们提倡手头字,第一期字汇中就有我的丰字,此后不但可使我每次少写十四笔,逢有人问"尊姓"时,也可以说"三画王上下出头",没有不懂得了。②

① 丰陈宝、丰一吟编《丰子恺散文全编》第133—134页,浙江文艺出版社1992年。

② 同上第322页,浙江文艺出版社1992年。

这里所说的"望道"即指陈望道,著名语言学家、教育家,曾大力倡导使用民间的"手头字",也即今天所说的"俗字"、"简体字"。事实上,以四笔的"丰"代替十八画的"豐"并非陈望道等人的首创,明代的《清平山堂话本》和清朝的太平天国的文书中就已经有这样的用例了。到了1935年,陈望道等人在《手头字第一期字汇》中明确提出以"丰"代"豐",并被当时国民党政府所采纳,收进了教育部公布的第一批《简体字表》。1956年,中国政府公布的《汉字简化方案》最终将"丰"列为"豐"的正字。丰子恺先生若是地下有知,会感到轻松许多的,因为他再也不用为自己的姓的繁难而苦恼了。

甲骨	金文	小篆	小篆

礼,将盛满玉石的豆供奉在神灵面前,表示敬畏,并祈求降福人间,加"示"写作"禮",是为了表示这种事奉神祉的礼仪或礼节,简化作"礼"。古人还常把美酒敬献给神灵,于是又加"酉"写作"醴"。《玉篇·酉部》:"醴,甜酒也。""醴"的基本义是一种带有甜味的浊酒,酒精度较低,是祭祀用的饮品。今天的陕西省有个礼泉县,汉宣帝时这里一座名为九嵕(zōng)山的山上涌出了一股泉水,味道甘美。过了约一千年后,后周的皇帝在泉边建成"醴泉宫",隋代因此把这个地方叫做"醴泉县"。1986年经国务院批准,《简化字总表》将"醴泉县"改订为"礼泉县",因为甘泉虽美,"醴"字却笔画繁多,太生僻了。但表示甜酒时,仍写作"醴"。

| 甲骨 | 金文 | 春秋战国 | 小篆 |

  登，古文字形合"豆"与双"手"双"脚"，表示双手捧着盛有祭品的礼器"豆"拾阶而上，以敬神祇。因为是向上进献祭品，所以登就有了"从低处往高处"的意思，如《孟子·尽心上》："孔子登东山而小鲁，登泰山而小天下。"。

  "登"的另一个意思是一种器皿名，《尔雅·释器》："瓦豆谓之登。"远古时期没有灯，先民们曾用松明火把照明。后来又将动物的油脂倒入瓦制的豆中，放在高处，点燃之后便可照亮黑暗，这就是"登"，字形因此可加"火"写作"燈"，简化作"灯"。从出土文物看，有些古代的灯具和"豆"十分相似，甚至灯、豆难分，可见繁体的"燈"从"登"是很有道理的。商代是中国青铜制造的鼎盛时期，不乏用青铜做的灯，所以"灯"字也有加"金"作"鐙"的写法。

3·16 鼓

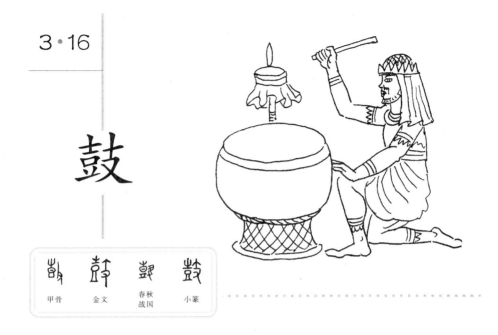

| 甲骨 | 金文 | 春秋战国 | 小篆 |

甲骨文字形的左边,上象鼓上的装饰物品,下象鼓;右边的"攴"象人手拿鼓槌击鼓的样子,它表示的是击鼓的动作。最初的鼓是以陶、木为框,再蒙上蟒皮或兽皮,敲起来声音雄浑、嘹亮,节奏感十分强烈,听来令人情绪激昂振奋。击鼓最初是为了伴舞,《易·系辞上》就有"鼓之舞之以尽神"的描述。后来,击鼓成了青年人表达爱情的一种方式,《诗经》开篇中有"窈窕淑女,钟鼓乐之"的诗句,小伙子鸣钟击鼓为的是取悦心仪已久的美丽姑娘。在战争中,击鼓还可以激励兵士的斗志,例如《左传·庄公十年》:"夫战,勇气也。一鼓作气,再而衰,三而竭,彼竭我盈,故克之。"后由此形成了"鼓舞"、"鼓励"、"鼓动"等词语。

鼓也可用作名词,指的是古代的打击乐器,《诗经·小雅·彤弓》:"钟鼓既设,一朝飨之。"古人在酒席宴上摆放钟鼓,即兴弹奏以助酒兴,这里的鼓带给宾客的是饮酒赋诗的雅兴。

在地处河西走廊的甘肃省安西地区,流传着这样一段故事:清朝初年,康熙帝为平定西北的准格尔叛乱煞费脑筋,寝食难安。一天夜晚,他梦见茫茫戈壁上忽然出现了一块美丽的绿洲,一弯碧水蜿蜒流淌,一座金碧辉煌的城池坐落在河畔,城中的百姓安居乐业,一幅国泰民安的景象。天明之后,康熙帝立即派人前去寻访,居然在戈壁滩上的安西发现了与自己梦中景象十分吻合的小镇,只是镇上并没有城池。若能在此修建一座防御的城池,对于团结当地民族、巩固西部边陲有着极为重要的意义。于是皇上拨下巨款,委派一个叫程金山的官员和他的两个儿子前往当地督建城池。程氏父子来到边远的安西,想到此地天高皇帝远,朝廷鞭长莫及,就草草地修了一座小城交差了事,而将大笔银两放进自己的腰包。然而远在京城的康熙皇帝还是知道了实情,他龙颜大怒,下令将程氏父子处死。后来,有人用他两个儿子的头骨和脊背上的皮制成了一面人皮鼓,悬挂在城墙上。至今,人皮鼓还摆放在当地的博物馆里,时时警示后人:为官必须清廉,做人必须心正。

| 甲骨 | 金文 | 春秋战国 | 小篆 |

彭,甲骨文的左边象一只鼓,右边的三撇模拟鼓发出的声响。《说文·壴部》:"彭,鼓声也。"被借作国名、地名、姓氏之后,就在"彭"上加"口"作"嘭"来表示模拟鼓声的原意。

| 甲骨 | 金文 | 春秋战国 | 小篆 |

喜,古文字形从"壴"从"口",令人想到鼓声响起时人们开怀大笑的生动情景,是"欢喜"的意思,《诗经·郑风·风雨》:"既见君子,云胡不喜?"见到了心上人,怎能不高兴呢?

宋代的洪迈在《容斋随笔》中道出了古来人生四大喜事:"久旱逢甘霖,他乡遇故知,洞房花烛夜,金榜题名时"。人遇到一件喜事就会喜不自禁,若要同时遇到两件喜事又会怎样呢?传说王安石年轻时进京赶考,于返乡途中对出了豪门才女寻觅佳偶的楹联,被选为东床快婿。正当家中张灯结彩迎娶新人之时,京城又传来他进士及第的喜讯,洞房花烛之夜,恰逢金榜题名之时,这叫年少的王安石怎能不欣喜若狂呢?乐不可支的他兴奋地将两"喜"并作一个斗大的双喜字"囍",让家人贴在了大门上。从此,"囍"字就流传开了。直到现在,娶亲的人家都要贴上"囍"字,以渲染喜庆、欢乐的气氛。

| 甲骨 | 金文 | 春秋战国 | 小篆 |

嘉,古文字形从"口",表示用言词赞颂、祝福的意思;从"又"象以手持槌击鼓,因为钟鼓是祭祀鬼神和宴享宾客时必不可少的礼器。"嘉"最初是动词,是"赞美"、"嘉奖"的意思,《论语·子张》:"君子尊贤而容众,嘉善而矜不能。"这里所说的"嘉善"就是鼓励好人的意思。《礼记·学记》中说:"虽有嘉肴,弗食不知其旨(味美)也。"曹操《观沧海》引用了《诗经·小雅·鹿鸣》"我有嘉宾,鼓瑟吹笙"的诗句,"嘉宾"、"嘉肴"的"嘉"都是"美好"的意思,至今,我们仍称尊贵的客人为"嘉宾"。

3·17

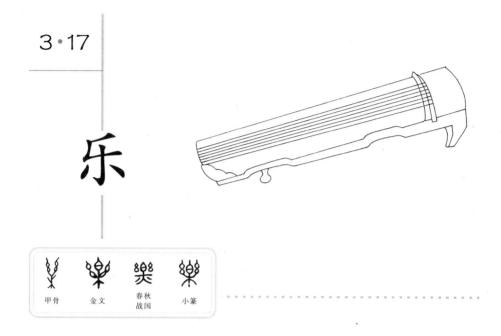

乐

| 甲骨 | 金文 | 春秋战国 | 小篆 |

"幺"象如丝一般的琴弦,"木"是琴架,"幺"附着在"木"上,字形中的另一个构件"白"象用来调弦的东西,它进一步强化了古人的造字意图,所以,罗振玉先生认为,乐的古文字形是"从丝坿(附)木上,琴瑟之象也"。《说文·木部》:"乐,五声八音总名",它的基本义应该是"音乐"。乐又作"乐器"讲,《韩非子·解老》:"故竽先则钟瑟皆随,竽唱则诸乐皆和。"音乐的功能在于陶冶性情,使人身心愉悦,圣人孔子听闻韶乐,甚至到了三月不知肉味的境界。字形也由此引申出了"快乐"的意思。繁体作"樂"。

现代中年以上的人,几乎没有不知道毛泽东的故乡湖南韶山的。韶山的得名还和古代的一段音乐故事有关。相传舜南巡到了今天湖南境内的一片山峦之上,突然被手执弓箭和长矛的山民团团围住。情急之中,舜让自己的部下奏响了一首名为韶乐的乐曲,三天三夜之后,山民竟放下武器,伴着韶乐的节奏手舞足蹈起来,这片群山也因此被称为"韶山"。

| 甲骨 | 金文 | 春秋战国 | 小篆 |

和,音 hé。繁体作"龢"。古文字形中的"册"象排列有序的竹管,"册"上的两个"口"象竹管上方可以发出声响的管口;"亼"在古文字里表示"聚集"的意思,在这里是将竹管捆在一起的意思;"禾"表示字的读音,所以字形象编管一类的乐器,确切地说,"和"的古文字形更象流传至今的笙。《说文·龠

部》:"龢,调也。"是"音乐和谐"的意思。古文中还有一个字,写作"咊",是"和"的异体字,读作 hè,是声音相和的意思,古人有"阳春之曲,和者必寡"的说法,这里的"和"用的就是这个意思。和、龢是同源字,现在"和"为正体,"龢"为异体。

3·18

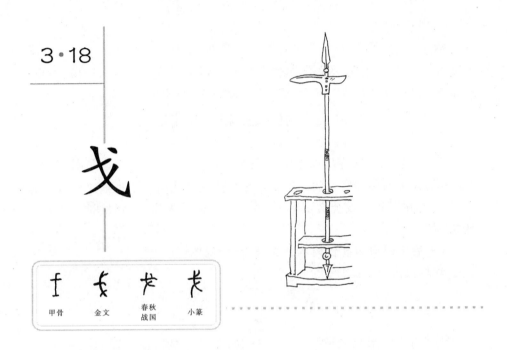

| 甲骨 | 金文 | 春秋战国 | 小篆 |

古文字形象上有横刃的长柄兵器,有学者推测,戈很可能是由刀发展而来的,把刀绑在木棍上就是原始的"戈"。戈是冷兵器时代的常规武器之一,士兵们白天持戈而战,夜晚也不敢掉以轻心,于是就有了"枕戈待旦"、"枕戈寝甲"的情景。古人谈战争时往往离不开戈,如唐代李商隐《杜工部蜀中离席》:"人生何处不离群?世路干戈惜暂分。"诗中借干戈指代战乱;又如宋代辛弃疾的《永遇乐·京口北固亭怀古》以"金戈铁马,气吞万里如虎"的词句来描写战争的场面。据史书记载,武王与商纣牧野大战时,纣王于仓促之间,将戈分发给奴隶,令其前去应战。结果 70 万大军阵前调转戈头,与武王的军队一齐杀入朝歌城,最终埋葬了商王朝。后来,"倒戈"就成了形容战场上调转枪口打自己人的行为的词语。

戍，音 shù。古文字形象人背戈，《说文·戈部》："戍，守边也。"戍就是屯兵边关、保卫疆土，戍边的人犹如今天的边防军。也指守卫其他重要地区现在所说卫戍区的"戍"用的就是这个意思。

戒，古文字形象人双手拿着戈，是"警惕"、"防备"的意思，如"戒骄戒躁"的"戒"。我们不仅用武器来防御，而且可以用语言来提醒人警惕、小心，如"告戒"、"劝戒"的"戒"，这个"戒"又可加"讠"写作"诫"。

伐，古墓地的殉葬坑内常常发现大量人的肢体或头颅，这是因为古代曾有用活人来殉葬和祭祀的制度，殉葬时往往要残酷地砍掉奴隶或战俘的头颅，反映在甲骨文或金文字形上，就是用戈砍杀人头，这就是我们今天看到的"伐"字。

字形后来引申为砍伐树木，如《诗经·魏风·伐檀》："坎坎伐檀兮，置之河之干兮"。①

① 程俊英译文："砍伐檀树响叮当，放在河边两岸上。"《诗经译注》第192页。

何，古文字形象人肩扛戈，是"扛"的意思。"何"借作疑问词后，假借"荷"字来表示它的本来意义，如"负荷"、"荷枪实弹"等。

武，《说文·戈部》："武，楚庄王曰：'夫武，定功戢(jí)兵，故止戈为武。'"许慎的说解引用了楚庄王的话，那么，庄王到底是怎么说的呢，其所言何意？据《左传·宣公十二年》记载，公元前597年，春秋五霸之一的楚庄王取得了邲之战的重大胜利，手下臣子建议庄王修建军垒以张扬武功，但庄王认为："夫文，止戈为武。……夫武，禁暴、戢兵、保大、定功、安民、和众、丰财者也，故使子孙无忘其章。"在庄王看来，止戈二字构成的"武"所传达的是制止战争的理念。他对武字的理解两千年来一直被认为是至理名言，直到甲骨文被发现并识读。在甲骨卜辞中，构成武字的"止"是脚趾的"趾"，武象士兵在行进中拿着武器，目的是征伐示威，而不是庄王所说的制止战争。

干,音 gān。古文字形象头上分叉的竹竿,是一种田猎的工具。古人用它来防范敌人或野兽,"大动干戈"、"化干戈为玉帛"中,"干戈"连用,说明"干"与"戈"一样,都是武器。李煜词《破阵子》"几曾识干戈"的"干戈"借指战争。

树的主干在古代写作"榦"或"幹",简化借干戈之"干"而为之,读作 gàn。

3·19

戎

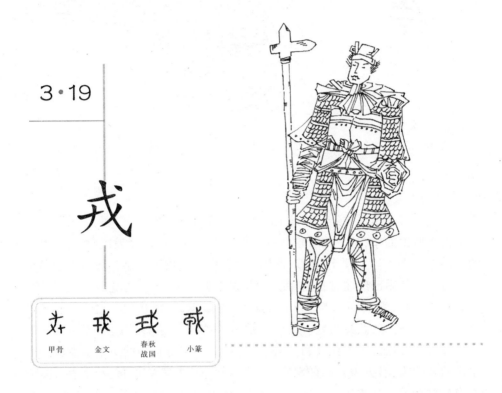

古文字形象人一手持戈,一手拿着盾牌。《说文·戈部》:"戎,兵也",是"兵器"的意思。《左传·成公十三年》:"国之大事,在祀与戎。"这里"戎"指的是战争以及与军事有关的事。古时征战离不开兵器和战马,所以又用"戎马"指代战争,如成语"戎马倥偬"等。杜甫有诗"戎马关山北,凭轩涕泗流",苏轼亦有"往来戎马间,边风裂儒冠","一落戎马间,五见霜叶零"等诗句。其中的"戎马"都是用来指代战争、战事的。

据《礼记·王制》记载,我国古代对中国四方的少数民族有不同的称呼:东方曰夷,南方曰蛮,西方曰戎,北方曰狄。在这里,"戎"是中国古代西北各民族的通称,他们后来迁居中原,渐渐与华夏各族融合,也不再被称为"戎"了。

3·20

车

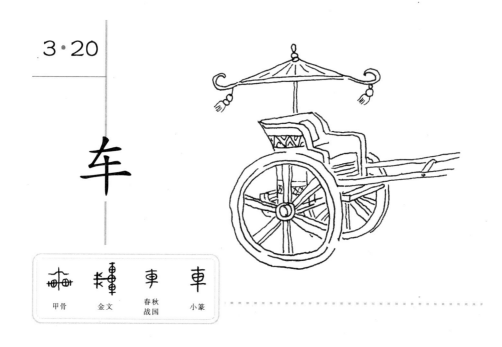

| 甲骨 | 金文 | 春秋战国 | 小篆 |

古文字形详尽地描绘了车轮、车轴、车舆等细节,是"车子"的意思。

古人所说的车,是一种双轮马拉的交通工具。至今已经发现的商周时期的车的遗迹大小不下几十处,汉字中用"车"作形符构形的字数以百计,说明在当时车的使用已经非常普遍。那么,是谁发明了车?车又是怎样发明的呢?传说古人"见飞蓬转而知为车",《后汉书·舆服志》的描述似乎更令人信服:"上古圣人见转篷,始知为轮。轮行可载,因物知生,复为之舆。舆轮相乘,流运罔极,任重致远,天下获其利。"看来,车的问世带有很强的仿生学色彩。至于车的发明人,有人说是禹的车正(古代掌管车服等事宜的官吏)奚仲,也有人说是黄帝或商代先王相土等。事实上,从无到有,车的出现不可能是某个人的功劳,它应该是古人长期创造的智慧结晶,传说中的奚仲、黄帝或者商王相土在车的发明、使用过程中可能起过重要的作用。今天,除交通工具如汽车、火车外,其他利用轮轴转动的工具也可叫"车",如:吊车、纺车或风车等。

今天的车主要用于交通,但在先秦时代,车却主要用于战争。考古学家在已经挖掘的商代车马坑中,发现了大量成套的青铜武器,这表明那时的车辆主要是用于军队作战或是贵族的狩猎活动,真正投入民用交通的可能很少。可以想象,以先秦时代的生产力水平,制造并进而改进各种车辆是需要花费大量的人力、物力和财力的,把它投入民用在相当长的一段时期内显然是一种奢望。

古代四马一车谓之"乘"。乘的多少象征着一个国家的实力,所以有"千乘之国"、"万乘之国"的说法,就好像我们今天说某国有多少先进的军用飞机、多少艘潜水艇或航空母舰一样。

库　库
金文　小篆

库,古代战事频繁,存放各种武器装备是一件大事,而"库"就是古人储存战争装备的房屋。《说文·广部》上说:"库,兵车臧(藏)也",在远古时代,战车最能代表一个国家的军事实力,所以字形以"车"来代表各种武器。后来,库泛指存储各种物资、材料的建筑物,如仓库、粮库、油库等。繁体作"庫"。

金文　春秋战国　小篆

军,在古代战争中,将士宿营时,往往将兵车围成一圈作为屏障。这便是古文字形的造字理据,它原为动词,本义是驻扎,如《史记·项羽本纪》:"沛公(刘邦)军霸上"的"军",此义现在已经消失。后引申出名词义,当"军队"讲,这是现代最常用的基本义。繁体作"軍"。

小篆

轰,繁体作"轟"。《说文·车部》:"轰,群车声也。"字体从三车,表示众多车马行进时发出的轰鸣声。

3·21

中

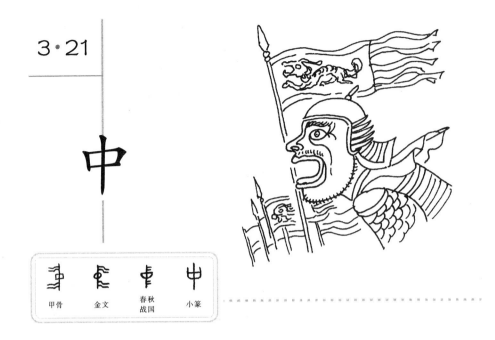

| 甲骨 | 金文 | 春秋战国 | 小篆 |

古文字形象被风儿吹拂的旗帜,中间的"口"或"○"象氏族社会中的族徽。唐兰认为:"中者最初为氏族社会之徽帜……此其徽帜,古时用以集众,……盖古者有大事,聚众于旷地,先建中焉,群众望见中而趋附,群众来自四面八方,则建中之地为中央矣。列众为陈,建中之酋长或贵族,恒居中央,而群众左之右之望见中之所在,即知为中央矣。然则中本徽帜,而其所立之地,恒为中央,遂引申为中央之意,因更引申为一切之中。"① 古代凡遇有大事或战争,氏族部落的首领就会在空旷的土地上树立起自己的旗帜,召集分散的群众。群众来自四方,竖起旗子的地方自然就成了中央。所以,中的基本义是"中央",如《诗经·秦风·蒹葭》"所谓伊人……宛在水中央。"②

上古时代,华夏各民族兴盛于黄河流域一带,受当时认识的局限,自以为居于天下之中,故称自己所在的黄河流域为"中国",而称周围其他地区为"四方"。"中国"后来泛指中原地区,成为国家的专名则是很久以后的事了。

① 唐兰《殷虚文字记·释中》第53—54页,中华书局,1981年。

② 程俊英译文:"意中人儿在何处?……仿佛在那水中央。"《诗经译注》第224页。

| 甲骨 | 金文 | 小篆 |

旅,旗下二人(或三人),象士兵在战旗下集结。"旅"在古文中指军队,

《说文·伇部》:"旅,军之五百人为旅。"按照古代军队编制,五百人为一旅。今天我们还用"军旅"一词说明与军队或军事有关的人和事,如"军旅作家"、"军旅生涯"。另外,"旅"由军队的出征引申为出门在外,如"羁旅";又指出门在外的人,如范仲淹《岳阳楼记》:"商旅不行,樯倾楫摧","商旅"就是外出经商的人。至于今天常用的"旅行",原来是结伴而行的意思,如汉·刘向《说苑·辨物》:"麒麟……不群居,不旅行。"后发展为外出做事或游览,如唐·耿湋《客行赠人》诗:"旅行虽别路,日暮各思归。"

| 甲骨 | 金文 | 春秋战国 | 小篆 |

族,丁山曾云:"族字,从伇(yǎn),从矢,矢所以杀敌,伇所以标众,其本义应是军旅的组织……清太祖起兵建州,'以旗统众,即以旗统兵',旗的制度,当是族字从伇正解。《唐书·突厥传》下:'沙钵罗咥利失(按:突厥部落名)可汗分其国为十部,每部令一人统之,号为十设。每设赐以一箭,故称十箭焉。又分十箭为左右厢,一厢各置五箭……其后或称一箭为一部落,大箭头为大首领。'箭者,矢也。族字从矢,当然又与部落称箭的涵义相同。有四旗十箭的故事印证,我认为族制的来源,不仅是自家族演来,还是氏族社会军旅组织的遗迹。"① 丁氏的引证和推论很能说明"族"字的构形理据。

① 丁山《甲骨文所见氏族及其制度》第33页,中华书局,1988年。

古文字形中的旗帜是氏族的标志,古时没有现代化的通讯设备,氏族的标志也是战斗中发号施令的信号旗;"矢"是箭,不同的家族所使用的箭是有区别的,上面往往有族徽性质的符号。所以,箭在这里代指那些来自某一家族、手中握有弓箭的士兵,字形合旗帜与箭象士兵在旗帜下聚集,是"家族"、"宗族"的意思。古代战事频繁,为了便于集结和指挥,往往一个宗族就是一个战斗集体。国家征调军队也常常以宗族为单位,所以,"族"也是具有血亲关系的军事组织。后来,"族"在军事方面的意思逐渐失落,而统称有血缘关系或某种共同特点的人群,如"家族"、"民族"等。

3·22

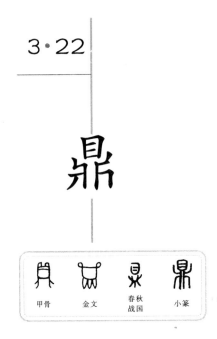

2006年5月18日,国家博物馆内汇集了来自海内外各界的300余人,为复原失传数千年的九鼎举行了隆重的揭幕仪式,全国各大新闻媒体也争相进行了现场采访和报道。那么,九鼎究竟是什么东西呢?

从古文字形上看,鼎上有两耳,中为圆腹,下呈三足,很像锅的样子。1987年,在位于河南偃师二里头村的夏王朝国都遗址内发现了一只距今已有三千多年历史的鼎,这也是迄今为止发现的最为古老的鼎。文字学家惊讶地发现,这个鼎跟"鼎"字的古文字形简直如出一辙。那么,鼎是做什么用的呢?仔细看来,鼎上两耳可以用来提携,腹部滚圆则可以多装物品,三足便于平稳摆放,古人用它来煮肉盛肉,原来鼎就是远古时代的锅。这个意思至今还保留在一些方言之中,例如,在属于闽东方言的福州等地,人们仍然称铁锅为"鼎",属于闽南方言的浙南、潮州地区也将炒菜锅称为"鼎仔"。①

也许是鼎特有的沉稳外观给人以庄重之美,所以它后来又演变成了宗庙祭祀的礼器。传说黄帝发明了鼎,鼎的三足象征天、地、人,后来大禹令九州州牧贡献青铜,铸造九鼎,并在鼎上刻上了各州的物产及珍奇异兽,以象征九州,这就是上文说到的"九鼎"。商朝灭亡后,周人将九鼎移到镐京,并举行了隆重的定鼎仪式。此后,鼎成了国家政权的象征,而鼎的迁移就意味着政权的更迭,所以说"鼎在国在,

① 参见袁家骅《汉语方言概要》(第二版)第十一、十二章,语文出版社,2001年。

鼎失国亡"。又据历史记载,楚王率兵打到雒(luò)水,在周的境内陈兵示威。周定王赶紧派人慰劳,楚王却借机向周天子的使臣问起了周室九鼎的大小、轻重,言下有取代周天子之意。这就是"楚子问鼎"的故事,后来"问鼎"就成了觊觎、图谋夺取政权的代称,如"问鼎中原"。而传说中的九鼎在战国时已下落不明,成了历史上的一桩悬案。日居月诸,两千多年匆匆逝去。今天华夏子孙重铸九鼎,自然成了一件引人注目的盛事。

九鼎虽然在战乱之中下落不明,但在汉语词汇中,却保留了"一言九鼎"的成语,意思就是借"九鼎"之势形容人说的话分量很重。此外"鼎"本身含有"大"的意思,如"鼎力相助"、"大名鼎鼎",而"三国鼎立"则是用来形容三方有如鼎的三足一样势均力敌,等等。

历史上最为著名的鼎恐怕莫过于司母戊鼎了,它可以说代表了商人铸鼎的最高成就。说起来,它的发现还有一段曲折的经历。故事发生在1939年的河南安阳。那时,由于战乱,像其他人一样,武官村一位名叫吴培文的18岁青年也在四处挖宝以求果腹。一天,随着"哐"的一声,吴培文手中的工具碰到了一件金属器物,觉得很可能是"宝贝"。他避开附近的日军,带人在夜间进行挖掘。经过三个不眠之夜,一个巨大的"炉子"呈现在人们的面前。他们惊呆了,虽然一时难以搞清"大炉"的身世,但都意识到这是个价值连城的宝物。为避免落入敌手,他们连夜把"大炉"重新埋入地下。然而,日军还是听说了此事。为了躲过搜捕,保守"大炉"的秘密,吴培文一家只得背井离乡,颠沛流离。1945年日本投降,他们才回到家乡,"大炉"也于1946年重见天日,并作为蒋介石的寿礼运抵南京。经过专家鉴定,"大炉"是铸造于商朝后期的商王祖庚(或祖甲)时代的青铜鼎,因鼎上刻有"司母戊"三字而被称之为"司母戊鼎"。它高133厘米,口长110厘米,口宽79厘米,重达832.84公斤,是迄今为止世界上发现的最大最重的青铜宝鼎。今天,司母戊鼎藏于国家博物馆内,成为镇馆之宝。

鼎	鼎	鼎	貞
甲骨	金文	春秋战国	小篆

貞,古文贞就是"鼎",是"鼎"的简略急就之笔。为了便于公示,古人常将法律刻在鼎上,而刻在鼎上的法律必须严格执行,所以"贞"就有了"坚定"、"有操守"的意思,如成语"坚贞不屈"。封建礼教称赞恪守妇道的女子为"贞女",但封建主义的贞节观,束缚女性的天性与自由,因而是不道德的。繁体作"貞"。

员，鼎上加一圆圈"○"，古文字形借圆圆的鼎口表示圆形。字形后来将"鼎"改"贝"而作"员"，《孟子·离娄上》："不以规矩，不能成方员。"其中"员"用的就是它的本义。字形后又加"囗"写作"圆"。从"圆"出发，员又有了"周围"的意思，如"幅员广阔"。"员"在古代汉语中的基本义是人数、名额的意思，现代汉语中仍有此义，如"满员"、"员额"等。繁体作"員"。

3·23

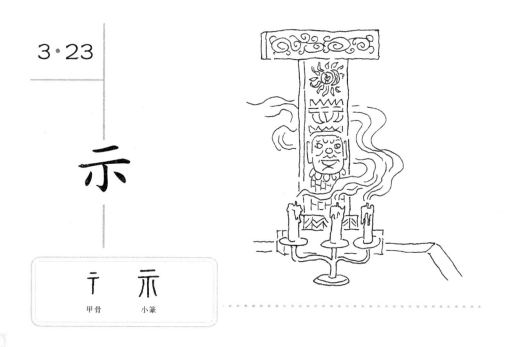

古文字形象用木牌或石柱做的神主牌位，是"摆出给人看"的意思，例如《史记·廉颇蔺相如列传》记载蔺相如将美玉捧给秦王，于是"秦王大喜，传以示美人及左右。"宋朝诗人陆游著名的《示儿》诗，就是专门写给儿子看的。

字形可用作偏旁，或写作"礻"，称为"示补旁"，表示与祈祷、祭祀、神祇有关的事物。

祭，古文字形象右手拿着一块带血水的肉，加"示"表示用来祭祀鬼神，

是祭祀的"祭"。随着生活水平的提高以及生活方式的改进,后世祭祖时,摆在先祖牌位前的食物已不再是鲜血淋漓的生肉,而是精致的菜肴了。

《左传·成公十三年》说:"国之大事,在祀与戎。"祭祀和战争是两项重要的国家大事。不过,普通百姓家中也要祭祀自己的长辈和祖先,所以上述陆游《示儿》诗说:"王师北定中原日,家祭无忘告乃翁。"

甲骨	金文	小篆

祀,古人祭祀祖先时,会让容貌酷似祖先的后代子孙坐在神主的位置上,代表先祖接受人们的祭拜。甲骨文"巳"就是象征神主的小儿,这个字后世曾讹变作"尸"。为了与字形相近的"儿"相区别,古人将"巳"的下部稍加弯曲,很像人祭祀时跪拜的样子。字形后加"礻"写作"祀",表示向神佛或祖先上供、行礼以求保佑的活动。

祭、祀统言无别,但祭的组词能力比较强,如祭祖、祭文、祭奠、公祭,等等,祀则较弱,如祭祀。

甲骨	金文	春秋战国	小篆

祝,古文字形象一人双手置于膝盖之上、双腿跪拜在神主之前祷告,表示向神灵祷告的意思。今天所说"祝愿"、"祝福"的意思都是从这里来的。用作名词,祝指的是古代祭祀时主持祭祀唱念颂词的人,至今仍称寺庙中主管祭祀、香火的人为庙祝。

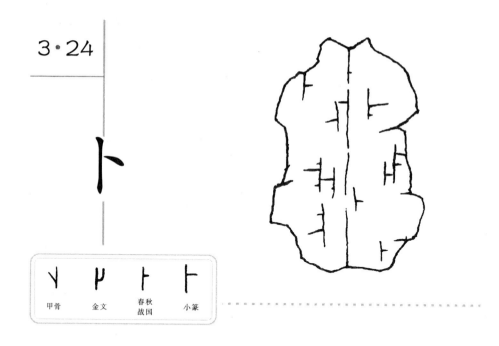

3·24

| 甲骨 | 金文 | 春秋战国 | 小篆 |

古文字形象龟甲烧过后出现的裂纹,是"烧灼龟甲以占卜吉凶祸福"的意思。

商朝人迷信,凡事都要占卜。占卜前,首先要去除龟甲上的胶质或锯掉牛胛骨上凸起的部分,然后在龟甲或兽骨上凿出一个枣核形的槽,并在槽的旁边钻出一个小圆坑。占卜时用炭火烧灼小圆坑,龟甲受热之后的裂纹呈现出"卜"字形,商人根据卜兆的走势判断吉凶。占卜后,将所卜之事记在甲骨上,其内容包括:一、叙辞,即占卜的时间、地点及卜人的名字;二、命辞,即问占卜何事;三、占辞,即由商王及其身边的人判断吉凶;四、占卜之事是否灵验。这就是我们今天所看到的卜辞。

春秋战国　小篆

兆,古文字形象龟甲受热后出现的裂纹。商朝人占卜时,龟甲被烧灼受热后,正面所产生的裂纹就是"兆",商人根据"兆"的形状、走向判断可能出现的吉凶祸福,后引申指事情发生前的迹象,这就是今天所说"征兆"、"兆头"、"预兆"的"兆"的来历。农谚说"瑞雪兆丰年",其中的"兆"为动词,也是从它的本义引申出来的。

"兆"在汉字中还可用作声符,例如,桃,从木兆声。《诗经·周南·桃夭》:"桃之夭夭,灼灼其华。"桃原产于中国,大约在西汉,由西北的甘肃、新疆沿

"丝绸之路"传入中亚的波斯,即今天的伊朗,继而传入了希腊及欧洲各地。西方人因此认为桃原产于波斯,并称之为波斯桃,英文的peach也是从这儿来的。

3·25 疒 nè

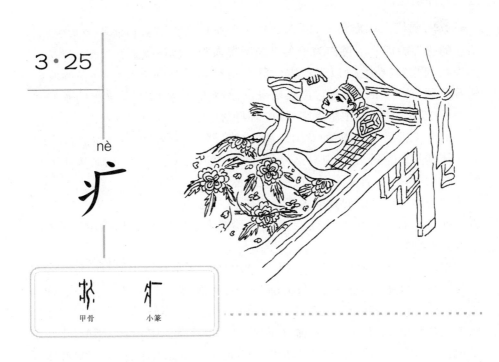

甲骨　小篆

古文字形象人大汗淋漓地依靠在床上的样子,《说文·疒部》:"疒,倚也,人有疾病,象倚箸之形。""疒"在汉字中用作偏旁,表示与疾病有关的事物。

甲骨　金文　春秋战国　小篆

疾,甲骨、金文字形从大从矢,大象人,矢为箭,合起来象人的腋下中箭,《说文·疒部》:"疾,病也。"人的病多种多样,以中箭来表示,是因为古代战事频繁,中箭之事时有发生,所以从矢会意。箭一经发射,其速度之快,令人很难躲闪,所以疾就有了快速的意思,如疾步、疾驶、疾驰等。

小篆

病,《说文·疒部》:"病,疾加也。"按照许慎的解释,小病是疾,大病、重病是病。不过,从构形的角度来看,疾、病的区别还在于:疾是人中了躲闪不及的箭,所以有外伤、急病的意思,现代汉语中仍然保留了这一用法,如足疾、残疾、痢疾、疟疾等；病字从疒，疒象是久病在床、身体虚弱，所以病指的是久病或身体内部脏器的病，如胃病、肺病、心脏病等。但是在古代汉语中，疾和病的区分并不是十分严格，所以段玉裁认为："析言之则病为疾加，浑言之则疾亦病也。"

癌，现代人谈癌色变，因为它是一种难以治愈的恶性肿瘤。不过作为长久以来困扰人类的疾病，我们在《说文》以来的古代辞书中却无法寻觅到"癌"字的身影，它首次现身汉语辞书是在1915年出版的《中华大字典》中，但根据该辞书的释义，"癌"是"疮"的意思。那么，"癌"到底是从哪儿来的呢？它又是什么意思呢？在相当长的一段时期内，日本人认为"癌"是他们根据汉字的构形原理创造的日本国字，而中国人也曾一度接受了这一观点①。近年来，何华珍博士经过一番考证，揭示出了"癌"字的真正身世。

① 1958年《中国语文》第2期发表了王立达的文章《现代汉语中从日语借来的词汇》，文中指出：癌字的"字形和词义都是由日本人创造，而为我国所沿用。"此后，中国的学术界普遍接受了这一观点。

据何氏考证，"癌"字最早出现于1170年宋代东轩居士撰写的外科专著《卫济宝书》之中，1337年问世的元代医书《世医得效方》也有关于"癌"症的记录："此疾初发之时，不寒不热，肿处疼痛，紫黑色，不破，里面烂坏。二十以前者积热所生，四十以后者皆血气衰也。"直到现代，1921年出版的《中华医学大词典》释"癌"时使用的仍然是旧时的说法。由此看来，"癌"字早在宋元时期就出现在古代的医书之中，又称"癌发"或"癌疮"，"表示痈疽疮疡之属，而非恶性肿瘤之谓，与今日之'癌'（cancer）不可混为一谈。"

至于"癌"字从嵒（岩）的理据，《仁斋直指·发癌方论》云："癌者，上高下深，岩穴之状，颗颗累垂，裂如瞽（gǔ，瞎眼）眼，其中带青，由是簇头，各露一舌，毒根深藏，穿孔透里，男则多发于腹，女则多发于乳，或项或肩或臂，外证令人昏迷。"《朱丹溪医案拾遗·痈疽疮疡》进而指出："谓之岩者，以其有如穴之巅岈空洞，而外无所见，故名曰岩。"所以，癌字从嵒得声，嵒兼表义，盖其外观有如岩穴之状的缘故。

既然如此，"癌"又是如何被看作日本国字的呢？

原来，江户末年至明治初期，兰医西学由荷兰传入日本，日本著名的兰学家、医生大槻（guī）玄泽用"癌腫（ganshu）"对译荷兰语kanker，其时当在1792年，所以癌"本为我国既有之字，且有特定含义，大槻玄泽旧词新用，赋予新义，表示一个新的西医概念"。

一番考证之后，何氏最后断言："'癌'字的发明权在中国而不在日本。"①

需要特别指出的是，"癌"字从疒嵒（yán）声，旧读 yán，与"炎"字同音。如此一来，"肺炎"、"肺癌"在语音上无法分辩，极易产生误解，因此，1962年修订的《新华字典》改"yán"为"ái"，并逐渐为人们所接受。

① 何华珍《日本汉字和汉字词研究》第84—91页，中国社会科学出版社，2004年。

3·26

酉

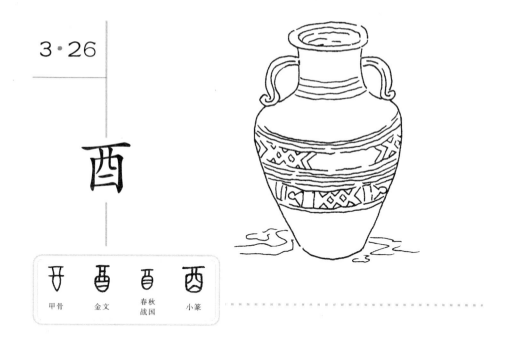

甲骨　金文　春秋战国　小篆

古文字形象坛中有酒,是"酒坛"的意思。古代用十二支计月,"酉"借以表示八月,是谷物成熟,可以酿酒的季节;又用十二支计时,"酉"表示下午五点到七点这一段时间。

与酒事、酿制有关的字都用"酉"来作形符,例如:

甲骨　金文　春秋战国　小篆

酒,酉字加氵,表示坛中的酒。《说文·酉部》:"酒,就也。所以就人性之善恶。从水从酉,酉亦声。一曰造也,吉凶所造也。古者仪狄作酒醪(láo),禹尝之而美,遂疏仪狄。"大禹尝到了美酒,却因此疏远了仪狄。要想弄明白许慎的这段说解,还得从酒的发明说起。

关于酒的发明者,有不同的说法。一说为杜康,一说为仪狄。《战国策·魏策二》讲述了仪狄造酒的故事:"昔者帝女令仪狄作酒而美,进之禹。禹饮而甘之,遂疏仪狄,绝旨酒。曰:'后世必有以酒亡国者。'"仪狄受命发明了美酒,并把它献给了大禹。大禹如饮琼浆玉液,但却因此疏远了仪狄和美酒,因为一股酒劲上头,大禹意识到酒会误事,也必有以酒亡国者。遗憾的是,并不是所有的人都能如大禹一般严于自律,后来的历史被大禹不幸言中了。

商人不但无法远离美酒,反而嗜酒成性。考古学家在商代的遗址中发现了酿酒的作坊和酵母,说明当时的酿酒业十分发达。殷商时代,酒用于祭祀,礼毕之后,便成了王公贵族的杯中之物。卜辞之中不乏酒精中毒、饮酒误事的记载。据《史记·殷本纪》,纣"以酒为池,县(悬)肉为林,使男女倮(裸),相逐其间,为长夜之饮。"酒池肉林,能不亡国吗?周朝吸取了商纣灭亡的教训,颁布了严厉的禁酒令,这就是《尚书》中的《酒诰》,特别是在周文王时代,饮酒是要处以死罪的。汉代禁酒,《汉律》规定"三人以上无故群饮,罚金四两"。但比起周代,汉代的禁酒力度显然减弱了许多。

事实上,酒本无罪。喝酒的人把持不住,所谓"酒不醉人人自醉",这才误事。曹操也颁布过禁酒令,但不是因为酒会亡国,而是多年战乱导致粮荒所致,所以他的禁酒令对人不对己。酒过三巡,曹操会诗兴大发:"对酒当歌,人生几何。……何以解忧,唯有杜康。"没有酒,曹操的诗恐怕不能如此脍炙人口。诗仙李白更是了得,他那流传千古的诗情与诗兴不少都是借着酒劲释放出来的,酒好诗才好。

饮,一个人张着大嘴低着头,向着酒坛伸出舌头,古文字形是"饮酒"的意思。小篆从欠从酓(yǎn),隶变之后作"飮",简化作"饮"。《说文·欠部》:"饮,歠(chuò)也。"许慎所指是"喝"的意思,这表明饮的词义已经从造字时代单纯的饮酒扩大到饮所有可饮的液体,《孟子·告子上》所引的"冬日则饮汤,夏日则饮水"便是很好的例子。字义还引申出可以喝的东西,例如《论语·雍也》:"一箪(dān)食,一瓢饮,在陋巷,人不堪其忧,回也不改其乐。"现代汉语中饮料的"饮"就是从这个意思来的。

醉,《说文·酉部》:"醉,卒也。卒其度量不至于乱也。""卒"即终止、终了的意思,喝酒喝到了最后,不能再喝了,就是"醉"。也指饮酒过量,神志不清,这是古今的常用义;又引申为沉迷,如宋之问《送赵贞固诗》:"目断南浦云,心醉东郊柳。"

醒,《说文·酉部》新附字:"醒,醉解也。"酒醉之后头脑恢复理智就是

"醒"。屈原曾言"众人皆醉而我独醒",醉、醒相对而言,说的是两种不同的人生态度。古代醒、觉有别。饮酒过量而后回复理智为"醒",睡觉醒来为"觉",称结束睡眠为"醒"则是后来的事了。

酣,饮酒尽兴而不乱就是"酣",所以《说文·酉部》云:"酣,酒乐也。"《史记·高祖本纪》集解引应劭注云:"不醒不醉曰酣。"说这个话的人一定非常会喝酒:不醒,是指饮酒之后的几分朦胧,美哉悠哉;不醉,是指根据自身生理条件把握饮酒的度,不失清醒。因此,"酣"是个褒义词,如"酣睡"、"酣梦"、"酣畅淋漓"等等。

醺,音 xūn。《说文·酉部》:"醺,醉也。"段玉裁注曰:"谓酒气熏蒸。"醉酒者一身酒气,挥之不去。"醺醺"则用于形容醉态,常说"醉醺醺"。

酗,音 xù。《广韵·遇韵》:"酗,醉怒。"《一切经音义》:"酗,……以酒为凶谓之酗。"饮酒过量失去理智,怒而逞凶,就是酗酒的"酗"。

奠,古文字形象把酒坛放在几案上,以供奉逝去的祖先,是"祭奠"的意思。至今,仍有用酒来祭奠逝者在天之灵的习俗。

尊,甲骨文中"尊"的字形象双手捧着酒器,描绘的是敬酒的景象。

"尊"在古代原指祭祀时用的酒器,后指一般的酒器,例如陶潜《归去来辞》:"携幼入室,有酒盈尊。"元稹《有酒》诗云:"有酒有酒香满尊,君宁不饮开君颜。"由于贵重的青铜酒器只有贵族才能享用,"尊"便成了有身份、有地位的标志,所以又借作尊贵、尊长的"尊"。此后本义的尊就加"木"写作"樽"或加"缶"写作"罇"。杜甫思念李白的时候,最向往的就是"何时一樽酒,重与细论文"。不过在现代口语中"樽"早已渐被"杯"取代了。

有的字几经演变,现在已经看不出和酒具的关系,但追溯其构形理据,仍能找出它和酒具之间蛛丝马迹的联系来,例如:

爵，古文字形象盛有鬯(chàng)酒(古代祭祀用的一种香酒)的酒器，这种器具上面有柱，中间大腹，下有三足，侧面有提手。古人曾用兽角(主要是牛角)当作天然的酒杯，爵为青铜制品，是改进了的酒杯，"爵"又常用来表示爵位，《礼记·王制》："王者之制禄爵，公、侯、伯、子、男凡五等。"这里的禄是俸禄，在古代指所得粮食的多少；爵是爵位，表示的是等级秩序。

畐，音 bī。古文字形用在酒器中画"十"的方式表示充实、充满的意思。后来从"畐"的字多与"充实"、"充满"有关，例如，"福"是祈求(用"礻"表示)殷实、富足的意思；"富"是表示家业(用"宀"表示)充实；"逼"表示挤满、靠近，使无立足(用"辶"表示)之地，等等。

3·27

mì

糸

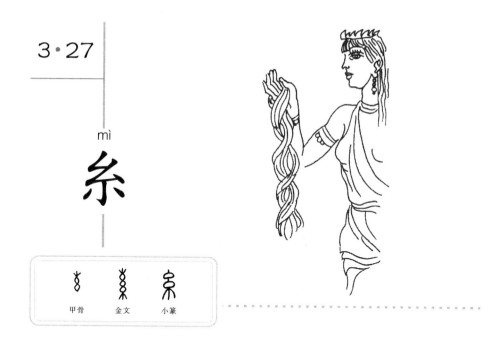

| 甲骨 | 金文 | 小篆 |

古文字形象绞起来的一束丝。

远古时代的先民从被雨水、洪水浸泡过的蚕茧中发现了蚕丝，并在长期的实践中发明了缫丝技术。他们将缫成的丝结成束，再把一束束丝整齐地绞在一起，并将两端捆扎起来，以备纺织之用，这就是古文"糸"的造字理据。

甲骨文中用"糸"组成的汉字有很多，简化字将位于字左边的"糸"简写为"纟"，表示与丝织物、绳索或植物纤维有关的事物，例如：

| 甲骨 | 金文 | 春秋战国 | 小篆 |

系，音 xì。一只手抓住两束（或三束）丝，象用手系丝，是"接续"的意思。

| 甲骨 | 金文 | 春秋战国 | 小篆 |

孙，《说文·系部》："子之子曰孙。从子从系，系，续也。"从甲文构形来看，字形从子从糸，篆文系为糸之误。《列子·汤问》："虽我之死，有子存焉；子又生孙，孙又生子；子又有子，子又有孙。子子孙孙，无穷匮也。"愚公的这段话真可谓是对"孙"的字形结构的最好解说。

甲骨　金文　小篆

绝,《说文·糸部》:"绝,断丝也。"两束丝的中间有若干横道,古文字形象断丝的样子,绝的本义是断绝。《周易》文字艰深,孔子为了读懂其中的要旨,反复阅读,来回翻阅,结果把用来穿竹简的牛皮绳子(即"韦")都磨断了多次,这就是"韦编三绝"的故事,这里的"绝"用的是字的本义。

汉乐府《上邪》诗说:"山无陵,江水为竭,冬雷震震夏雨雪,天地合,乃敢与君绝。"诗中女主人公借一系列反常的自然现象发出了自己忠于爱情的誓言,这里的"绝"是断绝关系的意思,是字的引申义。

断绝有"到头"的意思,所以"绝"字又表示"最、极端",杜甫《望岳》诗中"会当凌绝顶,一览众山小",用的就是这个意思。

甲骨　金文　春秋战国　小篆

索,古文字形从宀(室内)、从共(双手)、从糸,象人在室内绞搓绳索,是"绳索"的意思。

金文　春秋战国　小篆

显,古文字形合日、丝、页(即"头")为一体,表示阳光照射之下,丝丝缕缕都被看得很清楚,是"明显"的意思。繁体作"顯"。

甲骨　金文　小篆

奚,古文字形象一手抓住一个头部被绳索束缚的人,所以,"奚"表示奴隶。也有学者认为"奚"的古文字形象一只手扶着头顶上的重物的样子。今天,非洲、阿拉伯地区、朝鲜半岛等地仍有头顶重物劳作的方式。

"奚"可用作姓,源自其先祖的奴隶身份。

3·28

丝

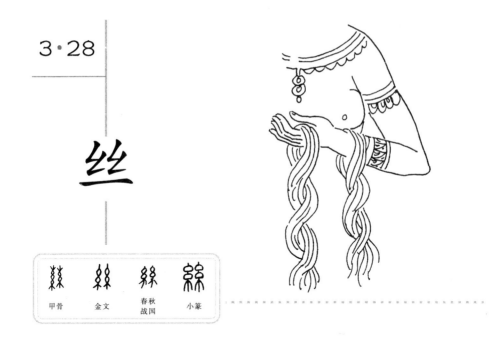

| 甲骨 | 金文 | 春秋战国 | 小篆 |

古文字形象两束丝,是"丝"的意思,繁体作"絲"。《说文·丝部》:"丝,蚕所吐也。"所以丝的本义指的是蚕丝。1958年,在浙江钱山漾新石器时代遗址中发现了距今5000年的丝织品,这是目前发现的最早的丝织品,说明至迟在5000年前,中国人的祖先就初步掌握了丝织技术。据胡厚宣考释,甲骨文中从糸的字共有81个,从丝(二糸)的字有16个,从三糸的字有3个,这三类与丝绸有关的字共100个①,殷商时代丝绸业的发达由此可见一斑。中国人织出了世界上第一片丝绸,丝绸贸易也因此最先发轫于中国。《诗经·卫风·氓》云:"氓之蚩蚩,抱布贸丝,匪来贸丝,来即我谋。"②不知道的人还以为这嘻嘻傻笑的小伙子携着货币是来换取丝绸的,其实他是来和心爱的姑娘商量婚事的。几句小诗透露出西周时代丝绸贸易的普及。

不仅如此,早在先秦时期,秦国就经常以丝绸和西戎交换战马,丝绸还经过北方游牧民族运往西方。德国考古学家曾在斯图加特西北一座公元前5世纪的古墓里,发现了中国丝绸的残片。前苏联也在南西伯利亚一座阿尔泰部落首领的古墓中发现了精美的中国丝绸,其花纹样式与湖北、湖南

① 王宇信、杨升南《甲骨学一百年》第574页,社会科学文献出版社,1999年。

② 程俊英译文:"农家小伙笑嘻嘻,抱着布匹来换丝。原来不是来换丝,找我商量婚姻事。"《诗经译注》106—107页。

等地楚墓中出土的刺绣纹样基本一致。被称作希腊历史之父的史学家希罗多德认为,希腊商人早在公元前六七世纪就到达过"绢都之国",希腊文称丝绸为塞尔(ser),称中国为塞里斯(Seres),即"丝绸之国"的意思。在古代罗马,丝绸更是与黄金等价。公元前1世纪,恺撒大帝身着用中国丝绸缝制的袍子出现在拜占庭的剧院里,立即引起了轰动,很快罗马的贵族男子便争相穿起了丝绸服装。为了掌握丝绸贸易的主动权,罗马人一方面经常与地处丝绸之路要道的波斯发生战争,硝烟弥漫不亚于今天的原油之战;另一方面他们也加紧了情报工作,试图找到生产蚕丝的方法,并于公元522年派遣僧侣到达中国边境,将所得蚕仔藏于竹制的手杖中带回拜占庭。

古人造字或作"糸",或作"丝",二者的本义相同。后来才逐渐分化:作偏旁时为"糸",简化作"纟";单用时为"絲",简化作"丝"。

3·29 纸

小篆

从"糸(纟)"的字大多与纺织或丝织品有关,纸字从"糸(纟)",不少人以为最初纸是由蚕丝制成的。但造纸专家经过检测认为,从技术上讲,纯粹的蚕丝没有黏合性,因而不能成为造纸的原料。事实上,纸是由树皮、麻头、破布、渔网等废弃物品制成的,"糸(纟)"指的是上述物品中所含的植物纤维,而不是蚕丝。

纸是中国古代的四大发明之一，人们常常将纸的发明归功于东汉的宦官蔡伦。据《后汉书·蔡伦传》记载："伦乃造意，用树肤、麻头及敝布、鱼网以为纸。元兴元年（按：即公元105年）奏上之。帝善其能，自是莫不从用焉，故天下咸称'蔡侯纸'。"不过早在宋代，蔡伦首创造纸术之说就受到了置疑，只是缺乏有力的实证。上个世纪，考古学家陆续发现了一些早于蔡伦之时的纸张，例如，1933年中国新疆的罗布淖（nào）尔废墟中就发现了公元前1世纪的麻纸；1957年又在陕西西安灞桥的一座古墓中发现了据称是西汉武帝时期（公元前140—公元前87年）的一些古纸的残片，这些残片被看作现今世界上最为古老的植物纤维纸；1986年，甘肃天水出土了现存世界上最早的纸质地图，其年代约在西汉文景（公元前179—141年）之时。不仅如此，1975年，湖北省云梦县睡虎地战国秦墓（公元前3世纪）出土的一片竹简上还出现了"纸"字，《三辅故事》曾经记述了一件发生在公元前93年的事情："太子大鼻，武帝病，太子入省，江充曰：'上恶大鼻，当持纸蔽其鼻而入。'"武帝讨厌大鼻子，所以江充建议太子用纸遮挡住自己的大鼻子再去探望。诸如此类的例子还有很多，书史专家钱存训因此认为，中国纸的发明至迟不晚于战国时期[①]。不过，很可能蔡伦之前的纸质量较差，蔡伦采用了新的原料，造出了新型的纸张，说蔡伦改进了造纸术更为恰当。

蔡伦造出了蔡侯纸，但纸并没有立即取代竹简和缣（jiān）帛，大约纸和竹简并存了三百年，和帛书并存了约五百年，到了晋代，纸张才完全取代了竹简，而帛书直到唐代还在继续使用。[②] 据《晋书·左思传》记载，左思用了十年的时间写出了美文《三都赋》，备受读者的青睐，一时间"豪贵之家竞相传写，洛阳为之纸贵"。成语"洛阳纸贵"的典故便是纸张代替简帛成为主要书写材料的一个很好的例证。

① 钱存训《书于竹帛—中国古代的文字记录》第96—100页，上海世纪出版集团，2006年。
② 同上第102页。

3·30

乱

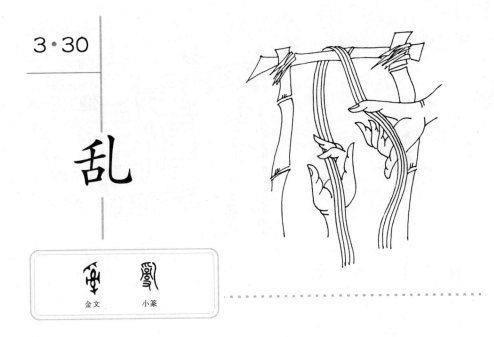

金文　小篆

　　金文作"𤔔",其中的"爫"、"又"象人的双手,"冂"象摆放丝的框架,"マ"、"厶"象晾在架子上的丝,整个字形象用双手清理摆放在架子上的乱丝。字形后来加"乙(乚)"写作"亂"。乱的基本义是没有秩序或条理,它的构字理据十分清晰,但笔画繁多,所以自古以来其简体和异体就有很多,其中使用最多、最受欢迎的当属"乱"字。据李乐毅的考证,"乱"最早见于北魏时期的碑刻,此后历代屡见不鲜,以至于唐、宋、明、清历代字书都有收录。1935年当时政府的教育部公布的《简体字表》也曾以"乱"代"亂",1979年台湾公布的《标准行书范本》也以简代繁,以"乱"为正体。①

① 李乐毅《简化字源》第170页,华语教学出版社,1996年。

3·31

冬

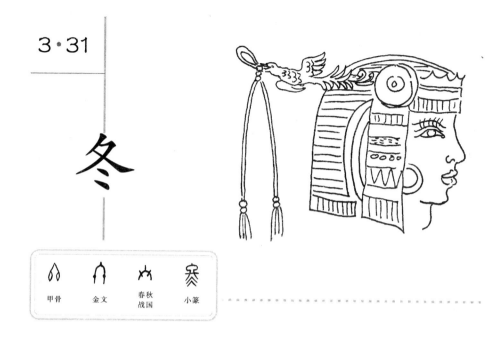

冬的甲骨文象在一根绳的两端各打一个结，表示"终结"的意思。

上文说到在绳子上打结是古人在未有文字之前记事的重要方法（见"十"字说解）。这种方法不仅中国有，世界许多地方都发现了结绳记事的遗迹，尤以南美洲古代印加人最为著名。在中国南方的汉族地区，这种记事方法直到宋代依然存在。古人结绳的方法多种多样，他们或在一根绳子上打结，或用多根绳子横竖交叉，有的甚至还配合不同的颜色来记事。作为原始的记事方法，结绳所记的多是一些简单的数字与方位，不具备记录语言单位的功能，因而不可能发展为文字。冬的甲骨文字形，以及上文提到的"十"、"廿"、"卅"等字，也只是结绳遗迹的个例。

冬季是一年的终结，所以字形又假借为冬季的"冬"，因为在寒冷的冬季北方的河水会结冰，所以后来又加上了"仌"，楷化作"冬"。

终，"冬"用来表示冬季之后，就在原字形上加"糸"表示"终结"、"终了"，例如《孙子兵法·势篇》："终而复始，日月是也。"白居易《琵琶行》"曲终收拨当心画，四弦一声如裂帛"，用的都是这个意思。

三 生活篇

3·32

巾

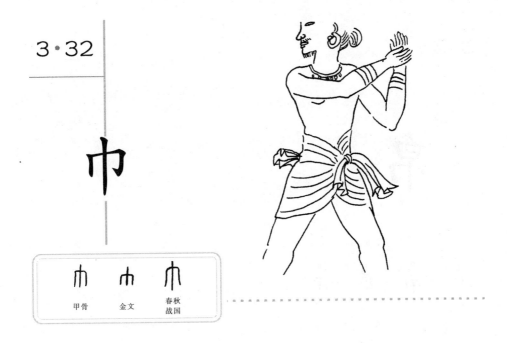

甲骨　金文　春秋战国

古文字形象系在腰间的手帕，后指头巾。古代贵族戴冠，布衣戴巾。戴巾之风盛于东汉末年。相传诸葛亮常戴的纶巾就是一种用丝带编织的头巾。苏东坡《念奴娇·赤壁怀古》："羽扇纶巾，谈笑间，樯橹灰飞烟灭。"在这里"纶巾"借指儒将周瑜。

"巾"用作偏旁，多在字的左侧或下边，表示与布匹、服饰有关的事物，例如：

甲骨　春秋战国

敝，左边象"巾"上有洞，右边象右手拿棍子抽打巾的形象，古文"敝"表示衣物由于天长日久而朽坏的意思。《论语·子罕》："衣敝缊(yùn)袍，与衣狐貉者立，而不耻者，其由也与？"在老师孔子的眼中，身着破旧的丝绵袍子与身着裘皮衣服的人并肩而立却不以为羞耻、寒碜的，只有他的学生子路。《孟子·尽心上》："舜视弃天下犹弃敝蹝(xǐ，草鞋)也。"舜把放弃天子之位看得如同丢弃破旧的草鞋一般，成语"弃之如敝蹝"或"弃如敝屣"由此而来。后又用来形容经长期使用而变旧的其他东西，成语"敝帚千金"出自三国时曹丕《典论·论文》"家有敝帚，享之千金"之句，用来形容东西虽不好，但因是自家之物，所以看得非常珍贵。

3·33

帛

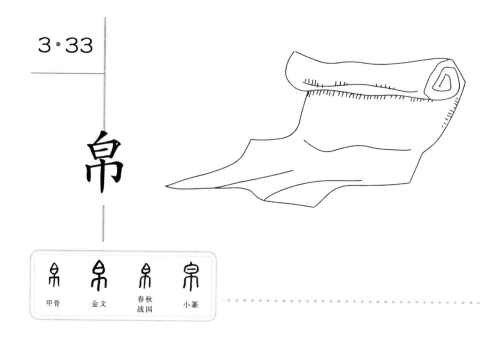

| 甲骨 | 金文 | 春秋战国 | 小篆 |

  帛也叫缣(jiān)帛,是古代丝织品的总称,例如《孟子·梁惠王上》云:"五亩之宅,树之以桑,五十者可以衣帛矣。"未经漂染之前,帛是白色的,所以甲骨文"帛"从白从巾,白兼表音。帛不仅色泽洁白,而且质地柔软,易于吸收墨汁。与竹简木牍比起来,帛还具有便于携带和存放的特点,所以据文献记载,最晚到了春秋时期,帛就开始用于书写了。帛比较昂贵,先秦时代还仅用于重要文献的书写和卜筮文字的记录。大约到了秦汉时期,帛才成为主要的书写材料。蔡伦改进造纸术之后,纸的应用逐渐普及,但帛书直到唐代还在使用。时至今日,跟缣帛性质类似的绢素依然是深受画家青睐的绘画材料。

  汉语中关于书籍、文章的量词大多与其质地有关,例如,称"册"源于竹简木牍,若干竹简用丝绳或皮条编起来就是一册。"篇"从"竹",文章称"篇"也因写在简牍上,把首尾完整的诗文用绳结在一起,就是一"篇"。称"卷"源于帛书、帛画,写好画完的帛可以卷起来收藏,一个部分就是一卷。顺便说一下,书籍称"本"与质地无关,是间接地源于本源之义。秦始皇焚书之后,流传的古代经典有的是口耳相传而来,有的据说是鲁恭王从孔子家墙壁中得来,后人研读、传授之时,各有不同的依据,换句话说即各有所本。如《论语》有三个来源,称为"三本"。后来由此发展为称量书的量词。

3·34

帽

古文作"冃(mào)",《说文·冃部》："冃,小儿蛮夷头衣也。从冂(mì)、二,其饰也。"字形从"冂",表示覆盖;从"二",象帽子上的纹饰,今天婴儿及南方少数民族帽子上还保留着类似的饰物。字形后来加"目"写作"冒","冃"在"目"上,象戴在头上的帽子不能低过双眼。"冒"上加"巾",表示帽子的质地,是汉代以后出现的字形。

也有学者认为,古文字形以羊角为饰物,象古代南方"蛮夷"所戴的帽子。直到今天,湖南等地童帽上,还常绣着各种各样的兽头装饰,上面伸出来的两个耳朵据说可以避邪。

小篆

冕,《说文·冃部》："大夫以上冠也。……古者黄帝初作冕。"冕是否为黄帝所发明不得而知,不过据《论语·泰伯》记载,大禹虽然平日着装简朴,但在祭祀之时,一定要穿戴黻(fú)冕,一种华美的礼服,以示对神的敬重。这说明夏商时期已经有了冕这种服饰了。与帽不同,冕是古代帝王、诸侯、大夫戴的礼帽,一种前后悬挂着玉串(又称为旒,音 liú)的帽子。旒的多少表示不同的等级,如天子十二旒,诸侯九旒,上大夫七旒,下大夫五旒,等等。后来,就只有天子才能戴冕了。唐朝诗人王维《和贾至舍人早朝大明宫之作》诗"九天阊阖(chānghé,神话传说中的天门)开宫殿,万国衣冠拜冕旒",描绘出身着不同服饰的各国使臣前来朝拜大唐天子的盛唐景象。成语"冠冕堂皇"字面上用了"冕"的本义,形容庄严体面的样子(但现在常作反语,用于讥讽)。

冕是天子戴的,等级最高,所以体育比赛中称保住冠军地位为"卫冕"。

19世纪时英国的《泰晤士报》很有权威性,报社的记者具有很高的社会地位,有的甚至参政成了内阁成员,于是人们称他们为 king without a crown,翻译成中文就是"无冕之王"。

小篆

冠,音 guàn。从古文字形上看,上面的"冖"象头巾下垂;"元"是首,即人的头;"寸"是手,表示用手戴冠,所以"冠"最初是用手戴帽子的意思,后来逐渐演变成贵族头上的装饰。《礼记·曲礼上》:"人生十年曰幼,学;二十曰弱,冠。"意思是说人在十岁的时候还是孩子,需要学习;二十岁身体还不健壮,但要举行冠礼。冠礼就是古代为贵族男子举行戴冠的仪式,以示成人。《论语·先进》中以"冠者五六人"与"童子六七人"相对而言,所以"冠者"就代表成年人。又,"弱冠"指男子二十岁左右的年纪,如南朝鲍照《拟行路难》:"丈夫四十强而仕,余当二十弱冠辰。"

古人把冠看得十分重要,如果犯了错误,就得摘下冠,这个情景在今天的戏曲中仍然可以见到。《左传·哀公十五年》还记载了这样一个历史故事:卫国发生内乱,子路(孔子的学生)被人砍断了冠上的缨绳,在紧急关头,他抱着"君子死,冠不免"的信念,结缨而亡。

说到冠,人们可能会联想到戏曲中女子所戴的凤冠。实际上,唐朝以前的妇女是不能戴冠的。唐代以后,贵族女子才可以戴冠。

3·35

衣

| 甲骨 | 金文 | 春秋战国 | 小篆 |

远古时期随着人类祖先的直立行走及火的使用，他们身上的体毛逐渐褪去，这时遮风避雨、抵御寒冷成了生活中急需解决的问题。

甲、金文上象衣领，两边有两个袖筒，下象左襟压右襟，《说文·衣部》："衣，上曰衣，下曰裳。"《释名·释衣服》："上曰衣，衣，依也，人所依以庇寒暑也。"衣是上衣，结合出土的文物看来，左襟压右襟是周代以后中原服装最为流行的款式，《论语·宪问》云："微管仲，吾其被（同"披"）发左衽（rèn，衣襟）矣。"可见，左襟压右襟符合周代礼制，所以孔子说：要是没有管仲的话，我们就都成了披头散发、右襟压左襟的异类了。直到今天，汉族以及许多少数民族的传统服装仍然是这种左襟压右襟的样式。此外，古代的上衣比较长，相当于今天的大衣，且前短后长，谓之深衣。

| 甲骨 | 金文 | 小篆 |

巿，音 fú。《说文·巿部》："韠（bì）也，上古衣蔽前而已，巿以象之。"巿是古人身前用来遮挡下体的，《世本》也说："太古之时，衣皮韦，能覆前而不能覆后。"有学者认为人类的衣服源于人类自身的羞耻之心，所以巿是身前的遮羞布，但从历史的发展看来，一方面布的产生是较晚的事；另一方面从裸露在外的皮肤看，人的阴部神经末梢最为密集，在原始的户外狩猎、采集活动中，最易受到伤害。阴部又是繁衍生命的器官，是人类的命根，为了保

护命根不受风雨侵袭及野兽伤害,先民开始用树叶、兽皮、羽毛等天然物品来遮挡下身,这才是所谓的"市"。对于原始时期的古代先人,实用永远都是第一位的,当人类还处在食不果腹、衣不避寒的蒙昧时代,何来羞耻之心呢?

"市"也可写作"犮",用处不同,所采用的材料质地不同,字的写法也就不同,如古代祭祀时用于护膝的围裙,因用熟皮制成而加"韦"写作"韍",称作"韍膝",也可写作"芾"。物质匮乏的年代里,市成了地位、权力的象征,久而久之,演变为文明社会中等级的象征,而区别等级的一个重要标志就是市的颜色。诗《毛传》:"大夫以上,赤芾乘轩。"按照古制,只有大夫以上的官员才可以穿戴红色的芾。用丝织品制成的市写作"绂",后专指古人用来系官印的丝带。唐朝诗人杜荀鹤《再经胡城县》诗写道:"今来县宰加朱绂,便是生灵血染成。"县长加官晋爵的标志就是配上红色的官印丝带。

金文　春秋战国　小篆

卒,古文字形象画有标记的衣服,即古代士兵制服的样子,是"士卒"、"士兵"的意思。

小篆

裳,《释名·释衣服》:"上曰衣,……下曰裳,裳,障也,所以自障蔽也。"裳又作常,是一种男女皆可穿用的裙子,《诗经·邶风·绿衣》中"绿衣黄裳"用的是衣、裳两字的本义。又如《诗经·齐风·东方未明》:"东方未明,颠倒衣裳。"意思是说,天还没有亮,身为小官吏的丈夫就得爬起来赶往官府,慌忙之中把上衣和裙裳都穿倒了。

小篆

袍,袍就是将上衣下裳缝在一起的长衣。为了御寒,袍的中间也可加入丝絮,犹如今天的棉袍。袍在古代是一种很大众化的服装,平民百姓穿,士兵也穿。袍是秦军士兵的军装,这一点不仅见于先秦文献,如《诗经·秦风·无衣》:"岂曰无衣,与子同袍"①;秦始皇兵马俑中也处处可见秦军将士身着战袍的英姿。两千多年来,袍的具体样式虽屡经变化,但长的特点没有变,如长袍、旗袍等等。

① 程俊英译文:"谁说无衣穿?你我合穿一件袍。"《诗经译注》第231-232页。

小篆

　　袴,古代中原华夏民族上衣下裳,不穿裤子,所以"裤"这个字很晚才出现,不见于《说文》。为了弥补裙裳的缺陷,保护小腿,也为了方便如厕,古人设计了"绔"这种服装,绔也写作"袴",《说文·糸部》:"绔,胫衣也。"段玉裁注曰:"今所谓套裤也。左右各一,分衣两胫。"胫今人俗称小腿,胫衣就是套在小腿上的两条裤管,裤管的两侧各有一根带子,穿的时候系在腰带上。成语"纨绔子弟"源自《汉书·叙传》"……绮(qǐ)襦(rú)纨绔之间"一语,指的是那些身着细绢裤子而又游手好闲的富家子弟,不过这已是汉代以后的事,他们穿的已经是有裆有腰真正的裤子了。

　　中原人上衣下裳内绔,合乎周礼但却不利于兵器的使用。公元前4世纪,地处西北的赵国有个国君赵武灵王,他发现毗邻的东胡、楼烦等少数民族不仅擅长骑马、射箭,而且身穿短衣、长裤、腰间束带,行动起来健步如飞……为了加强与其他诸侯国抗衡的军事实力,增强国力,赵武灵王采胡人之长,实行了以"遂胡服,招骑射"为核心的军事改革,所谓"遂胡服"就是废除汉人的上衣下裳,改穿东胡人、楼烦人的短衣、长裤,将传统的套裤改成前后有裆,裤裆与裤管连成一体的裤子,这样做不仅可以减少骑马时大腿和臀部肌肉的摩擦,还可以免去着裳的繁琐与拖沓。赵武灵王的改革成功了,赵国强大了,汉人也开始了穿裤子的历史。

3·36 求

甲骨　金文　春秋战国　小篆

《说文·裘部》:"裘,皮衣也。……求,古文省衣。"古文字形象毳(cuì)毛在外、皮革在里,是"毛皮衣服"的意思,后"求"借作动词表寻求义,表本义时加"衣"写作"裘",就是今天所说"裘皮大衣"的"裘"。

汉代刘向的《新序》记载了这样一件事情:魏国的国君魏文侯外出时,见一路人反穿皮衣背着柴草,他觉得奇怪,就上前问其原委,路人说是因为舍不得皮衣上的毛。魏文侯说:"你难道不知道一旦皮子磨坏了,毛就没有地方可以附着了吗?"后人就用成语"反裘负刍"来比喻这种本末不分的愚蠢做法。

金文　春秋战国　小篆

表,《说文·衣部》:"表,上衣也。从衣从毛。古者衣裘以毛为表。"段玉裁注:"上衣者,衣之在外者也。"所以表的最初意思是有毛的皮外衣。从外衣引申出"外面"的意思,如"外表"、"由表及里"。有时也专指人的容貌,如"仪表堂堂"。中国古代社会以男性为中心,同一父系家族的成员(除了已出嫁的女儿)都是"本家",而父亲的姐妹或母亲的兄弟姐妹所生的子女都是外亲,所以叫"表亲",如表哥、表姐、表弟、表妹、表叔、表姑、表舅、表姨,等等。

3·37

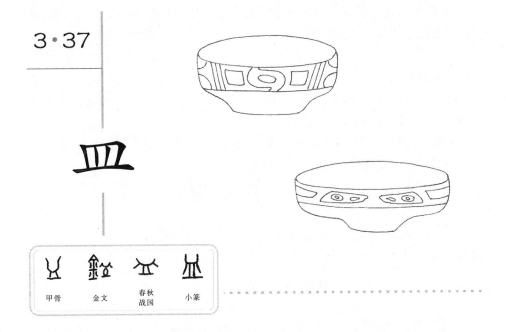

| 甲骨 | 金文 | 春秋战国 | 小篆 |

古文字形象有底座的盆、碗,是食具的通称。字形用作偏旁,多在字下,表示各种器皿和与之相关的事物,例如:

| 甲骨 | 春秋战国 | 小篆 |

血,古人祭祀时,常把牲畜的血放在器皿中以供奉神灵,所以古文字形用盛满的器皿表示血液。

| 甲骨 | 金文 | 春秋战国 | 小篆 |

益,古文字形象水溢出器皿之外,是"溢"的意思。字形后来又当"增益"讲,如"延年益寿"等;于是又加"氵"作"溢",表示字的本义。

| 甲骨 | 金文 | 春秋战国 | 小篆 |

监,一人睁大眼睛,俯身向下;下面是盛水的器皿,古文字形象人在盛水的器皿中照脸,就是"照镜子"的意思。繁体作"監"。

到了商代,开始铸铜为镜,字形就改"皿"为"金"写作"鉴",或加"钅"写作"鑑",后来又出现了读音相近的"镜"。用玻璃水银做镜子则是很久以后的事了,大约在清代才逐渐取代了铜镜。但"鉴"、"鑑"或"镜"字都还保留着"金"或"钅",似乎在述说着镜子往昔的历史。

人需要借镜子反观自己的形象,更需要时常反省自身的行为,《尚书·酒诰》:"人无于水监,当于民监",这句话成了中国历代统治者的座右铭,其中第一个"监"用"以水为镜"的本义,第二个"监"则用引申义,是"借鉴"的意思。《贞观政要》记载了唐太宗李世民的一段名言:"夫以铜为镜,可以正衣冠;以古为镜,可以知兴替;以人为镜,可以明得失。"李世民引领着大唐王朝走向贞观之治,这三面"镜子"功不可没。

"监"在现代汉语中的常见读音为jiān,表示"从旁查看"等义,也是由上述的本义引申、分化而来的。

甲骨　金文　小篆

盥,音guàn。在盛水的器皿里洗双手,古文字形是洗手的意思。现在,许多地方的卫生间又叫"盥洗室",字面意思是可以洗手的地方。

金文　小篆

簋,音guǐ。北京的东直门内有条街,街上餐馆林立,生意红火,人称饮食一条街,这就是著名的簋街。那么,这簋街的"簋"是什么意思呢?

簋是古人盛放黍、稷、稻、粱等粮食作物的食器,其作用很像今天的碗。但查遍甲骨文字形,却不见"簋"的踪影。"簋"最早见于金文,字形象手拿勺子从豆中取物。事实上,簋始见于西周时期,流行至战国末年。殷商时代没有簋,也就难怪甲文字形中没有这个字了。《诗经·秦风·权舆》有"於(wū),我乎!每食四簋,今也每食不饱"①的诗句,其中的"簋"正是贵族吃饭用的餐具。簋的形状多为圆形或椭圆形,两边多有耳,三足或四足。贵族用的簋多由青铜制成,出土文物中也有陶制的。从小篆字形来看,"簋"字从竹,表明簋也曾用竹子制成;从皀(bì),象盛有食物的容器,现写作"艮";从皿,象器具,竹、皀(艮)、皿三者共同构成了表示食器的会意字。所以,无论其最初来源如何,今天把宾客盈门的饮食一条街称作簋街是再合适不过的了。

> ① 程俊英译文:"唉,我呀!从前每餐四碗打底,如今每餐饿着肚皮。"《权舆》是"一首没落贵族回想当年生活而自伤的诗",故有此诗句。《诗经译注》第234页。

甲骨　金文　春秋战国　小篆

尽,手持洁具洗涤器皿,古文字形表示空。用完了器中所盛之物,由此有了"终极"的意思,如成语"山穷水尽"中,"穷"、"尽"相对,都是"尽头"之义。"尽善尽美"的"尽"是达到极端的意思。字形繁体用"盡",简化字将草书楷化作"尽"。

浴,古文字形象一人在盘中洗浴,是"洗澡"的意思。古代汉语中,"浴"仅指洗身体,洗发为"沐"。后世"沐浴"连用,泛指洗澡。

沬,音 huì。字形象一人跪在盛水器皿前洗脸,古文字形是"捧水洗脸"的意思,《说文·水部》:"沬,洒面也……古文沬从页。"《汉书·律历志下》引《尚书·顾命》云:"王乃洮(táo)沬水。"颜师古注曰:"洮,盥手也,沬,洗面也。"沬又音 mèi,古地名,所以写作"沬"是后起的形声字。

"沬"的字形很容易和另一个相混淆,这就是泡沫的"沫"。"沫"是形声字,读作 mò。成语"相濡以沫"出自《庄子·大宗师》,意思是说当泉水干涸的时候,没有及时离开的鱼儿为了生存,只得用自己的唾沫相互浸润。后来常用"相濡以沫"来形容患难之时以自己微薄的力量互相救助的感人情景。

鲁,鱼是古代重大祭典中不可缺少的祭品,"鲁"的古文字形象把鱼放在器皿之中,是准备用来祭祀的。鲁用作国名,初为周公长子伯禽的封地,周公制礼作乐,故鲁为礼仪之邦。现在的山东省泰山以南是春秋战国时的鲁国故地,秦汉以后称为鲁,后来成为山东省的简称。

除作专名外,鲁在汉语中的基本义是愚钝、莽撞,即"鲁莽"、"粗鲁"的"鲁"。《论语·先进》:"柴(高柴)也愚,参(曾参)也鲁……"可见"鲁"的"愚钝"义由来已久,至于它造字时字形所显示的意义在传世文献中都没有见到过。

盗,"欠"象一个人张着大嘴;"氵"原作"氵",象口水直流(参见"涎"字的说解);"皿"象别人家盛着美味的盘子。看着别人盘子里的美味而垂涎,并把它据为己有,这就是"盗",它的本义是"偷",动词。现代汉语中,偷、盗同义,可连用,但"偷"更口语化,如偷车、偷钱、偷东西等;"盗"常用于书面语,且多出现在复合词中,如盗窃行为、盗墓贼、盗版等。盗又可作名词性语素,多表示用暴力抢夺别人财物的人,如"强盗"、"海盗"。

3·38 共

古文字形象双手摆设器皿,是"供奉"、"供给"的意思,如《左传·僖公三十年》:"行李之往来,共其乏困。"这个意义上的字形后来加"亻"写作"供",摆设物品时双手会形成一个环形,由此引申出"环绕"的意思,如《论语·为政》:"为政以德,譬如北辰居其所而众星共之。"意思是说,以高尚的道德来治理国家,老百姓就会像群星环绕在北极星周围那样来拥护你。这个意义的"共"后来又加"扌"写作"拱"。

共在古代汉语的常用义是"共同具有",例如,苏东坡《水调歌头》:"但愿人长久,千里共婵娟。"现代"共"所具有的"一起"、"共同"、"相同"等义都是从此义发展而来的。

3·39 兴

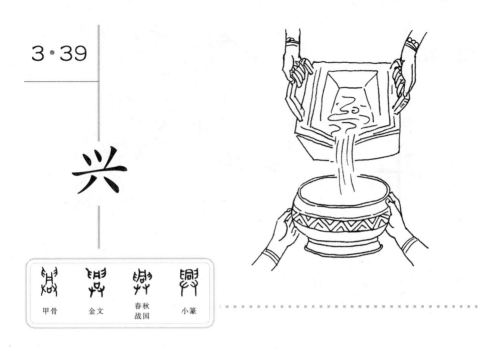

甲骨　金文　春秋战国　小篆

　　古文象两人四手一起举起重物的样子，常表示"起"或"起来"，《诗经·卫风·氓》："夙兴夜寐，靡有朝矣。"寥寥几笔便勾画出女主人公早起晚睡、没日没夜的操劳与辛苦。繁体作"興"。

　　关于"兴"的古文字形，也有学者推测它可能缘起于古代青铜铸造的劳动场面。在生产力水平低下的时代，我们的祖先是怎么铸造出精美的青铜器物来的呢？现代考古学家、科学家们曾经根据古人的描述和地下出土的实物进行了青铜工艺的复原研究和试铸，并取得了一些成果，但是，正如外国学者所说："即使把美国和欧洲第一流的技师集合起来，并使用现代的科学技术，也不能做得比殷商青铜器更好。"① 青铜铸造从夏代的萌芽，到商周时期的鼎盛，经历了两千年的漫长过程。也许有一天，电脑可以再现出"兴"的过程，但两千年间无数人脑的智慧与结晶，恐怕是现代技术难以复制出来的。

　　据《世说新语·任诞》记载：东晋王子猷(yóu)雪夜饮酒，忽然想起了好友戴安道，于是连夜乘小舟前往造访，经过一夜的奔波，才到达戴安道的门前，然而他却又不入而返。别人问他为何如此，他回答说："吾本乘兴而行，兴尽而返，何必见戴？"这里的"兴"是"兴致"、"情趣"的意思，也是由"起来"义引申而来的，表示兴起、激起的情趣，读作 xìng。

> ① R.J.Gettens：*The Freer Chinese Bronzes*, Vol, Ⅱ, P.30, 1969, 转引自华觉明《中国古代青铜冶铸术和早期铸铁术》，载《亚洲文明论丛》，四川人民出版社，1986年。

3·40

斗

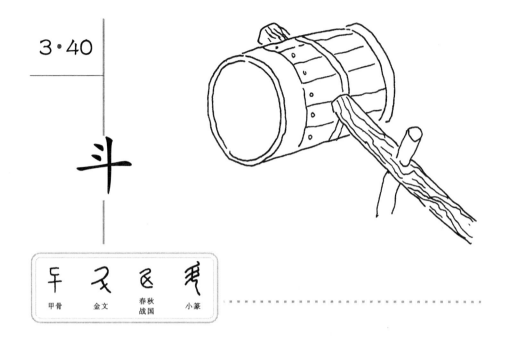

甲骨　金文　春秋战国　小篆

古文字形象长柄的容器,可用来舀水盛酒。后世用作量具,所以"斗"又成为容量单位,十升为一斗,十斗为一石(dàn)。晋代文学家谢灵运十分仰慕曹植(子建)的才学,曾说:"天下才共有一石,子建独得八斗,我得一斗,自古及今同用一斗。"后人因此用"才高八斗"来形容人极富才华。又,俗语说:"人不可貌相,海水不可斗量。"以海水不能用斗衡量来比喻不要以貌取人。

古人仰望天空,发现有七颗明亮的星星分布很像斗的形状,《诗经·小雅·大东》:"维北有斗,不可以挹(yì)酒浆。"① 北方的夜空上,有一个硕大的斗却无法用来舀酒,这就是中国民间所说的北斗七星,属现代天文学所称之大熊座。

① 程俊英译文:"斗星高照在天上,不能用它舀酒浆。"《诗经译注》第410页。

甲骨　金文　春秋战国　小篆

升,也是一种长柄的量器,是斗的十分之一。古文字形用在斗上加标记符号"一"的方法表示这种与斗同类而又有区别的器具。

字形后假借作"高升"的意思,此义后作"陞";加"日"写作"昇"专表太阳升起,简化字均复作升。唐代张九龄诗"海上升明月,天涯共此时"中的"升"用的就是假借义。

3·41

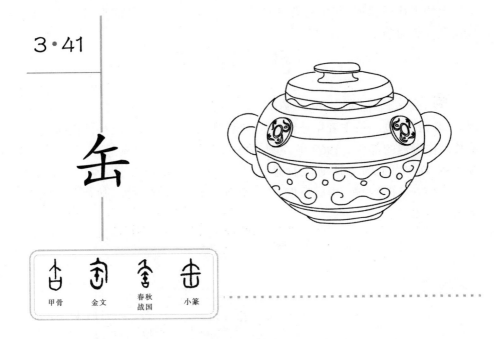

缶

| 甲骨 | 金文 | 春秋战国 | 小篆 |

古文字形象汲水或盛酒的容器,《说文·缶部》:"缶,瓦器,所以盛酒浆。"字形又作"瓿"。不过,古代的缶有很多种,不限于瓦器,如青铜缶、石缶、陶缶等。

《史记·廉颇蔺相如列传》记载,赵王与秦王渑池相会,饮酒正酣之际,秦王突然对赵王说:"我私下里听说赵王您喜爱音乐,请您弹瑟吧。"赵王于是便弹奏了一首。一曲终了,秦国的史官立即走上前来,做了如下记录:"某年某月某日,秦王与赵王盟会,令赵王弹瑟。"相如听闻此言,即刻上前说道:"赵王曾经听说秦王擅长演奏秦国的民乐,现在我为您捧上瓦缶,请您也表演一下,以示同乐。"秦王面露愠色,不肯演奏。相如上前跪请秦王,秦王仍然不肯演奏。相如直言:"大王如若再不演奏,臣将在五步之内,用自己的颈血染红大王之身。"言下之意,要和秦王拼命。秦王左右见状欲举刀杀相如,相如怒目圆睁,大喝一声,吓退了秦王手下之人。无奈之中,秦王只得很不高兴地敲了一下瓦缶。缶声刚落,相如立即招赵国的史官做了如下记录:"某年某月某日,秦王为赵王击缶。"这段故事中的"缶"显然不是普通的瓦盆,而是一种打击乐器。所以许慎《说文》对缶的说解还有这样一句:"秦人鼓之以节歌。"但似乎从秦王为赵王敲击之后,缶就在人们的视线中消失了,后人对缶只闻其名,不见其形,不闻其声,以至于有人甚至怀疑是否真的有过这种乐器。2004年,江苏无锡鸿山出土了一座两千多年前的越国贵族墓,出土了一个巨大的古代乐器库,其中就有三只精美的青瓷三足缶,缶的真面目终于呈现在今人的面前了。

陶,金文初作"匋",从勹(人)从缶,是人制作陶器的意思。《说文·缶部》:"匋,瓦器也……古者昆吾作匋。"许慎所说的昆吾很可能是夏代的一个擅长制作陶器的部落。1962年,考古学家在江西万年仙人洞遗址,发现了距今约9000年以上的陶器残片,这是我国境内发现的迄今为止最早的陶器。

《说文·阜部》:"陶,再成丘也。"指两重的山丘,后借作陶器的"陶","匋"反而不通用了。

3·42

壶

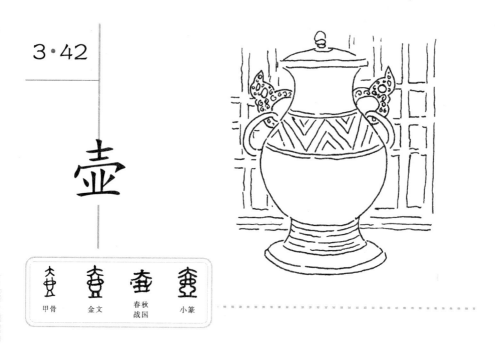

古文字形上象壶盖,中间象葫芦形的容器,两边有耳。相传古人模仿葫芦的样子做出了壶,所以它的形状也是肚大、口小、脖子细。后来,为了便于使用,人们又给壶上加了盖子、提梁,商代的人常用壶盛酒,后人又用壶盛茶,因有酒壶、茶壶之别。壶又指一种葫芦类的植物,如《诗经·豳风·七月》:"七月食瓜,八月断壶。"① 繁体作"壺"。

① 程俊英译文:"七月采瓜食瓜瓤,八月葫芦吃个光。"《诗经译注》第268页。

3·43 杵

小篆

古文字形象舂米去壳的棒槌,本作"午"。早期的杵是石质的,后来又有了木制的,《易·系辞下》:"断木为杵",所以就在原有的字形上加"木"写作"杵"。随着冶铁、铸铁的发展,又出现了铁做的杵。相传大诗人李白少年时读书没有恒心,常跑到外面去闲逛。一天,他路遇一位老太太在磨铁杵,问其缘故,老太太回答说在做针。李白听了,十分感慨,只要功夫深,铁杵也可以磨成针,于是就发愤读书,终于登上了诗歌艺术的高峰,这就是成语"铁杵成针"的故事。

3·44

臼

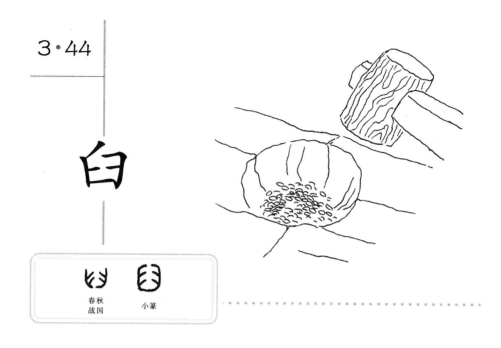

臼	臼
春秋战国	小篆

古文字形用器中有米来表示"臼"的意思。《易·系辞下》："断木为杵，掘地为臼，臼杵之利，万民以济。"进入农耕时代以后，人类食用谷物，但将谷物脱皮、碾碎着实不易。传说远古的圣人伏羲氏第一个在地上挖出了一个坑，并让人们用杵棒在里面舂米、舂粟，这个方法非常便利，于是人人争相仿效。这种坑就是臼，随着生产水平的提高，又出现了石臼、木臼等等。

除了加工粮食外，用来剥蒜皮的也是一种类似臼的器皿——捣蒜罐，也叫"蒜臼"。

舂	舂	舂
甲骨	金文	小篆

舂，音 chōng。"舂"的古文字形是一人站在臼旁双手拿着杵棒捣粟的形象，是用杵去除谷壳的意思。从出土文物看，中国人掌握舂米的技术已经有四千多年的历史了。时至今日，在一些边远乡村仍保留着这种古老的生产方式。

稻	稻
金文	小篆

稻，古文字形象用手（爪）从臼中取禾，林义光《文源》认为稻"象获稻在臼中将舂之形。"字形也可省"禾"作"舀"。20世纪80年代，考古学家在湖南

澧县的彭头山遗址中发现了距今9000年的水稻遗存,它不仅是中国,同时也是世界上稻作农业的最早证据。

秦,古文字形上象双手拿着杵,下象禾苗,是举手舂米的样子。隶变时写作"秦"。字的本义在文献上不见使用。

秦是古代西北的一个部落,春秋时期,占据了今天陕西省中部和甘肃省东南部。周平王东迁后,封秦君为诸侯。后秦孝公任用商鞅变法,秦国逐渐强大起来,位列战国七雄。在诸侯争霸中,秦王嬴政先后灭掉了其他六国,于公元前221年自称始皇帝,国号"秦"。直到两汉魏晋时代,周边的部族和国家还称中国人为"秦人"。英语称中国为China,从语源上说,也是由秦的字音演变而来的。今天我们还称陕西为"秦",称流传于陕西、甘肃等地区的戏曲为"秦腔",称位于陕西南部的山脉为"秦岭",称秦岭以北的平原地带为"秦川",等等。

3·45

陷

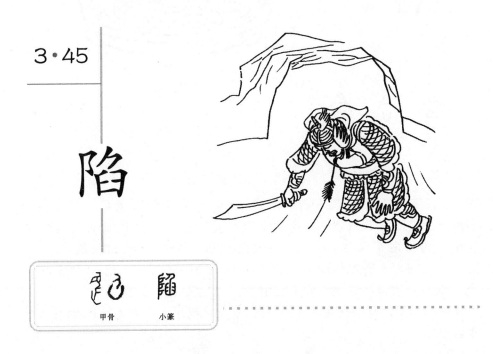

古文的"臽(xiàn)"有多种写法,象人或牛、鹿等动物掉入陷阱之中,《说文·臼部》云:"臽,小阱也。从人在臼上。"臽的本义是小坑的意思。字体后来加"阝(阜)"作"陷",是为了突出从高至低之义,因为"阜"就是土山的意思。古代先民打猎,往往先在野兽经常出没的地方挖好深坑,并在上面覆盖各种伪装,动物经过,就会掉入陷阱。这种方法对捕获凶猛而体大的动物尤其适用。后来挖设陷阱的方法被用于战争,所以又产生了人掉到陷阱里的字形。因为是掉入陷阱,"臽"还有"在里面"的意思,所以用面皮儿包起来的肉菜等食品(用"饣"表示)叫"馅儿"。

3·46 合

古文字形象容器与盖相合的样子,是"相合"、"闭合"的意思。由相合又引出"匹配"义,所以祝贺婚姻美满时常说"天作之合"。后由"聚合"、"会合"义引申为指两军交战,如《左传·成公二年》:"自始合,而矢贯余手及肘……。"进而发展为表示交战次数的量词,如《史记·项羽本纪》:"楚挑战三合。"近代小说描述交战场面时使用的"回合"也是这个意思。

佛门弟子以及信徒在拜佛的时候,常常将两手十指合拢行礼,称作"双手合十"。

会,上象盖子,下象器具,中间有谷物堆积,古文字形表示"会合"、"聚合"的意思,如《论语·颜渊》"君子以文会友,以友辅仁"、曹丕诗《燕歌行》"别日何易会日难,山川悠远路漫漫"。繁体作"會"。

　　会意是汉字的造字方法,是"六书"之一,意思是结合字的各部分的意义来体现其整体意义,例如人(亻)靠大树(木)为"休",表示"休息"的意思,等等。

3·47 食

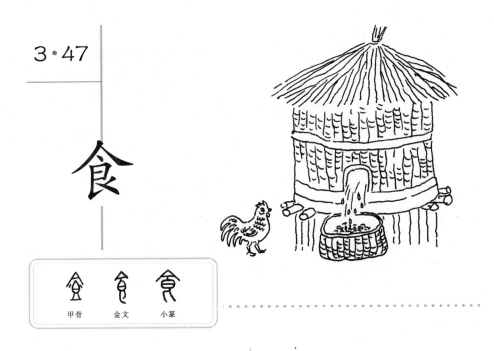

甲骨　金文　小篆

　　上象盖子,下面象盛放黍、稷、稻、麦等主食的容器。用作名词时,"食"最初主要指主食,后来才泛指一切食物,如《左传·庄公十年》:"衣食所安,弗敢专也,必以分人。"后用作动词,是"吃"的意思,如《诗经·魏风·硕鼠》:"硕鼠硕鼠,无食我黍。"①食也可用作偏旁,多与食物或吃有关,常写在字的左边,简化作"饣",如饭、馆、饼、馒、饺、馄饨等;也可写在字的下边,如餐、饕(tāo)餮(tiè)等。

① 程俊英译文:"大老鼠呀大老鼠,不要吃我种的黍!"《诗经译注》第194页。

　　日食、月食是宇宙间的自然现象,也作"日蚀"、"月蚀",原本与人的饮食生活无关。当太阳、月亮一点一点地出现缺损的时候,古人并不明白其中的道理,他们天真地认为是天上的怪兽吞食了太阳和月亮,就像人吃饼或蚕食桑叶一样,所以称之为"日食"、"月食",如《论语·子张》云:"君子之过,如日月之食焉;过也,人皆见之;更也,人皆仰之。"又比如《礼记·昏义》云:"日食则天子素服……月食则后素服……。"后来,为了区别,又在"食"旁加"虫"字写作"蝕",简化作"蚀",写作"日蚀"或"月蚀",如《史记·天官书》:"春秋二百四十二年之间,日蚀三十六。"唐代卢仝《月蚀诗》云:"或问玉川子,孔子修《春秋》,二百四十年,月蚀尽不收。……玉川子笑答,或请听逗留。孔子父母鲁,讳鲁不讳周。书外书大恶,故月蚀不见收。"

古文字形中,还有这样两个字和"食"有关:

| 甲骨 | 金文 | 春秋战国 | 小篆 |

即,一个人坐在盛有食物的器具旁,古文字形是"就餐"的意思。由此引申,便有了"就"、"靠近"的意思,如成语"若即若离"、"可望而不可即"等。封建社会的皇帝登基又称即位,这里的"即"是"到"的意思,也是从本义引申而来的。

| 甲骨 | 金文 | 春秋战国 | 小篆 |

既,左边是食具,右边的人吃饱后把头掉了过去,古文字形表示吃完了,是"已经"的意思,"既成事实"、"既往不咎"、"一言既出,驷马难追"等词语用的是它的本义。

3·48

| 甲骨 | 金文 | 春秋战国 | 小篆 |

古文字形象中间摆放着盛满食物的餐具,两旁二人相对而坐,本义是乡人共同饮食,即举行乡人酒会的意思,写作"鄉",读作 xiǎng,字形后加"食"作"饗",简化作"飨"。此字后发展为以酒食招待客人义,并泛指请人享用,如"飨客"、"以飨读者"等。鄉又读作 xiāng,简化字取其左边的形符写作"乡"。周代制度,"乡"是基层组织单位,每一乡包括一万二千五百户人家。杨宽《古史新探》认为,"乡"用于此意是从指那些共同饮食的氏族部落发展而来。唐宋以后,乡成为县以下的行政区划,并沿用至今。

从周代开始,民间有一个古老的习俗"乡饮酒礼",这是一种在乡学中举行酒会的礼仪。秦汉以后,乡饮酒礼曾长期沿袭,直到清道光二十三年(1843年),清政府为了把经费充作军饷,才下令废止了这种有三千多年历史的礼仪。乡礼虽然废止了,但由古老文明维系的乡情、亲情却浓缩在华夏子孙的血脉之中,永难割舍。离乡而去的儿女内心常会涌起一种难以名状的惆怅,这就是"乡愁"。上个世纪 70 年代,客居台湾的学者余光中先生为排遣胸中积聚已久的思念家乡的情感,挥笔写就了一首堪称绝唱的《乡愁》诗:

小时候
乡愁是一枚小小的邮票
我在这头
母亲在那头

长大后
乡愁是一张窄窄的船票
我在这头
新娘在那头
后来啊
乡愁是一方矮矮的坟墓
我在外头
母亲在里头
而现在
乡愁是一湾浅浅的海峡
我在这头
大陆在那头①

① 余光中《乡愁》,《余光中集》第二卷第280页,百花文艺出版社,2004年。

3·49

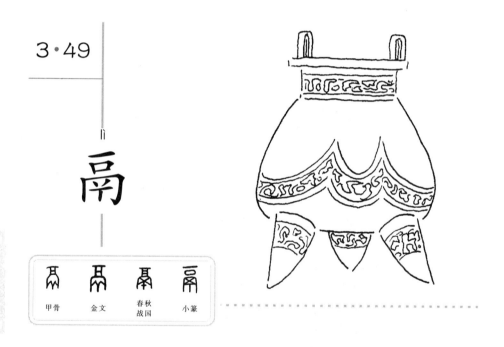

鬲

| 甲骨 | 金文 | 春秋战国 | 小篆 |

古文字形表示一种古代烹调器具,可以蒸、煮食物。《说文·鬲部》:"鬲,鼎属……象腹交文,三足。"鬲的形状大腹,三足,与鼎相似,但不同的是,鬲的三足都是空的,可以灌入水,与火的接触面大,容易受热。两者的功用也不相同,鼎可作礼器,用于比较正式、隆重的场合,鬲则是生活用品,只作炊具。

据推测,鬲最早起源于四千多年前,但是到了约公元前4世纪,却不知何故消失了。不过,作为古人生活的日常用品,鬲在汉字中保留了它的身影,例如:

| 甲骨 | 金文 | 春秋战国 | 小篆 |

融,古文字形象热气从炊具上冒出。《说文·鬲部》:"融,炊气上升也。"小篆以"鬲"为义符,将"蟲"省写作"虫"而为声符,所以作"融"。现代汉语中,冰雪受热变成水,是为"融化",其中的"融"是从造字时代的意义引申而来的。

| 甲骨 | 金文 | 春秋战国 | 小篆 |

献,古文字形合犬、鬲会意,还有的字形合虎、鬲会意,虎在鬲上,金文又在一旁加犬,是向祖先神灵敬奉牺牲的意思。

古代,贡、献有别。贡字从贝,故与财物有关,唐代陆德明在《经典释文》中说:"下之所纳于上",所以"贡"的意思是进献,对象是君主,所"贡"者多为上等物品;"献"的意思是供献祭品,对象是神灵或祖先。后"献"泛指郑重地奉送给尊敬的人,所献者有技艺、计谋、意见甚至身心等,如《国语·周语上》:"故天子听政,使公卿至于列士献诗。"《史记·季布栾布列传》:"将军能听臣,臣敢献计。"保留在现代汉语中,有"献计献策"、"献身"、"献艺"等用法。现在贡、献连用,表示拿出自己的财物、力量,使之服务于国家或公众。

3·50 东

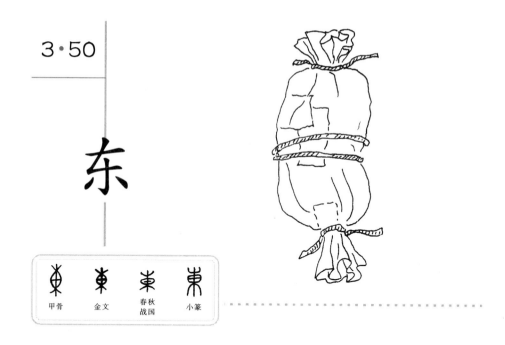

| 甲骨 | 金文 | 春秋战国 | 小篆 |

《说文·东部》:"东……从日在木中。"意思是借太阳升起、但尚未高过树梢的情景来表示日出的方向。甲骨文出土之后,许慎的观点受到了怀疑。古文字学家徐中舒、丁山两位先生认为,这个字形象用绳子将两端捆紧的口袋,是"橐(tuó)"的初文,是"盛东西的口袋"的意思。后假借"东"为日出的方向。繁体作"東"。

古时主人位居于东,宾客位居于西,所以称主人为"东"。据《左传·僖公三十年》记载:"若舍郑以为东道主,行李之往来,共其乏困,君亦无所害。"这段文字记述的是一段往事:晋国和秦国的军队联合攻打郑国,危难之际,郑国派烛之武面见秦穆公。他对穆公说:"如果秦解除了对郑国的围困,让郑国做秦国通往东方路上的主人,供应秦国使臣往来的食宿,对您也是有利的。"秦国接受了他的意见,与郑国结了盟。从此以后,东道主就成了主人的代称,请人吃饭也可称作"做东"。

3·51

录

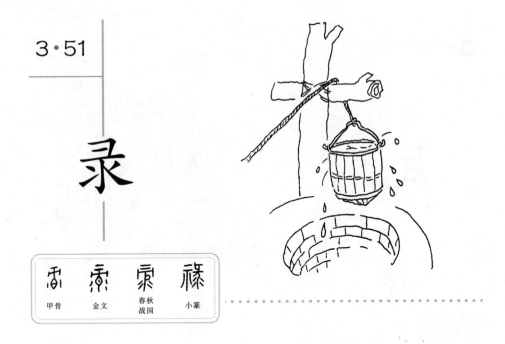

| 甲骨 | 金文 | 春秋战国 | 小篆 |

古文字形上象支架,中间象汲水的容器,下面的小点儿象滴落下来的水滴,是"辘"的初文,后来加"车"写作"辘",是"辘轳"的意思。字形后假借为"记载"、"抄写"之意。古人曾将有关祭祀、征伐、天气、农耕的重大事件铭刻于青铜器之上,所以字形加"金"写作"錄",简化作"录"。后来录的含义从"记载"、"抄写"又引申为记载言行或事物的本子和书籍,如语录、回忆录、备忘录、讲演录等等。

3·52

瓦

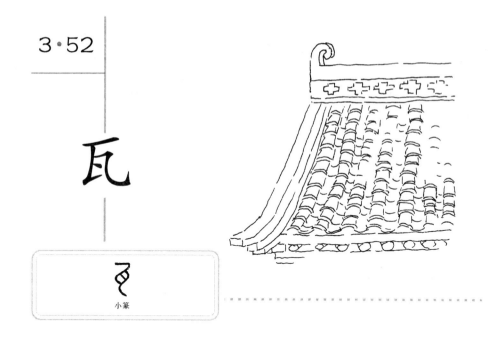

小篆

《说文·瓦部》:"瓦,土器已烧之总名。"这里的瓦指的是各种烧制的陶器。古时贵族家的男孩儿出生后,大人会给他璋玉把玩,生男因此称为"弄璋之喜";女孩儿出生后,大人给她陶制的纺锤玩,纺锤被称为"瓦",生女就称为"弄瓦之喜"。玉贵瓦贱,这种说法明显地反映了男尊女卑的观念。又据晋书记载,容貌丑陋的张孟阳曾和英俊潇洒的潘岳在洛阳市结伴乘车游玩,吸引了无数洛阳女子的眼球,于是她们纷纷将各种果品扔向潘岳,而将瓦块投向了张孟阳。投掷瓦块的举动从反面映射出古代"粉丝"、"玉米"之类对待偶像的别样疯狂。

但甲骨、金文中都没有这个字,小篆字形象房屋上的瓦片,由于瓦片是互相咬合的,所以字的上下有槽。明末清初的学者张自烈在《正字通》上说:"瓦,以覆屋蔽风雨,四周皆方,中稍隆起,似龟壳。"考古学家的发现证明,中国人用瓦建造房屋始于战国时代,它的出现改变了以往用茅草覆盖屋顶,既不防雨又不防火,需要不断修葺的状况,提高了房屋的建筑质量,是建筑史上的一大创举。

3·53

斤

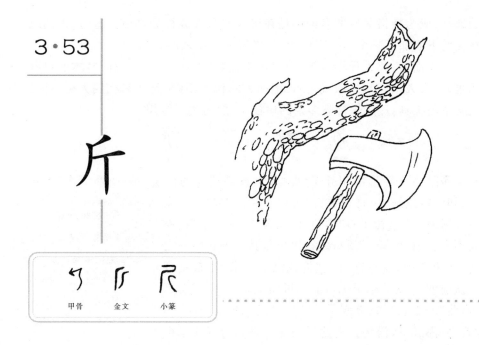

甲骨　金文　小篆

古文"斤"象一把短斧。斤的一个常用义是重量单位,旧制一斤等于16两,用"半斤八两"来比喻彼此一样、不相上下,就反映了这种制度;今市制改一斤为十两,500克。不过在一些成语典故中,斤仍然保持了其造字的本义。《庄子·徐无鬼》:"郢(yǐng)人垩(è)漫其鼻端,若蝇翼,使匠石斫(zhuó)之。匠石运斤成风,听而斫之,尽垩而鼻不伤,郢人立不失容。"楚人粉刷墙壁时,一块大白掉在他的鼻子尖上,这块大白薄得有如苍蝇的翅膀,于是他便请来一位名叫石的木匠为自己清除这块大白。木匠看了看楚人的鼻尖,便抡起手中的斤,带着一阵风就将大白削得一干二净,而丝毫未伤楚人的鼻尖,楚人也面不改色。后人于是就用"运斤成风"来形容人的手法纯熟。

用作形符,斤仍然保留着它的原始构字理据,例如:

甲骨　金文　春秋战国　小篆

父,古文字形象手拿石斧的样子,是斧子的"斧"。从出土的实物来看,远古时期的石斧都没有柄,因为"史前考古学很确凿地证明,斧柄对原始人来说是一个相当复杂而又困难的发明"①。斧头之所以假借为父亲的父是因为人类社会曾经经历过只知其母、未知其父的年代,那时,手拿石斧辛苦劳作的成年男子都可以是"父",换言之,父最初是成年男子

① 普列汉诺夫:《论艺术》第159页,三联书店,1964年。

的通称,成为特指父亲的名词则是在进入父系氏族社会之后。这时,人们就在父的下面加了一个"斤"写作"斧",来表示它原来的意思。

相比而言,斧大斤小,《孟子·梁惠王上》:"斧斤以时入山林,林木不可胜用也。"古人用斧和斤砍伐树木,但两者的作用不同:斧用来砍倒大树,是樵夫必备的工具;斤用来修整多余的树杈,一般为木匠专用。

甲骨　金文　春秋战国　小篆

折,古文字形象用斧子(即"斤")砍断树枝的样子,是"折断草木"的意思,如《诗经·郑风·将仲子》:"将仲子兮,无逾我墙,无折我树桑。"①《荀子·劝学》:"锲而舍之,朽木不折;锲而不舍,金石可镂。"所折之物也可是其它细长坚硬之物,如唐朝杜牧《赤壁》诗:"折戟沉沙铁未销,自将磨洗认前朝。"砍的结果也可能是折而不断,于是就有了"弯曲"的意思,如《淮南子·览冥》:"河九折至于海。"《晋书·隐逸·陶潜传》讲述了陶渊明不能为五斗米折腰事乡里小人的故事,"折腰"的本义是弯腰,后人用"不折腰"来说明人有气节,不屈服。

① 程俊英译文:"二哥请你听我讲,不要翻过我围墙,别伤墙边种的桑。"《诗经译注》第139页。

小篆

断,繁体作"斷"。字形象用斧斤将物体断为两截,所以断字从斤;字的左边是"绝"的古字,象用刀割丝,《说文·斤部》:"断,截也。"《易·系辞下》"断木为杵,掘地为臼",又如李白《宣城送刘副使入秦》诗:"无令长相随,折断杨柳枝",等等。

3·54 兵

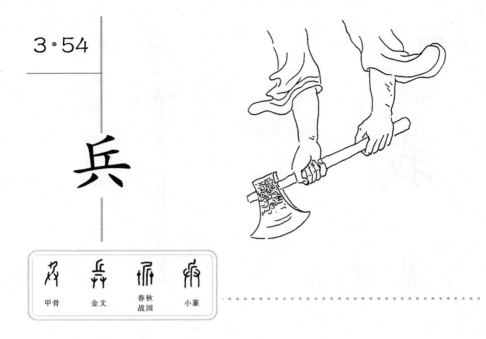

| 甲骨 | 金文 | 春秋战国 | 小篆 |

《说文·兵部》:"兵,械也。"是"兵器"的意思。上面象斤,下面象双手,古文字形象双手持短斧。短斧是一种工具,在现代人看来,樵夫手拿短斧,应该是为了砍柴。那么,"兵"为什么成了兵器呢?在远古时代,本无所谓工具和武器之分,遇到强敌时,伐木的斧斤就是武器。后来,斧斤逐渐被专用于杀敌的矛、戈、刀、剑所代替,但"兵"的字形中却保存了远古社会以斧作剑的实况。

"兵"既指兵器,也可以指代战争。著名的《孙子兵法》就是一部研究战略战术的著作。孙子在开篇中郑重地指出:"兵者,国之大事,死生之地,存亡之道,不可不察也。"《老子·道经》也说:"兵者不祥之器,非君子之器,不得已而用之。"以上两例中的"兵"都指战争。后来"兵"又从武器引申为手持武器的人,即士兵的"兵",这是它在现代汉语中最常用的意义。

3·55

我

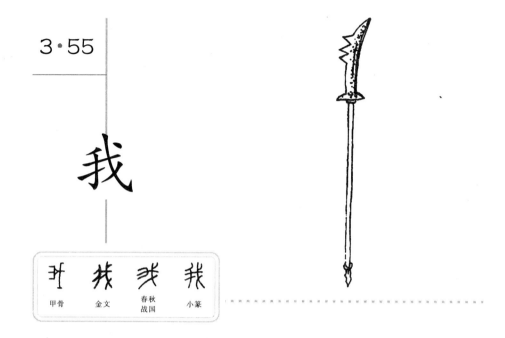

| 甲骨 | 金文 | 春秋战国 | 小篆 |

甲骨文中的"我"是象形字,象一种斧钺(yuè)类的兵器。由于个头硕大,曾经兴盛一时,但又很快在战场上受到了冷落,原因是比较笨重、不灵活。后来"我"被用作为仪仗或刑具。由于在多种场合显示出了凛凛威风,"我"渐渐成了权力的象征。1976年,河南安阳的殷墟妇好墓中出土了两个罕见的大型铜质斧钺,考古学家们经过研究发现,作为商王武丁文武双全的妻子,妇好生前拥有相当大的兵权,这两把铜质的斧钺就是她有权号令军队的证明。

在甲骨文中,"我"可当动词用,表示用"我"这种器具进行切割、宰杀,如"廿牛不我",就是"二十头牛不宰割"的意思[1]。同时,在甲骨文中"我"已用作代词,指第一人称多数,即"我们"或"我方"[2],而到了春秋战国时代,"我"指武器的本义就已经消失,成为第一人称专用代词(不再限于多数),所以《说文·我部》说:"我,施身自谓也。"

[1] 参见赵诚《甲骨文简明词典》第342页,中华书局,1988年。

[2] 同①,第306页。

3·56

刀

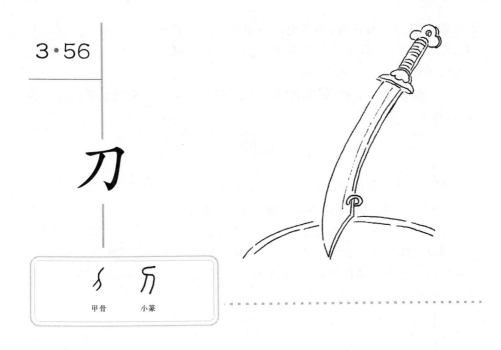

甲骨　小篆

古文字形象带把儿的刀。远古时期,生产、生活的工具也可用来作兵器,刀就是这样一种工具。

古代文献中刀还常和笔相提并论,如《史记·萧相国世家》:"萧相国何,于秦时为刀笔吏。"汉代的大将军萧何曾在秦朝的官府里任职,做过掌管文书的小官吏,人称"刀笔吏"。负责抄写的刀笔吏地位卑微,会被人看不起,武帝时的张汤是个靠刀笔起家的小吏,后因平叛有功而为武帝所赏识,位列公卿。张汤地位显赫而出身卑微,难免有人不服气,同朝的汲黯骂张汤:"天下谓刀笔吏不可以为公卿,果然,必汤也!"

与"笔"并称的刀在汉代也叫"书刀",刘熙《释名·释兵》:"书刀,给书简札,有所刊削之刀也。"书刀是汉代特有的一种整治简牍、删改文字的工具,钱存训曾对书刀的功用做过详尽的考证:"简牍由竹木剖析而成,整枝的竹竿或大块的木板,必须剖析为一定宽仄的狭条。根据书写的需要,再切断为一定长短的简牍。简面加以刮治,然后才能用笔墨书写,编成书册。书写之后,如有错误,加以删改,必须削除简面,以便重写。旧简再用,也要削去已经书写的旧面,取得新的简面,然后才能书写。因此书刀之用,乃是纸未普遍应用以前,古人削治和删改简牍时,必备的文房用具之一。"① 随着造纸术的改进,纸逐渐取代

① 钱存训《中国古代书籍纸墨印刷术》第44页,北京图书馆出版社,2002年修订版。

了简牍而成为书写材料,书刀也渐渐退出了历史舞台,以至于唐代以后,人们已经不知书刀、不辨刀笔,误将刀、笔合而为一,以为刀笔是一种笔。其实,书刀的用处就相当于现在的橡皮。

古人使用书刀整治、删改简牍,所以一些由"刀(刂)"构成的字都与简牍有关,例如:

删,写有文字的竹简或木牍编成的"册"上如果出现笔误,就得用书刀刮去重写,这就是"删"字的造字理据。不过,也许是用刀刮不太方便,古人写错了也会用水或者口水来加以涂抹,文字学家陈梦家就在甘肃武威出土的竹简上发现了这种痕迹①。删的基本义是"删除"、"删掉",是从字的本义引申而来的。

① 陈梦家《汉简缀述》第291页至第316页,中华书局,1980年版。

刊,简牍上的文字写错了就得用书刀削去,所以刊的本义是削除。字义后引申为删改、修订。成语"不刊之论"指的是那些不可改动的言论、论点,即不会被否定的权威性理论。宋代以后,刊指雕版印刷,现代排印出版沿用了宋代的说法,如"刊行"。引申指载有文章、图片等内容的出版物,如"刊物"、"创刊"或"停刊"。

削,削原本是一种短小轻便的刀具,可用来割削树木瓜果,也可用来削治简牍文字,《汉书·礼乐志》:"削则削,笔则笔。"颜师古注曰:"削者谓有所删去,以刀削简牍也。笔者谓有所增益,以笔就而书之。"

与"刀"有关的字还有:

刃,古文字形在"刀"的一撇上加了一点,突出了刀口所在的部位,是"刀刃"的意思。以"刃"为声符的形声字"忍",是"忍耐"、"忍受"的意思。老百姓对这个字还有一个通俗的理解:"心字头上一把刀",把锋利的刀刃悬在人的心头上,所以就只能忍受了。

分，"八"的原义是分开，所以"分"的意思是用刀将物品分成两半，古文字形是"分割"、"分开"的意思。

初，古文字形合"衣(衤)"、"刀"二字，表示开始裁制寒衣。古时生活水平低下，能够平安度过寒冬是很不容易的，所以古人十分重视寒衣的制作。做寒衣意味着冬天初至，所以有"最初"的意思。

3·57 契

甲骨文字形写作"丯"，右边作刀，左边象有划痕、刻痕的木片或竹片，《说文·丯部》："丯，巧丯也。"后加"大"作"契"，汉代刘熙《释名·释书契》："契，刻也。刻识其数也。"许慎和刘熙说解的角度虽然不同，但都认为木片上的划痕不是随意刻上去的。事实上，在竹木片上刻出数目、大小不等的齿口或划痕，用来记录相关事宜的数量或性质，是在未有文字之前的记事方法，学者们称之为木刻记事，这就是古人所说的"契"。这种方法不仅中国有，外国也有；古代有，现代也有。不仅如此，许多地方在有文字之后，仍然用木刻的方法记事，例如，丹麦、瑞典以及英国北部的偏僻农村，直到中世纪还在一种方形木棒(Clog Almance)上刻上各种划痕和符号，用来记录一年的年历和重要的宗教节日；17世纪的英国政府甚至还用木刻记事的方式记录国库的贷款。在中国，直至上个世纪中期，云南等地的一些少数民族仍然使用着这种古老的记事方法，澜沧江畔的澜沧县有个南畔乡，那里的拉祜族人直到1957年还用木刻的方式记录家禽、家畜的账目。又如，有一个合作社的人在木片的侧面刻有四个缺口，一个缺口代表一千只鸡；又在木刻的正面刻了二十个缺口，每个缺口代表十只鸡，侧面、正面的缺口加起来表明他们的合作社当时共有4200只鸡。①也有的木刻实物显示出较为复杂的内容，上个世纪50年代初期，中央政府派到云南的慰问团曾经收到一件来自傈僳族的传信木刻，上面刻有四个符号："⫼"表示三位代表，"○"代表月亮，"×"表示相会，"⩕"代表大中小三位领导。这个木刻的意思是说："你们派来的三个代表已在月圆时分和我们见面了，送上三包土特产，请分呈大中小三位领导。"又比如身有足疾的景颇族山官杨某偷了别人的莽锣，并在现场留下了足迹。但杨某却死不承认，他说如果能找出他偷东西的证据来，他和他的兄弟五人都可以不当山官，并当场拿出一块木刻，上面刻有五个划痕，表示他所说的话。当别人指出了他特有的足迹之后，杨某无可奈何地承认了偷窃的事实，并用一块田地赎回了这根木刻。②类似的例子还有很多，木刻所记录的内容涉及人数、日期、账目、契约、债务、婚姻等诸多方面。木刻记事比结绳更为有效，它丰富了原始的记事方法与内容，并被使用它的群体奉为有效的凭证或信物，它所记录的内容为大家共同遵守，具有某种原始的

① 李家瑞《云南几个民族记事和表意的方法》，《文物》1962年第1期。
② 同上。

法律条文的意味，所以《易·系辞》上说："上古结绳而治，后世圣人易之以书契，百官以治，万民以察。"但需要特别指出的是，这些划痕和刻划符号只是用来帮助记忆的，不是文字，因为相同的刻符或齿口可以代表不同的内容，而离开当事人的讲解，谁也弄不明白它们的意思。

与原始木刻记事有关的还有这样两个字：

小篆

券，《说文·刀部》："券，契也。……券别之书，以刀判契其旁，故曰契券。"券是一种用于买卖或借贷的契据，今天的各种债券、票券都是纸制的，甚至还有电子形式的，跟刀没有关系。但是在古代，人们将记录数量或大事

小情的齿口或符号刻在竹片或木片上,并用刀将竹木片劈成两半,当事双方各执其一,以为凭据,这就是券字从刀的理据。《列子·说符》曾经记述了这样一则寓言:"宋人有游于道,得人遗契者,归而藏之,密数其齿,曰:'吾富可待矣。'"宋人捡到了别人丢失的券契,数了数上面的齿口,就以为自己能变得富有了。20世纪中期,木刻记事的方式还普遍存在于云南少数民族地区,例如,独龙族某男欲娶某女为妻,定亲仪式上,男女双方都带去了牲畜、肉、酒等礼物,男方更是用一块木片,将送出的礼品数目以大小、形状不同的齿口或锯齿详细记录下来。后女方未嫁身亡,男方拿出这根木刻与女方家人谈判,悉数讨回了上述物品。

① 汪宁生《从原始记事到文字发明》,《考古学报》1981年第1期。

符

小篆

符,《说文·竹部》:"符,信也。从竹付声。"付虽是声符,但其构形从人从寸,象用手将物品交给他人之形,故亦可表意。符最初也是一种凭证,据《史记·魏公子列传》记载:"(侯嬴曰)'嬴闻晋鄙之兵符常在王卧内,而如姬最幸,出入王卧内,力能窃之。……'公子从其计,请如姬。如姬果盗晋鄙兵符与公子。"后来,魏公子凭借兵符取代晋鄙率军击退了秦军,解了邯郸之围,这就是著名的窃符救赵的故事,让侯嬴与信陵君绞尽脑汁得来的是一种刻有铭文、铜制兽形的兵符。事实上,最初的符节多为木制或竹制,上有刻齿,一分为二,当事双方各执其一,以为凭信,铜制或玉制则是后来的事。符当作"符号"讲是引申义。

3·58 则

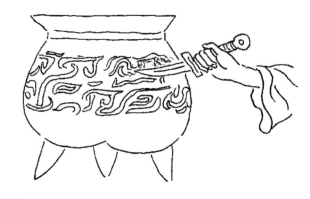

金文　春秋战国　小篆

1975年2月，陕西省岐山县董家村出土了一件堪称"青铜法典"的文物——㐅(yìng)匜(yí)，它高20.5厘米，腹宽17.5厘米，重3.85公斤，是西周晚期奴隶主贵族盥洗时浇水的用具。与普通匜器不同的是，㐅匜上有铭文157字，记载了一件诉讼案件："原告"牧牛为了五个奴隶状告他的上司㐅，从而触犯了当时的刑律，"审判长"伯扬父"一审"判鞭打牧牛一千下，并处以墨刑，即用刀割破颧骨并填上墨，另外还要用黑巾蒙上头。"二审"改判为鞭打一千下，处以墨刑，但不蒙黑巾了。最后"终审"判决鞭打五百下，罚铜三百锾（音huán，古代重量单位）。最后"审判长"还要牧牛发誓，不得"上诉"，否则就要恢复"一审判决"。"被告"㐅"胜诉"后，用得来的铜做了这件青铜器，并把"判决书"铸在上面，以示纪念①。这是中国目前发现的最早最完整的法律判决书，也是已知最早刻于青铜之上的法律判决。

公元前536年，郑国的子产始"铸刑书于鼎，以为国之常法"，即将刑法刻铸在象征着君权的青铜大鼎上，使之作为国之大法、常法公之于众。这是中国历史上第一次将成文的法律公布于众。公元前513年，晋国的赵鞅又铸刑鼎，把范宣子所作的刑书铸于铁鼎之上，又一次将成文法公布于众。

① 唐兰《陕西省岐山县董家村新出西周重要铜器铭辞的译文和注释》，《文物》1976年第5期。

再回过来看"则"的古文字形,右为刻铸的工具"刀",左为文字的载体"鼎",它所表现的恰好是将法律铸刻在鼎上的情景,表示的是"法则"、"规则"的意思。将法律公布于众,可以使之成为人们的行为准则,这标志着中国古代司法意识的萌芽。

小篆"鼎"写作"貝",所以,字形繁体作"則",简化作"则"。

3·59 法

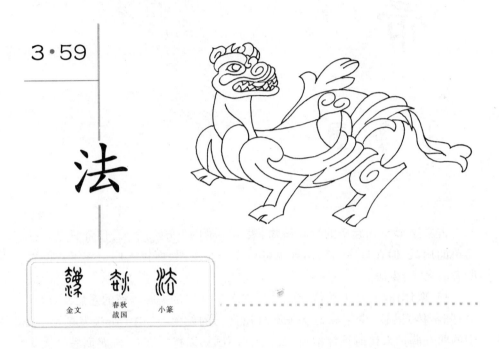

古代作"灋"。《说文·廌(zhì)部》对这个字的解释是这样的:"灋,刑也。平之如水,从水;廌,所以触不直者,去之。从去。"灋字从水,意味着法应该公平、公正;廌,也叫解(xiè)廌、獬豸(xièzhì),是神话传说中的一种动物。据古人的描写,廌是一种独角兽,似牛、似羊又似鹿。传说每当诉讼中出现疑难案件时,它都会用角去顶撞无理或有罪的一方,从而使案情真相大白。由于代表了公正、公平的执法理念,廌逐渐成为人们心目中法的化身,所以《广雅·释诂》云"廌,灋也。"至今中国的法学界仍称"廌"为"法兽"。

在《说文》中,"法"是"灋"的重文。可能是由于应用文字的人多崇尚简约的缘故,先秦典籍中"法"已经普遍使用,现代规范字也作"法"。

3·60

帚

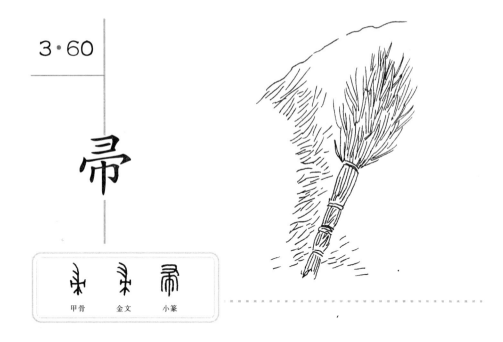

| 甲骨 | 金文 | 小篆 |

古文字形象扎起来的长叶植物,表示扫帚的"帚"。今天,扫帚只是一件简单的用具,但在远古它的出现也可算作一大发明,所以人们记住了它的发明者的名字:少康。

扫,繁体作掃,从扌从帚,会意字,表示手拿扫帚去除污秽的意思。《后汉书·陈蕃传》记载,少年陈蕃从来不打扫自己的院落,院内十分凌乱龌龊,父亲的朋友薛勤来访时批评他说:"孺子何不洒扫以待宾客?"陈蕃回答:"大丈夫处世,当扫除天下,安事一屋乎?"薛勤反问:"一屋不扫,何以扫天下?"

| 甲骨 | 金文 | 小篆 |

妇,古文字形象一个女子手持扫帚打扫的样子,它的本义是"妻子"。这个古文字形形象地说明了古代女性生活空间的局限性。繁体作"婦"。

中国古代为女性规定了"三从四德"的行为准则。所谓"三从",就是女子要做到"未嫁从父,既嫁从夫,夫死从子"。所谓"四德"即"妇德、妇言、妇容、妇功",东汉的班昭对四德所做具体注解是:

妇德:清闲贞静,守节整齐,行己有耻,动静有法;

妇言:择辞而说,不道恶语,时然后言,不厌于人;

妇容:盥浣尘秽,服饰鲜洁,沐浴以时,身不垢辱;

妇功:专心纺织,不好戏笑,洁齐酒食,以奉宾客。

"三从"显然是压迫妇女的封建礼教,而"四德"从表面看来倒像是不错的礼仪规范,殊不知在男尊女卑的社会里,由于失去了基本的人权和社会应有的尊重,女性的"四德"只能是为了打造"花瓶",为以男性为中心的社会摆摆样子而已。

3·61

其

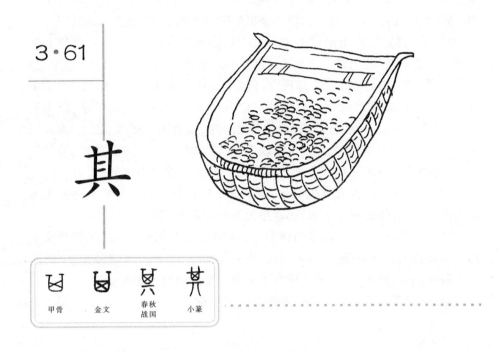

| 甲骨 | 金文 | 春秋战国 | 小篆 |

古文字形是簸箕的象形。相传除了扫帚,少康还发明了簸箕。借作虚词之后,就在"其"上加"竹字头"作"箕"来表示造字时的本义。

甲骨　　小篆

粪,古文字形象拿簸箕,几个小点表示污物。字形后来将双手写作"共",簸箕写作"田",污物写作"米",合起来作"糞",简化时将"田"去掉写作"粪"。

《说文》:"糞,弃除也。"它的本义是扫除灰尘或污秽之物。作名词时又指灰尘、脏土,如《论语·公冶长》:"粪土之墙不可杇也。"(毛泽东《沁园春·长沙》:"粪土当年万户侯"的"粪"用的也是这个意思。)后来特指粪便。

弃，远古时期，生命的孕育、成长远比今日艰难得多，生存环境的艰险、生存能力的低下、近亲繁殖等诸多原因都会造成生命的残缺或过早地夭折，也会给人们带来不祥之感，所以遗弃非正常婴儿，祛除不祥，是经常发生的事。据《左传·隐公元年》记载，鲁庄公出生时脚先出来，母亲姜氏因此以为不祥，很想把他扔掉，由于诸侯的子弟是不能随意丢弃的，所以母亲又想剥夺他的王位继承权，甚至置他于死地。又比如周的始祖后稷，据《史记·周本纪》记载："周后稷，名弃。其母有邰氏女，曰姜原。姜原为帝喾(kù)元妃。姜原出野，见巨人迹，心忻然说，欲践之，践之而身动如孕者。居期而生子，以为不祥，弃之隘巷，马牛过者皆辟不践；徙置之林中，适会山林多人，迁之；而弃渠中冰上，飞鸟以其翼覆荐之。姜原以为神，遂收养长之。初欲弃之，因名曰弃。"周的始祖后稷是母亲姜原氏脚踩巨人的足迹受孕而生的，所以被认为是不祥之物，姜原氏因此要抛弃他，但是这个婴儿却受到了马牛飞鸟神灵般的保护，母亲只好把他养下来，因曾想抛弃而取名为"弃"。

既有弃婴的习俗，先民是如何丢弃那些怪异婴儿的呢？"弃"的甲骨文字形恰好能说明这个问题：字形的上部象头部向上、带有血水的婴儿；中间是一个簸箕；下面是两只手，表示用双手将盛有婴儿的簸箕丢弃。

繁体作"棄"，造字时代的构形理据依稀可辨。

3·62

网

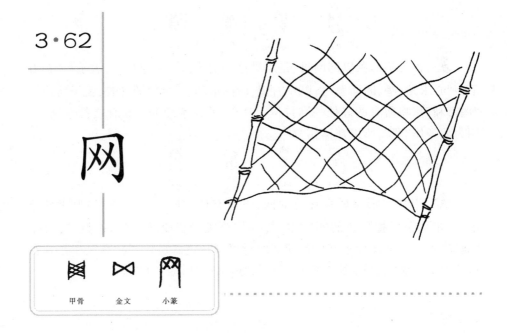

| 甲骨 | 金文 | 小篆 |

　　古文字形很象今天打鱼用的网。《说文·网部》:"网,庖牺氏所结绳以田以渔也。""田"是打猎,所以古代的网还可以捕捉飞禽和野兽。繁体作"網",简化还原作"网"。用作偏旁,可写作"网、冈、罒、"，表示与罗网、罪罚有关的事物。

甲骨　春秋战国　小篆

　　罗,鸟在丝绳做的网中,古文字形表示用网捕鸟,《说文·网部》:"罗,以丝罟(gǔ)鸟也。"是"网罗"的意思,如成语"门可罗雀"。同时"罗"也指捕鸟的网,如《诗经·王风·兔爰》:"有兔爰爰,雉离于罗①。"又如《搜神记》卷十六:"南山有鸟,北山张罗。鸟既高飞,罗当奈何?"繁体作"羅"。由于用网打猎捕鱼,用罗捕鸟,都是捕捉动物的意思,所以网、罗常连用,例如《淮南子·兵略》:"飞鸟不动,不离网罗。"又如成语"天罗地网"等。"网"、"罗"还凝结成两个同素反序的词,其中"罗网"是名词,表示捕猎鸟兽或捕鱼的网;"网罗"既是名词,与"罗网"同意;也是动词,表示从各方面广为搜寻的意思,如网罗人才。

> ① 程俊英译文:"狡兔自由又自在,野鸡落进网里来。"《诗经译注》第129页。

| 甲骨 | 金文 | 春秋战国 | 小篆 |

买,古文字形象以网网贝,是用贝这种货币购物的意思。《孟子·公孙丑下》:"必求龙(垄)断而登之,以左右望,而罔市利。""罔"即"网",孟子所说的"罔市利"指将所有的好处一网打尽,与"买"的构字理据有相合之处。网、罔用为偏旁作"罒",所以繁体作"買"。

| 甲骨 | 金文 | 春秋战国 | 小篆 |

禽,甲文字形象捕捉鸟兽的网,下面有柄,其它古文字形的上半部象罩,下半部象捕捉鸟兽的网,"罩"与"网"合成天罗地网,表示捕捉鸟兽,是"擒"的本字。字体后来又借作捕获的对象,即"飞禽走兽"的"禽",于是就在禽的本字上加"扌"作"擒",作动词表示"擒拿"、"捕捉"的意思。

3·63

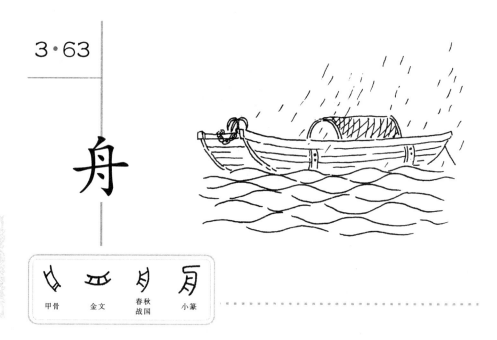

舟

| 甲骨 | 金文 | 春秋战国 | 小篆 |

古文字形象方头、方尾、首尾上翘的小船的样子。

《世本》记载:"古者观落叶因以为舟"。《淮南子·说山》也说:"古人见窾(kuǎn,中空)木浮而知为舟。"这表明,远古先民从水面的落叶或者中空的朽木能够漂浮等自然现象中受到启发,"刳(kū)木为舟,……以济不通"(《易·系辞下》)。刳是"挖开"、"剖开"之意,"刳木为舟"是在砍伐下来的树干中间凿出一个木槽放在水中,这就是独木舟。但从舟的甲骨文字形看,商朝人制作的舟似乎已经比独木舟先进了。

《说文·舟部》:"舟,船也。"段玉裁注:"古人言舟,汉人言船。"甲骨文有"舟"无"船","船"的字形始见于金文。可见,它的出现晚于"舟",并且在先秦文献中使用频度也大大低于"舟"[1]。但到了汉代,如《史记》中,用"船"的数量就超过了"舟",并且出现了不少口语化组合。直到现在"船"仍用于口语,"舟"只用于书面及复合词、成语,如"龙舟"、"同舟共济"、"刻舟求剑"、"木已成舟"等等。

[1] 参见汪维辉《东汉—隋常用词演变研究》,南京大学出版社,2000年。

3·64

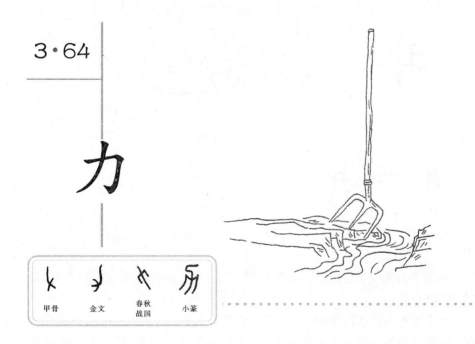

| 甲骨 | 金文 | 春秋战国 | 小篆 |

《说文·力部》:"力,筋也,象人筋之形。治功曰力……。"意即字形象人身上鼓起的青筋,象征着"努力劳作"的意思。甲骨文出土之后,有学者结合考古发现的实物认为,古文"力"象尖头、单齿的耒,是起土用的木制农具。起土需要用力,所以字形后来又有了"力量"、"体力"的意思。

| 甲骨 | 金文 | 春秋战国 | 小篆 |

男,《说文·男部》:"男,丈夫也。从田从力,言男用力于田也。""丈夫"是

古时对成年男性的美称。许慎认为,古文合"力"与"田"两个字,是借致力于农田耕作来表示男子。不过,既然甲骨文的"力"是起土用的农具,"男"字就应该理解为用"力"这种农具在田间劳作。周代金文中,还有在"力"上加手的字形,这是一种更为生动的描绘。农业社会中从事耕作的是男性,所以字形就借用力于田的景象来表示"男子"的意思。

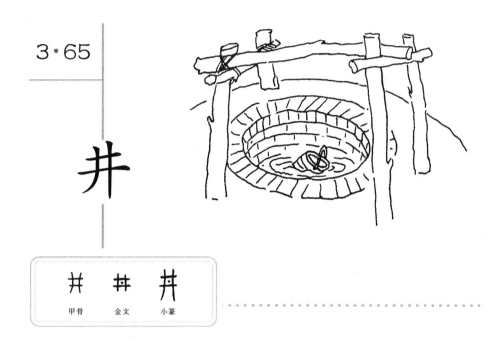

3·65

井

井	井	井
甲骨	金文	小篆

古文字形象井栏,有的字形在井栏中加一点,表示可以汲水的器具,是"水井"的意思。

传说在大禹治水的同时,一个名叫伯益的人发明了凿井。而考古学家在浙江余姚河姆渡遗址内发现的公元前4800年的地下水井,是迄今为止发现的最早的井,它表明人类早在六七千年前就已掌握了凿井的技术。井的发明不仅保障了生产生活用水,而且使人类不必再死守着江河湖泊,可以到远离水边的地区安家落户。从此居民点总是围绕着水井建设,"井里"就是乡里,井、乡同义。居民集中的地方就会有较多的商业活动,这种地方称为"市井"。为了生活不得不离开家乡的水井,到别处去谋生,这就叫"背井离乡"。

3·66

lěi

耒

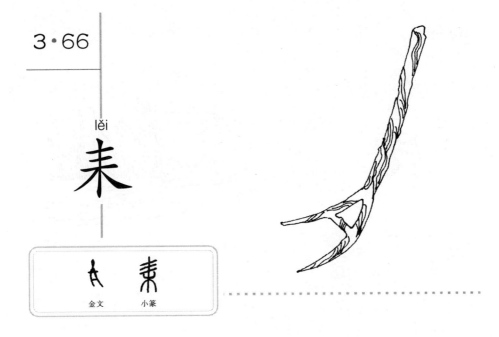

金文　小篆

古文字形象挖土用的工具，中间的横木代表可蹬脚的踏板。《易·系辞下》："神农氏作，斫（音zhuó，砍）木为耜（sì，古代农具），揉木为耒。"古代先民的集体创造，在世代相传中浓缩为神话人物的功绩，于是就有了神农氏发明耒耜的传说。从殷墟等地出土的实物来看，耒为木制，有双齿，是先秦时代挖沟掘土的主要农具。

耕
小篆

耕，"耒"是耕地开荒的工具；"井"象已经开垦出来、规划齐整的土地，"耕"字合"耒"与"井"，是"犁田翻地"的意思。

耕作是农业社会中一项重要的生产活动。古人常说："一夫不耕，或受之饥；一女不织，或受之寒。"元朝诗人萨都剌也曾用"男耕女织天下平，千古万古无战争"的诗句来描绘小农经济条件下的理想世界。

3·67

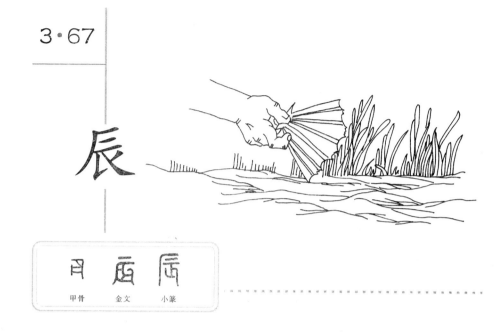

甲骨　金文　小篆

历来学者们对"辰"的古文字形有不同解说,现在一般比较倾向于认为它象手拿蚌壳。远古时代,制造生产工具都需要付出艰辛的努力,而扁平的蚌壳是一种天然的除草工具,不必加工就可以使用,所以我们有理由相信"辰"表示的是古代耕作用的器具。随着金属农具的出现,"辰"渐渐地失去了它的原始意义,主要用于假借义,表示地支的第五位,与生肖中的龙相配。许慎则认为辰的意思是震,《说文·辰部》:"辰,震也,三月阳气动,雷电振,民农时也。物皆生。"三月阳春是万物生长、春雷初振、农民开始耕作的季节,所以段玉裁注曰:"凡从辰之字皆有动意。"换句话说,由"辰"构成的汉字多含有"活动"、"振动"的意思,例如:

甲骨　金文　春秋战国　小篆

晨,古文字形上象人的双手,下象用来耕作的农具"辰"。古人日出而作,日入而息,所以借人手持农具的样子表示开始劳作的天亮时分,是早晨、清晨的"晨"。

小篆

振,《说文·手部》:"振……一曰奋也。"故有鸟振动翅膀飞翔的意思,引申为"振作"、"振奋",如"振作精神"、"群情振奋"。

小篆

震,《说文·雨部》:"震,霹历振物者。"原指可引起物体巨大振动的霹雷,字形因此从"雨"。字形后也可指巨大的颤动,如称地壳的剧烈运动为"地震"。

小篆

娠,《说文·女部》:"娠,女妊身动也。"《一切经音义》:"怀胎为娠。"本义指胎儿在母体中的轻微活动,所以从"女"从"辰",后引申为怀孕,即"妊娠"。

甲骨	金文	小篆

农,古文字形上象农田,下象以手执辰,上、下合起来是从事耕种的意思,所以《说文》说"农,耕也。"《汉书·食货志》也说:"辟土殖谷曰农。"开垦土地,种植五谷,这就是"农"。繁体作"農"。古文字形的上半部分也可写作"林"或"艸",表示开荒种地,故繁体或作"辳"。

传说原始农业起源于炎帝时代。由于人口的增长,原始的采集和狩猎已不能满足人们日常所需的食物,于是,先民开始试着栽种可以食用的植物,并发明了耒耜等生产工具,农耕时代由此开始。由于当时还没有文字,这段创造农业文明的历史经过世代口耳相传逐渐浓缩成了神话传说,炎帝便成了发明农耕的英雄人物,所以又被称为"神农氏"。

3·68

mián

宀

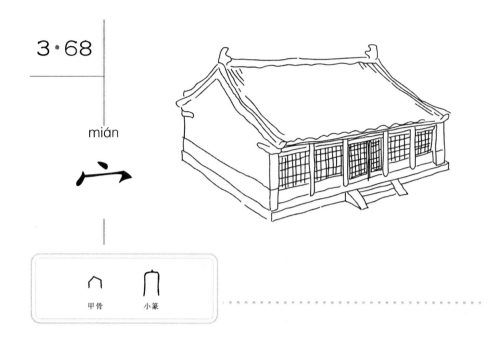

| 甲骨 | 小篆 |

古文字形象平房山墙的侧视图，突出了房子的屋脊和屋檐，是"房子"的意思。据考古的资料，甲骨文字形所描摹的是典型的商代早期建筑的式样。字形楷化为"宀"，用作部首，俗称"宝盖头"，多表示与房屋、居住有关的事物，例如：

| 甲骨 | 金文 | 春秋战国 | 小篆 |

安，古文字形上从宀，象房屋；宀下有女，象女子端坐于房屋之中，清代徐灏《说文解字注笺》云："女有家，男有室，相安之道也。故'安'从女在宀下，女归于夫家也。"男子娶了妻室才能安居乐业，是"安定"的意思。

| 金文 | 小篆 |

宦，"宀"内有"臣"，古文字形表示在室内劳动的奴隶，顺从的奴隶也可以委以一定的职位，担任管理之职，所以又指小官吏。后"官宦"连用，旧时同属有一定级别的政府工作人员。

| 甲骨 | 金文 | 春秋战国 | 小篆 |

宿，音sù。"亻"是人，"百"象可以躺着休息的席子，古文合"宀"、"人"、

"百"表示人躺在室内的席子上,是"住宿"的意思。

金文　春秋战国　小篆

寇,手持武器(攴)入室(宀)袭击人的头部(元),古文字形表示持械侵犯。引申为名词,表示"盗匪"、"入侵者",如明朝的戚继光在东南沿海抗击倭寇,这里的"寇"就是"来犯之敌"的意思。

金文　小篆

寒,在"宀"之下的部分上象人卧在室内的柴草中以求温暖,字形突出了人的脚,恰好跟"人睡腿,狗睡嘴"、"寒从脚入"的俗语相合;下象室外结冰,古文字形是"寒冷"的意思。忍受寒冷的人往往是贫穷的,所以寒又有"贫困"的意思,例如称穷苦的读书人为"寒士",称贫穷的家庭为"寒门";寒还可作谦词,如称自己的住处为"寒舍",等等。

甲骨　金文　小篆

宁,音 níng。古文字形象屋内有放置食物的器皿,表示食有所安,《说文·宀部》:"寍,安也。"就是安宁的"宁"。小篆字形加"心"突出了饮食无忧后内心安宁的心理状态。

"宁"还可用作副词,当"宁愿"、"宁可"讲,读作 nìng。《说文·丂部》有"寧"字,释为"愿词也";另外《说文·用部》有"甯"字,释为"所愿也",当为"宁愿"义的来源。寍、寧、甯今均作"宁"。

甲骨　春秋战国　小篆

灾,宀下有火,古文字形象火烧房子,《说文·火部》:"灾,天火曰灾。"《左传·宣公十六年》:"凡火,人火曰火,天火曰灾。"远古时代,洪水泛滥和雷电引发的野火是威胁人类的主要灾害,所以"灾"又曾写作"災",上面是"巛",表示水;下面是"火"。灾还有一个异体"烖",从火𢦏声,指的是兵灾。古人无今人车祸、污染之虞,最令人担心的天灾人祸莫过于洪水、天火和兵匪之乱了。

甲骨　金文　春秋战国　小篆

宗,古文字形上象大屋顶,代表大型建筑;下象"示",表示祭祀或祈祷,所以"宗"是用来祭祀的大型建筑,是"宗庙"、"祖庙"的意思。商代人崇拜先祖、敬畏鬼神，但当时并没有在墓前祭祀的礼制，所以，祈求神灵保佑、祭祀祖先以及占卜吉凶的活动都在宗庙之内进行。今天北京天安门广场东边的劳动人民文化宫就是明清两代皇室祭祀先祖的地方。成语"万变不离其宗"用的是它的引申义，是"宗旨"、"本源"的意思。

宫，外象房屋的形状，罗振玉认为相离的两个"口""象有数室之状"，而两个相交的"口"象"此室达于彼室之状①"，古文字形象先民穴居时代的洞窟，《尔雅·释宫》："宫谓之室，室谓之宫。"《说文·宀部》也说："宫，室也。"所以最初的房屋，不论居住者地位高低、面积大小，都称作"宫"。秦汉以后专指帝王的居所，如据传被项羽一把火烧掉的阿房宫。世界上现存最大的古代宫殿建筑群是北京的故宫，又叫"紫禁城"，它始建于1406年，1420年建成。占地约78万平方米，民间传说有各种房屋九千九百九十九间，实为八千七百零七间。

① 罗振玉《殷墟书契考释三种》(上)第144页,中华书局,2006年。

牢，牲畜在野外放牧之后，需要关起来，以免走失。古文字形外象栏圈，里面是牛(或羊、马)，是"饲养牲畜的栏圈"的意思。成语"亡羊补牢"保留了它的造字本义。从关牲畜的栏圈引申为关押犯人的场所就是牢房，两者的共同点在于都是没有自由的地方。

3·69

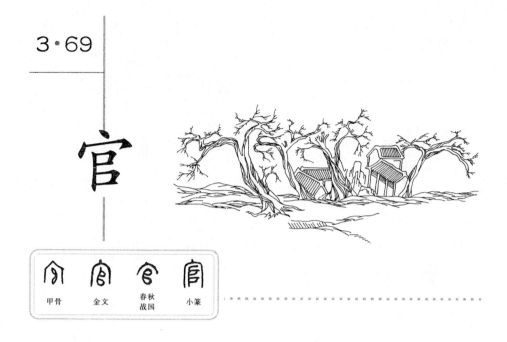

| 甲骨 | 金文 | 春秋战国 | 小篆 |

官,古文字形上象房子,下象相连的房屋,字形多用于指官吏办公用的房屋,也就是政府机构的办公室,《韩非子·难三》:"法者,编著之图籍,设之于官府,而布之于百姓者也。"用于此义的字后写作"馆"。

"官"后来从办公处引申为担任官职的办公之人,即官吏,如《易·系辞下》:"百官以治,万民以察。"不同时代、不同级别的官员各有专门的称谓,如除暴安良的西门豹是邺县的"县令","醉翁之意不在酒"的欧阳修是滁州的"太守",《西厢记》中莺莺小姐的父亲贵为"相国",等等。表示"官员"义的词还有"吏",如《韩非子·八说》:"明主之国,官不敢枉法,吏不敢为私。"汉代以后吏特指地位较低的小官,如司马迁《报任安书》"见狱吏则头抢地",又如杜甫《石壕吏》:"暮投石壕村,有吏夜捉人。"

3·70

字

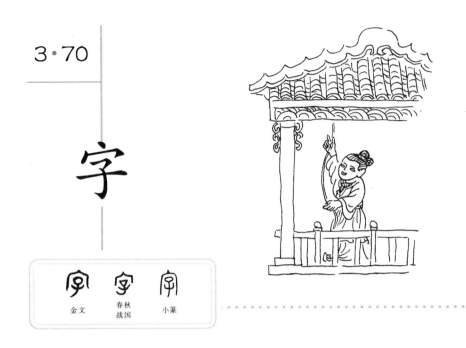

金文　春秋战国　小篆

金文　春秋战国　小篆

字,"宀"下一"子",古文字形象在屋内生育孩子,所以《说文·子部》云:"字,乳也,从子在宀下,子亦声";《广雅·释诂》也说:"字,生也。"字的本义就是生育孩子。《山海经·中山经》中记载过一种名叫"黄棘"的植物:"黄花而员叶,其实如兰,服之不字。""服之不字"的意思是吃了它人就不能生育了。

后来,古人把以事物形象为依据创造出来的象形字、指事字叫文,在文的基础上滋生出来的合体字叫字,所以许慎《说文·叙》云:"仓颉之初作书,盖依类象形,故谓之文;其后形声相益,即谓之字。字者,言孳乳而浸多也。"据统计,大约在战国晚期到秦汉这一时期,字完成了从生育儿女的本义到书写符号的意义的过渡,因为这时"正是汉字大量增加的时期,而新增加的字几乎都是会意和形声结构的合体字,尤其是形声字所占的比例更大。可以想象,字的本义既然是生儿育女,当时书写符号的大量涌现,犹如人类繁殖后代一样,是通过孳乳的办法而增多的。由此可见,把书写符号称之为字,一定是在合体字大量涌现的历史条件下产生的,许慎《说文·叙》指出:'字者,言孳乳而浸多也。'这既是对当时文字大量产生的生动描述,也是对'字'这个字涵义最权威的说明。"①

① 曾宪通《古文字与出土文献丛考》第97页,中山大学出版社,2005年。

3·71 客

金文　春秋战国　小篆

"各"的古文字形象一只脚走向"口",表示到来之意;上面加"宀",表示到房子里来的客人,所以字的本义是"来客"。

居家曰"主",离家是"客"。所以居住在家乡以外的地方叫"客居他乡",死在外乡叫"客死异乡"。唐代贺知章在《回乡偶书》中写道:"少小离家老大回,乡音无改鬓毛衰。儿童相见不相识,笑问客从何处来。"诗中的儿童不识早年离家的老者,所以称其为"客"。南唐后主李煜只有在梦里才能忘却丧失家国山河的痛苦,所以就有了"梦里不知身是客,一晌贪欢"的短暂欢娱。

甲骨　金文　春秋战国　小篆

宾,古文字形上象房屋,下从"人"从"止",徐中舒《甲骨文字典》:"示有人自外而至,故甲骨文宾字象人在室中迎宾之形。"在家中欢迎的一定是客人,所以"宾"也是"客人"的意思。繁体作"賓"。

古代汉语中宾、客有别。《说文·贝部》:"宾,所敬也。""宾"是地位尊贵、受人尊敬的客人,所以前面常有褒辞,《诗经·小雅·鹿鸣》:"我有嘉宾,鼓瑟吹笙。"今天,"贵宾"、"嘉宾"仍指尊贵的客人。据《左传·僖公三十三年》记述,臼季出使时,见昔日罪臣之子冀缺在田间除草,他的妻子不仅没有抛弃他,反而十分恭敬地到田间给他送饭,像对待宾客一般。他们之间的情义不仅感动了臼季,也成为千古美谈,后来就用"相敬如宾"来形容恩爱的夫妻。

比较起来,"客"是地位一般或较低的,例如,称旅行在外的人为"旅客",称寄食豪门并受其驱使的人为"门客"、"食客"。"客"有时还是不受欢迎的,例如,未受邀请而来的叫"不速之客";为了私利而玩弄权术、搞政治投机的叫"政客"……,对于那些讨嫌的人,主人甚至会下"逐客令"。

3·72

寡

金文　小篆

宀下有页(即人的头),古文字形突出了一个人在房子里孤独发愣的神情,《说文·宀部》:"寡,少也。"所以寡的本义是"人少"的意思,常与"众"相对而言,如《商君书·农战》:"农者寡,而游食者众,故其国贫危。"

后世称丧夫女子为寡妇,但在古代,无论男女,丧偶者都可称"寡"。和"寡"并称的弱者还有:鳏,老而无妻的男子;孤,幼而无父的人;独,老而无子的人;废,身有伤残的人;疾,身有病痛的人。中国自古就有同情弱者的传统,《礼记·礼运》中说道:"大道之行也,天下为公,选贤与能,讲信修睦,故人不独亲其亲,不独子其子,使老有所终,壮有所用,幼有所长,鳏寡孤独废疾者皆有所养,男有分,女有归。货恶其弃于地也,不必藏于己;力恶其不出于身也,不必为己。是故谋闭而不兴,盗窃乱贼而不作,故外户而不闭,是谓大同。"《礼记》所描述的是处于原始氏族公社时期的大同美景,是古人心目中的理想社会。

"寡"表示少也可用于人以外的事物,如古代中国的君主常自称为"寡人",是"寡德之人"的意思,这是一种自谦的说法。

3·73

户

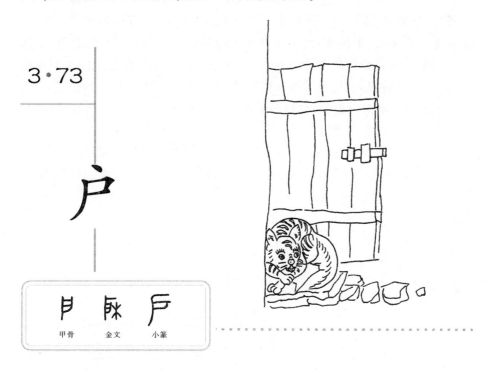

| 甲骨 | 金文 | 小篆 |

古文字形象一扇门,表示单扇的门。"户"用作部首,表示与门有关的事物,例如:

| 甲骨 | 金文 | 春秋战国 | 小篆 |

启,甲骨文有几种不同的写法:一是从又从户;二是从口从户;三是从户从口从又,表示用手推开门户,是"打开"的意思。金文改又从攴而意义不变,是因为古文"又""攴"多可混用。

《说文·攴部》:"启,教也。从攴,启声。"但杨树达认为:"训教之启,许解为从攴启声,愚谓当解为从口启声。盖教者必以言,故字从口,教者必以言,故字从口,教者发人之蒙,开人之智,与启户事相类,故字从攴声,兼受攴字义也。"①

1935年,教育部公布的《简体字表》中,提出以"启"代"启"。1956年,国务院公布的《汉字简化方案》正式以"启"为正字,代替繁写的"启"。

① 杨树达《积微居小学论丛》第87页,中国科学院出版社,1954年。

| 甲骨 | 金文 | 春秋战国 | 小篆 |

仓,《说文·仓部》:"仓,谷藏也。"段玉裁注:"谷藏者,谓谷所藏之处也。"从古文字形来看,上象屋顶,下象存放谷物的容器,中间是"户",即仓门,加在一起象收藏谷物的地方,是"粮仓"的意思,这与许慎、段玉裁的说解是吻合的。《管子·牧民》:"仓廪实则知礼节,衣食足则知荣辱。"粮仓的充实与否,不仅关系到百姓的温饱,而且也关系到人的精神世界。粮仓如此重要,为它造一个字也是理所应当的。

宋代词人辛弃疾在《永遇乐·京口北固亭怀古》中写道:"元嘉草草,封狼居胥,赢得仓皇北顾。"这里的"仓皇"是"急促"、"仓促"的意思,"仓"是因声假借。

3·74

门

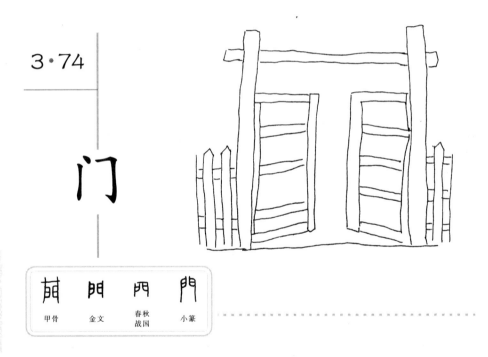

| 甲骨 | 金文 | 春秋战国 | 小篆 |

上象门框,下象两扇门,古文字形是"门"的意思。《说文·门部》:"闻也。"段玉裁注曰:"闻者,谓外可闻于内,内可闻于外也。"门是归来者听到久违而熟悉的家人第一声问候的地方,也是居家之人开始走出房屋倾听世界的地方,所以许慎说门者"闻也"。门与闻叠韵,以叠韵词为训是古人释词时常用的手法。繁体作"門"。

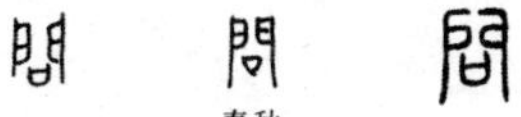

问
甲骨　春秋战国　小篆

问，口在门中，象人在门外询问着什么，古文字形是"发问"的意思。繁体作"問"。

闭
金文　小篆

闭，门下有"十"字，古文字形象把门拴上，是"关闭"的意思。繁体作"閉"。

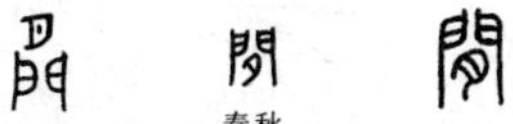

间
金文　春秋战国　小篆

间，夜晚的月光从紧闭的门缝中泄漏进来，古文字形借以表示缝隙，是"间隙"的意思，读作 jiàn。因为日光或月光都可以从门缝中透进来，故也可从"日"作"间"。字形又读作 jiān，表示在一定的时间或空间里。繁体作"間"或"閒"。

3·75

穴

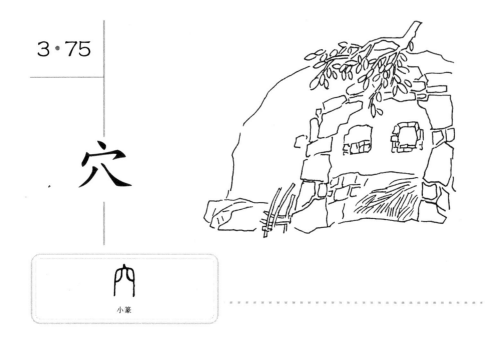

小篆

地势较高的干燥之地适宜穴居,考古发现古人穴居之处多集中在地处黄河中上游的黄土高原,长江流域、珠江流域、西南及东北等地区,也都发现了先民穴居的遗迹。《易·系辞下》:"上古穴居而野处。"《墨子·辞过》:"古之民未知为宫室时,就陵阜而居,穴而处,下润湿伤民,故圣人作,为宫室。"穴就是窑洞,《说文·穴部》也说:"穴,土室也。"至今,黄土高原上仍然有大量的窑洞存在。

人类有了宫室、房屋之后,"穴"就专指动物在地下的窝,所以有"不入虎穴,焉得虎子"、"千里之堤,溃于蚁穴"等成语。此后,再称人住的地方为"穴",就带有明显的贬义色彩,多指敌人或盗贼的藏身之处,如匪穴、敌人的巢穴等。成语"龙潭虎穴"字面上指龙虎所居之处,后用来比喻凶险的地方,如《水浒传》第六十回:"有分教,卢俊义撇却锦簇珠围,来试龙潭虎穴。"

| 甲骨 | 金文 | 春秋战国 | 小篆 |

出,古文字形象人迈脚(即"止")走出半地穴式的洞穴,是出入的"出"。

| 甲骨 | 金文 | 春秋战国 | 小篆 |

各,与"出"相反,"各"的古文字形象脚(即"止")走进居住的洞穴,本义

是"进入"、"到达"的意思。"各"用作指示词后,本义后来写作"佫"。

甲骨　　小篆

叟,古文字形象人在洞穴之中手举火把的样子,是"寻找"的意思。字形后来加"扌"写作"搜"。在探测新发现的洞穴时,手持火把的必定是经验丰富的老人,所以字形后来又表示对年长男子的尊称。《孟子·梁惠王上》:"叟,不远千里而来,亦将有以利吾国乎?"现在,此义仅用于书面语,如"童叟无欺"的字样就常见于商店的服务公约中。

嫂是兄之妻,段玉裁《说文解字注》云:"嫂犹叟也。叟,老人之称也。……形声中兼有会意也。"《释名·释长幼》亦云:"嫂,叟也。叟,老者称也。"嫂不仅是哥哥的妻子,按理也是年长于己的女性,所以从女从叟。

甲骨　　小篆

突,上面是"穴",下面是"犬",古文字形象犬从洞中向外急速而出,给人以突如其来之感,是"猛冲"的意思。成语"狼奔豕突"保留了"突"字的本义。现代汉语中,"突然"用来形容事情在很短的时间内发生,其中的"突"是从它的本义虚化而来的。

3·76

乘

当人类遇到洪水、猛兽的时候,高出地面的树就成了理想的安身之处。反映在汉字上,就有了站在树上的乘和桀。

甲骨、金文象人站在树上,是"登"的意思,后引申出"乘坐车、船等交通工具"的意思,例如李白有诗《赠汪伦》:"李白乘舟将欲行,忽闻岸上踏歌声。"

桀,字形上是舛(chuǎn),表示左右两脚;下象木,表示鸡栖止于木桩上,《诗经·王风·君子于役》:"鸡栖于桀,日之夕矣,牛羊下括。君子于役,苟无饥渴?"① 这里的"桀"指的是鸡栖息、落脚的木桩。站在木上自然显得高出一般,字形就有了"高出"的意思,也可用来指优秀的人,这个意思后来加"亻"作"傑",简化作"杰",英雄豪杰的"杰"就是从这儿来的。字形由"高出"又引申出"强悍"的意思,如成语"桀骜不驯"等。"桀"是中国夏代最后一个君主的名字,他和商朝的末代君主纣一样暴虐无道,所以"桀纣"成为暴君的代称。

① 程俊英译文:"鸡儿纷纷上木桩,西天暮霭遮夕阳,牛羊下坡进栏忙。丈夫服役在远方。会否忍饥饿肚肠?"《诗经译注》第123页。

3·77

巢

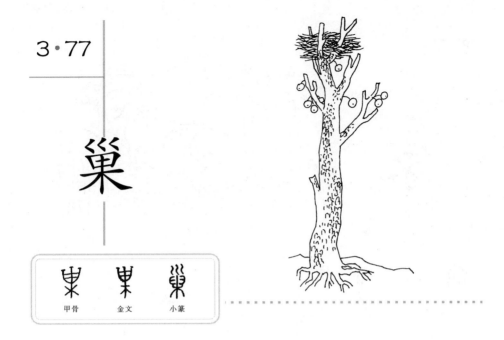

甲骨　金文　小篆

　　古文字形上象鸟巢、下象树,是"树上的鸟窝"的意思。

　　树高虽能躲避野兽的侵袭,但却无法躲避风雨,古人于是学着鸟的样子在树上搭起了窝,《庄子·盗跖》说:"古者禽兽多而人民少,于是民皆巢居以避之。"所谓巢居就是在树上筑巢而居,未有宫室之前,这或许是人类营造安乐窝的最初尝试,也是后世干栏式建筑的滥觞。

　　人有了房屋之后,就把飞鸟昆虫的窝称为"巢"。至于将敌人、盗贼的藏身之处称作"巢",则意在将他们的行为比作禽兽,如说"匪巢"、"倾巢出动"等等。《诗经·召南·鹊巢》:"维鹊有巢,维鸠居之。"①诗人借斑鸠住进喜鹊窝的情景,比喻出嫁女子来到夫家的喜庆场面,诗中用来比作新嫁娘的是一只惹人喜爱的斑鸠。但是,如果有一只斑鸠强行占据喜鹊的巢穴,那就令人厌恶了,所以后来"鸠占鹊巢"成为带有贬义的成语,用于比喻强占他人住处或地位的行为。

① 程俊英译文:"喜鹊树上把窝搭,八哥来住它的家。"《诗经译注》第21页。

3·78 家

| 甲骨 | 金文 | 春秋战国 | 小篆 |

宀下有豕,即室内有猪。

《韩非子·五蠹》曰:"上古之世,人民少而禽兽众,人民不胜禽兽虫蛇,有圣人作,构木为巢,以避群害。而民悦之,使王天下,号之曰有巢氏。"所谓构木为巢,就是用树枝、茅草将巢搭建在一棵或几棵相邻的树上居住的情形了。人类从树上走向地面,从森林走向平原,于是借鉴巢居的形式以木桩代替树干,建造了干栏式的房屋。1973年,考古学家在浙江余姚河姆渡遗址中发现了距今约7000年前的干栏式房屋的遗迹,它的建筑方法是先在土中打入木桩,并在上面铺上木板,在木板上建造房屋,形成由木桩支撑的悬空式木制(或竹制)结构,这样人在上面可以躲避洪水、野兽,下面还豢养动物。从家的古文字形看,上面的"宀"象构木为巢,下边的豕表示可以豢养家畜。时至今日,西双版纳的傣族、景颇族仍然居住在干栏式建筑里,他们上屋下圈,人畜共居一个屋檐之下,而这也正是"家"的特色。

3·79

窗

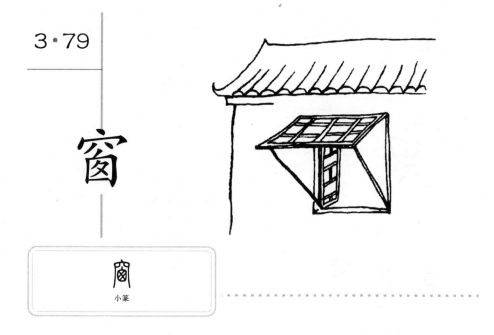

小篆

和窗户有关的字有这样几个：

甲骨　　小篆

囱，古文字形象外形扁圆、内有三个窗棂的窗户，是穴居时代屋顶上的窗户，也叫天窗。《说文·囱部》曰："囱，在墙曰牖(yǒu)，在屋曰囱。窗，或从穴。"囱是窗的初文，后来的"窗"从穴表示"囱"是最初穴居时代的产物。

向 向 向
甲骨　金文　小篆

向，古文字形从宀从口，"宀"象房屋，"口"象窗户。《说文·宀部》："向，北出牖也。"古代房屋一般坐北朝南，向指的就是朝北的窗户，《诗经·豳风·七月》："穹窒熏鼠，塞向墐(jìn)户。"①"塞向"就是在寒冬来临之前封上朝北的窗户，这一习俗至今还保留在北方的一些农村或城镇里。后引申出朝向、方向等意思。

① 程俊英译文："打扫垃圾熏老鼠，泥好大门封北窗。"《诗经译注》第267页。

3·80

黑

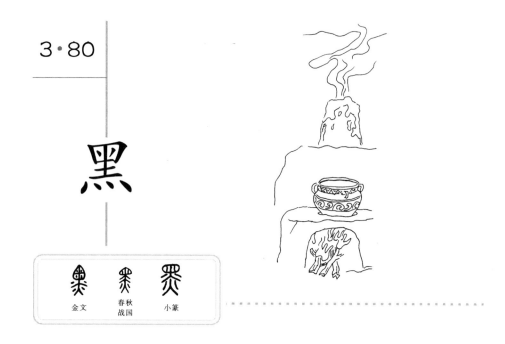

| 金文 | 春秋战国 | 小篆 |

古文字形下面是炎,象火光熊熊,上面的部分象天窗,其中的点表示烟尘。这是为什么呢?

远古时代的先民居住在一种特殊的巢穴中。这种巢穴一半在地下,上面有墙和屋顶,屋顶开有天窗。屋子的中间是取暖、做饭的火塘。点火时烟从屋顶的天窗飘出去,时间长了,天窗上就会留下很多烟炱(tái),这种烟炱就是"黑"。由于烟炱的颜色有如锅底一样,所以"黑"又表示锅底般的颜色,即黑色。

"黑"用作偏旁,表示与黑色有关的事物,例如:

小篆

黛,dài。是一种青黑色的颜料,古代女子用来画眉。楚辞《大招》:"粉白黛黑,施芳泽只。"说的是女子在脸上搽粉,使脸变得白净;用墨画眉,使眉毛变得青黑。后世就用"粉黛"来借指美女,例如白居易《长恨歌》:"回眸一笑百媚生,六宫粉黛无颜色。"

小篆

黥,音qíng。为了防止犯人逃跑,古时在犯人的脸上刺上文字或记号,并涂以黑色,所以许慎在《说文·黑部》说:"黥,墨刑在面也。"

小篆

黔,音 qián。烟熏火燎之后的颜色,介于黑、黄之间。据《史记·秦始皇本纪》记载:"二十六年,……更名民曰黔首。"《说文·黑部》也说:"黔,黎也。……秦谓民为黔首,谓黑色也。周谓之黎民。"秦代尚黑,服饰、旌旗等都以黑色最为高贵,庶民黑布包头,所以称为"黔首"。秦代的黔首和周代的黎民虽然都代表了社会的最低层,但内涵不同。黎民是周代对奴隶的称谓,秦代的黔首指庶民,包括奴隶和农民。

黯,《说文·黑部》:"黯,深黑也。"指的是较黑的颜色,《史记·孔子世家》:"丘得其为人,黯然而黑,几(繁体作"幾",通'颀')然而长。"用现在的标准看,孔圣人身材颀长,皮肤黝黑,可能与欧美流行的古铜色肤色接近,一副很酷的样子。现代汉语中,"黯然"也可形容忧伤的样子。

还有一个从字形看与"黑"有关的字:

金文　春秋战国　小篆

熏,金文字形下象大火从天窗中冒出的样子,上象冒出的烟雾。林义光《文源》认为熏字古文"从'黑',象火自窗上出形"。为了突出大火熏蒸的意思,还在原有的字旁加"火"作"燻",后简化作"熏",它表示使物体在烟火作用下改变颜色或气味,例如各种熏肉就是用烟火熏制而成的,"熏陶"一词指由于长期接触某种生活习惯、品行、学识受到好的影响,这里"熏"用的是引申义。

3·81

京

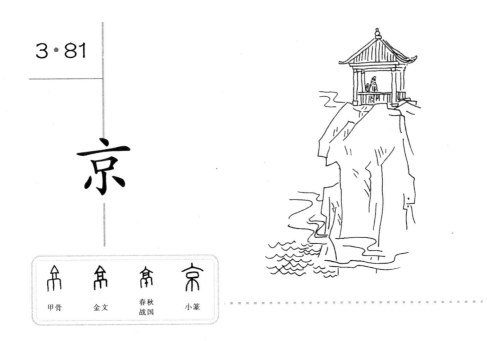

| 甲骨 | 金文 | 春秋战国 | 小篆 |

古文"京"下象小山丘上夯筑的土台,上象有屋顶的原始建筑。《说文·京部》:"京,人所为绝高丘也。"所以本义是人工筑成的高丘。"京"作为形容词自古有"高大"的意思,如《左传·庄公二十二年》:"八世之后,莫之与京。"而把国都、都城称为"京",就是取其"大"义。许多被称为"京"的城市,历史上都曾是首都,例如,位于今西安附近的镐是西周时期的都城,又称"镐京"。长安(今西安)、洛阳分别是西汉、东汉的首都,所以称为"西京"和"东京"。开封曾是五代晋、汉、周及北宋的都城,也曾称作"东京",宋人孟元老所著《东京梦华录》追忆的就是开封旧时的繁华景象。又如南京历史上也曾多次被定为首都。至于北京更是著名古都,从金代起,近千年间绝大多数时间都是中国的首都。

在使用汉字的日本,京都有"千年古都"之称。而它现在的首都旧称江户,1868年改为东京,是因为这座城市成了首都,并且在京都的东北、日本国的东部。

3·82

高

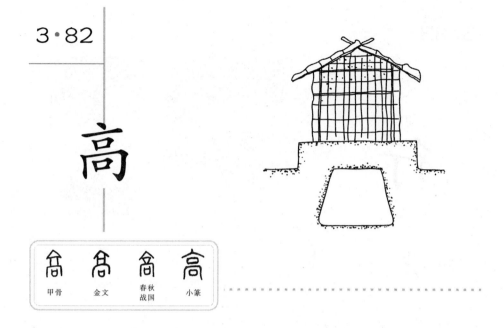

| 甲骨 | 金文 | 春秋战国 | 小篆 |

下象人工夯筑的土台；上象墙和屋顶，古文字形象修建在土台上的建筑。字下面的土台中有一个"口"，过去一般认为是通风的窗户，但现在也有人认为是原始人挖的地窖，可用来贮藏剩余食品或私有财产，其性质有如后来的密室。文字学家和考古学家由此推断，"高"是私有制和家庭出现以后的一种建筑形式，而土台的存在表明那时已经掌握了夯土的技术。字上面房屋中墙的出现，表明古人不仅从洞穴或地下来到了地上，并且开始有了室内的空间。有了墙，房屋就显得高大了，这就是崇高的"高"。

3·83

háng
行

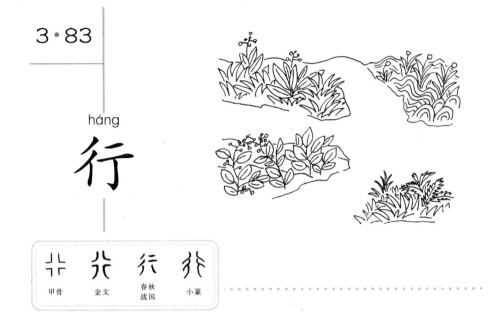

| 甲骨 | 金文 | 春秋战国 | 小篆 |

古文字形象通向四方的十字路口,是"道路"的意思,读作 háng。例如,《诗经·周南·卷耳》:"嗟我怀人,寘(zhì,同置)彼周行。"① 在道路上行走也作"行",读作 xíng。字形用作偏旁,可写作"彳",表示与道路及行走有关的事物,例如:

① 程俊英译文:"心中想念我丈夫,浅筐丢在大道旁。"《诗经译注》第 7 页。

| 金文 | 春秋战国 | 小篆 |

徒,脚(即"止")在道路上(即"彳")行走,表示不凭借任何交通工具,即"徒步而行"的意思。从徒步又引申出"仅仅"、"白白地"等意义,如成语"家徒四壁"及"徒劳无功"等。字形加"土",近似地表示字音。

| 甲骨 | 金文 | 春秋战国 | 小篆 |

徙,古文字形从"彳"从两脚在路上行走,是迁徙的"徙",指部落的整体行动。迫于恶劣的生存环境,古代许多民族都有远走他乡的经历,这便是"迁徙"。

| 金文 | 春秋战国 | 小篆 |

後,音 hòu。在道路上行走的脚上缠着绳索,表示受到牵制而落后于人,或

认为是用绳子把脚往后拉,总之,是前后的"後"。简化采用同音替代作"后"。

3·84

chuò
辵

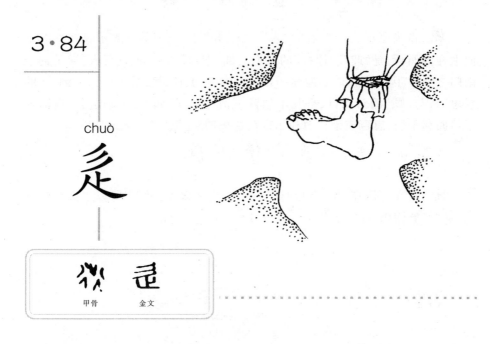

甲骨　金文

甲骨文象一只脚行走在十字路口,表示人在道路上行走。单独一个"辵"现代已很少使用,用作偏旁,辵写作"辶",称为"走之儿"或"走之旁",表示与道路行走有关的事物。

甲骨　金文　春秋战国　小篆

达,《说文·辵部》:"達,行不相遇也。从辵羍(dá)声,《诗》曰:'挑兮達兮。①'达,達或从大。"许慎将"達"视为正体,而将"达"看作"達"的异体字,这一观点为后世字书所沿用,直至甲骨文发现。甲骨文字形中,"达"有两种不同的写法,一是从辵从大,一是从辵从大从止,两者均表示人在马路上行走,表"畅通"之意,如《尔雅·释宫》云:"一达谓之道……四达谓之衢。"又引申出"到达"、"抵达"的意思,如《论语·子路》云:"欲速则不达。"写作"達"是金文以后的字体。许慎及其以后的文字学家未见殷墟甲骨,不知"达"的写法先于"達",不足为怪。

① 《诗经·郑风·子衿》:"挑(tāo)兮达(tà)兮,在城阙兮。一日不见,如三月兮。"程俊英译文:"独自徘徊影随形,城门楼上久久等。只有一天没见面,好像隔了三月整。"《诗经译注》第160页。

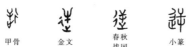

逆，古文字形合倒立着的"人"、"止"和"彳"三个部分表示在相反的方向上迎面而行，是"迎"、"迎接"的意思。如《书·顾命》："虎贲百人，逆子钊于南门之外。"因为迎接时是迎面朝相反方向走的，所以发展出"反"、"倒着"的意思，常与"顺"相对而言，举凡不顺皆可谓"逆"，例如《孔子家语》："良药苦于口而利于病，忠言逆于耳而利于行"，这里的"逆"就是不顺的意思。

进，古文字形在"隹"下加"止"，是"追赶鸟禽"的意思，所以本义是前进的"进"。繁体作"進"，简化字以音近的"井"代替了"隹"。

3·85

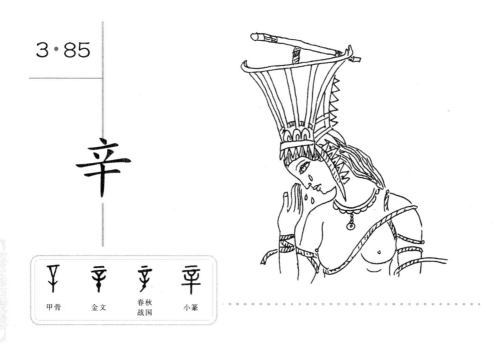

古文字形象刑具，郭沫若认为是施黥刑在面额上刺字并涂墨时所用的一种工具。其常用义是指辣味，如《玉篇·辛部》云："辛，辣也。"

妾，古文字形象头上有刑具的女子的形象，《说文》说妾是"有罪女子"，可知"妾"的本义是女奴。与之相对的是"臣"，是"男性奴隶"的意思。"妾"后指男子在妻子以外所娶的女子，其地位低下，与奴婢相似。

宰，"宀"下是有罪的人，古文字形表示在室内劳作的奴隶。侍奉主人饮食起居的奴隶最受信任，干得好还可以委以小官，称作"宰"，所以后世臣子中权利最大、地位最高的，称作"元宰"、"宰相"等。

执，古文字形象用手铐铐住罪人双手的样子，所以，本义是捉拿罪人。字形后来多表示"拿着"、"握着"或"执掌"的意思，如《诗经·邶风·击鼓》："执子之手，与子偕老。①"

"执"是"執"的简体，最早见于金、元、明历代草书字迹，而"现在能见到的宋、元以来的许多种通俗文学刻本，几乎没有例外地把这个字的草体'楷化'为'执'字，并且取代了'執'字。1932年的《国音常用字汇》收录了这个简体字。1935年的《手头字第一期字汇》提出以'执'代'執'。现行简化字只是沿用了这个有近一千年历史的简体字而已。"② 所以说"执"是一个标准的用草书楷化的方式创造的简体字。

① 程俊英译文："我曾紧紧握你手，和你到老在一起。"《诗经译注》第53页。
② 李乐毅《简体字源》第305页，华语教学出版社，1996年。

圉，音 yǔ。古文字形中的"囗"象牢笼，中间象一个双手带着刑具的罪人，《说文·䒑(niè)部》："圉，囹圄，所以拘罪人也。"圉是拘捕罪人的场所，是"牢狱"、"监狱"的意思。字形后来又写作"圄"，"囹圉"也作"囹圄"，至今汉语仍把蹲监狱称为"身陷囹圄"。

3·86

wéi

口

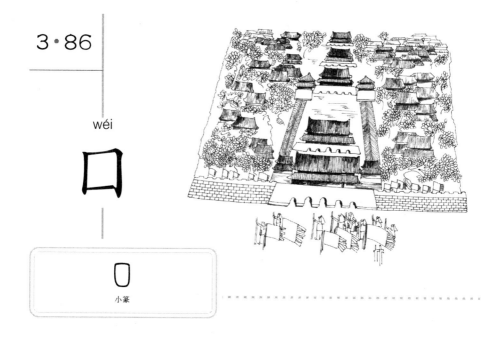

口
小篆

口的古文字形象环绕之形,是"围"的本字。从其所参构字形可以看出,口在汉字中常常表示城邑,这不由得让人想起了古代的城墙。

甲骨　金文　春秋战国　小篆

邑,殷代及西周早期,凡是人群聚居的地方,无论城市大小、人口多少,都可称作"邑"。为了防御敌人的入侵和奴隶的反抗,城邑的周围要修筑高大坚固的墙,即城郭或城垣,甲骨文字形中的"口"描绘的正是这样的墙,"口"的下面有一个跪着的人(后写作"巴"),表示有人居住。后来,随着等级制度的完善,为了和奴隶居住的"邑"区别开来,周代开始把诸侯国君居住的"邑"称作"都"或"国"。

甲骨　金文　小篆

郭,古文字形中间象城垣,上、下象城门楼,本指在城的外围加筑的城墙,《孟子·公孙丑下》:"三里之城,七里之郭,环而攻之而不胜。"后古"城"连用称"城郭",泛指城市。

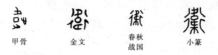

卫，古文字形中间的"口"象城垣，上、下方向相反的两只脚象保卫城邑的士兵沿相反的方向巡逻的足迹，"行"象四通八达的道路，繁体作"衛"，简化作"卫"，《说文·行部》："卫，宿卫也。"本义是"巡逻守卫"的意思。

国，古文"或"象"口"旁有"戈"，即"或"字，意味着士兵紧握武器巡逻守卫国土，是"国"的初文。《说文·戈部》："或，邦也。"段玉裁注曰："盖或、国在周时为古今字。""或"借作不定代词后，就又加"囗"作"國"，简化作"国"。

3·87 正

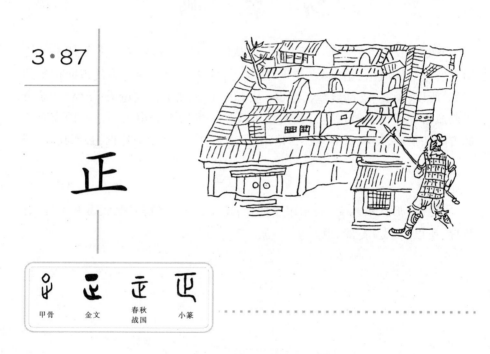

上表示人居住的区域，下象人的脚趾，甲文"正"合起来表示双脚向目的地迈进，是"远行"的意思。前往目的地必须目标明确、方向正确，所以字形又有"不偏不斜"的意思。《荀子·君道》："仪正而景(同'影')正。"荀子所说的

"仪"指的是一种测量时刻的仪器"日晷",日晷摆正了,晷针的影子自然也就正了。"正"用为"没有偏斜"的意思后,其造字的原意以加"彳"写作"征"来表示,所以说"正"是"征"的初文。

征,甲文从"囗"表示目的地,从"止"象脚趾,从"彳"表示与道路有关,是"正"的分化字。《说文·辵部》:"征,正行也。"征的本义是有目的地的远行,《诗经·召南·小星》:"肃肃宵征,夙夜在公。"① 20世纪30年代,中国共产党领导的工农红军为了北上抗日,长驱两万五千里到达陕北,史称"长征"。

① 程俊英译文:"急急匆匆赶夜路,早早晚晚为公忙。"《诗经译注》第34页。

政,甲文从"攴",象人手执杖;又从口从止,合起来象一人手持木杖迈向人所聚居的城邑,是"纠之使正"的意思,即通过自身的行为使迈向正确的目标,所以《说文·攴部》:"政,正也。从攴从正,正亦声。"《论语·子路》:"季康子问政于孔子,孔子对曰:'政者,正也。'"字形后来引申为与治理国家有关的方略和措施,即政治的"政",《论语·学而》:"夫子至于是邦也,必闻其政。"

整,字形从束从攴,表示用手捆束;从正,表示将物品摆放得有条理、有秩序,所以《说文·攴部》说:"整,齐也。"

索 引

癌 / 226	并 / 5	翅 / 144	弹 / 202
安 / 288	病 / 225	春 / 256	刀 / 271
黯 / 305	帛 / 240	虫 / 168	盗 / 249
八 / 197	卜 / 224	畴 / 120	稻 / 256
白 / 116	不 / 107	臭 / 41	得 / 174
败 / 174	步 / 64	出 / 298	登 / 209
邦 / 120	采 / 54	初 / 273	帝 / 104
雹 / 85	蚕 / 179	杵 / 255	典 / 111
保 / 12	仓 / 296	川 / 137	电 / 85
暴 / 100	草 / 103	窗 / 303	奠 / 230
北 / 6	册 / 111	吹 / 17	顶 / 25
贝 / 174	巢 / 301	舂 / 106	鼎 / 220
本 / 90	车 / 216	蠢 / 106	东 / 264
比 / 6	臣 / 37	辵 / 309	冬 / 238
笔 / 109	尘 / 165	此 / 64	斗 / 6,252
闭 / 297	辰 / 286	囱 / 303	豆 / 206
敝 / 239	晨 / 286	从 / 5	妒 / 20
璧 / 129	丞 / 51	爨 / 182	断 / 268
编 / 111	承 / 51	寸 / 56	盾 / 205
彪 / 163	乘 / 300	达 / 309	顿 / 25
表 / 246	魑魅魍魉 / 30	大 / 68	儿 / 8
宾 / 293	尺 / 57	逮 / 33	而 / 41
冰 / 136	齿 / 46	黛 / 304	耳 / 38
兵 / 269	耻 / 39	丹 / 126,184	二 / 191
秉 / 95	赤 / 183	旦 / 76	伐 / 214

法 / 277	革 / 180	簋 / 248	回 / 136
翻 / 145	鬲 / 262	郭 / 312	卉 / 103
樊 / 91	各 / 298	国 / 313	会 / 258
吠 / 159	亘 / 191	果 / 90	沫 / 249
分 / 273	耕 / 285	酤 / 230	昏 / 78
焚 / 184	弓 / 201	函 / 204	魂魄 / 30
粪 / 279	宫 / 290	寒 / 289	圂 / 156
丰 / 92,207	觥 / 151	行 / 308	火 / 181
封 / 92	拱 / 50	好 / 20	鸡 / 140
凤 / 146	共 / 250	禾 / 95	畸 / 120
缶 / 253	沟 / 173	合 / 258	及 / 50
夫 / 71	构 / 172	何 / 214	即 / 260
市 / 243	购 / 173	和 / 212	疾 / 225
孚 / 54	菁 / 172	黑 / 304	集 / 142
服 / 55	媾 / 173	轰 / 217	嫉 / 20
畐 / 231	觚 / 150	红 / 184	既 / 260
浮 / 136	谷 / 136	虹 / 170	祭 / 222
符 / 275	骨 / 61	后 / 22	夹 / 72
父 / 267	鼓 / 210	後 / 308	家 / 302
妇 / 278	顾 / 26	乎 / 44	嘉 / 211
阜 / 123	瓜 / 115	胡 / 42	驾 / 157
改 / 12	寡 / 294	壶 / 254	间 / 297
干 / 215	观 / 143	虎 / 163	姦 / 21
甘 / 43	官 / 291	户 / 295	监 / 247
高 / 307	冠 / 242	华 / 104	兼 / 96
羔 / 186	盥 / 248	化 / 6	见 / 34
杲 / 92	光 / 9	画 / 121	疆 / 121
告 / 149	龟 / 178	宦 / 288	讲 / 173
戈 / 213	鬼 / 30	灰 / 50	降 / 124

绛 / 183	克 / 4	鹿 / 164	末 / 90
交 / 69	客 / 293	麓 / 164	莫 / 104
焦 / 186	口 / 43	旅 / 218	母 / 22
角 / 150	寇 / 289	卵 / 18	牡 / 148
桀 / 300	库 / 217	乱 / 237	木 / 89
戒 / 214	裤 / 245	罗 / 281	目 / 33
巾 / 239	困 / 91	麻 / 94	牧 / 149
斤 / 267	来 / 102	马 / 156	男 / 283
金 / 118	婪 / 20	买 / 282	疒 / 225
尽 / 248	牢 / 290	盲 / 34	逆 / 310
进 / 310	老 / 14	莽 / 104	年 / 96
京 / 306	雷 / 85	毛 / 32	廿 / 199
晶 / 79	耒 / 285	矛 / 205	鸟 / 138
睛 / 33	离 / 139	帽 / 241	尿 / 8
井 / 284	礼 / 208	眉 / 36	宁 / 289
颈 / 28	理 / 129	美 / 153	牛 / 147
竞 / 9	力 / 283	媚 / 36	农 / 287
竟 / 9	立 / 68	门 / 296	弄 / 130
九 / 198	丽 / 165	米 / 100	女 / 19
韭 / 114	栗 / 90	糸 / 232	袍 / 244
酒 / 228	林 / 89	宀 / 288	胚 / 107
旧 / 139	临 / 34	冖 / 241	朋 / 175
臼 / 256	陵 / 124	面 / 35	彭 / 211
绝 / 233	零 / 86	苗 / 120	皮 / 180
爵 / 231	领 / 27	民 / 37	屁 / 7
军 / 217	六 / 195	皿 / 247	牝 / 148
君 / 52	龙 / 177	名 / 83	璞 / 129
刊 / 272	鲁 / 249	明 / 82	七 / 196
考 / 15	录 / 265	鸣 / 138	妻 / 19

齐 / 102	日 / 75	石 / 125	索 / 233
其 / 279	戎 / 215	食 / 259	它 / 169
气 / 88	融 / 263	史 / 112	陶 / 254
企 / 64	肉 / 60	矢 / 203	特 / 148
弃 / 280	乳 / 22	豕 / 155	题 / 26
启 / 295	卅 / 199	屎 / 7	天 / 190
契 / 273	三 / 192	士 / 68	田 / 119
黔 / 305	桑 / 93	示 / 222	突 / 299
欠 / 17	森 / 89	手 / 48	徒 / 308
羌 / 154	沙 / 134	首 / 24	土 / 117
妾 / 311	山 / 122	受 / 51	兔 / 166
秦 / 257	删 / 272	狩 / 160	妥 / 55
禽 / 282	善 / 153	兽 / 159	瓦 / 266
青 / 126	觞 / 151	黍 / 98	万 / 169
鲸 / 304	裳 / 244	鼠 / 167	王 / 67
庆 / 164	上 / 189	戍 / 214	网 / 281
丘 / 122	舌 / 43	束 / 91	妄 / 20
秋 / 97	射 / 204	双 / 141	望 / 35
求 / 246	涉 / 135	水 / 135	口 / 312
取 / 53	申 / 87	司 / 44	韦 / 180
娶 / 53	身 / 4	丝 / 234	为 / 162
犬 / 158	娠 / 287	死 / 28	卫 / 313
券 / 274	升 / 252	四 / 193	尾 / 32
雀 / 142	生 / 103	祀 / 223	文 / 4
然 / 186	牲 / 148	叟 / 299	闻 / 38
冉 / 42	圣 / 39	夙 / 81	问 / 297
人 / 3	尸 / 7	宿 / 288	我 / 270
刃 / 272	狮 / 160	粟 / 101	乌 / 138
仞 / 59	十 / 199	孙 / 232	巫 / 131

无 / 69	翔 / 145	燕 / 142	鱼 / 171
五 / 194	向 / 303	央 / 69	渔 / 172
武 / 214	项 / 28	羊 / 152	羽 / 144
舞 / 133	相 / 91	阳 / 124	雨 / 84
物 / 149	象 / 161	养 / 152	囿 / 311
夕 / 83	削 / 272	杳 / 92	玉 / 127
西 / 139	嚣 / 25	要 / 62	驭 / 157
昔 / 136	孝 / 16	页 / 25	育 / 23
牺 / 148	肖 / 10	一 / 189	浴 / 249
奚 / 233	心 / 31	衣 / 243	毓 / 23
习 / 145	省 / 34	艺 / 92	渊 / 135
徙 / 308	醒 / 229	亦 / 69	元 / 8
喜 / 211	兴 / 251	邑 / 312	员 / 222
系 / 232	姓 / 19	益 / 247	曰 / 44
瑕 / 130	兄 / 45	逸 / 166	月 / 81
下 / 190	休 / 91	翼 / 144	乐 / 212
夏 / 70	羞 / 152	因 / 105	云 / 85
先 / 63	须 / 41	殷 / 183	允 / 9
鲜 / 153	酗 / 230	尹 / 52	孕 / 12
弦 / 202	穴 / 298	饮 / 229	灾 / 289
涎 / 17	雪 / 84	印 / 55	宰 / 311
嫌 / 21	血 / 247	婴 / 174	葬 / 29
显 / 233	熏 / 305	永 / 136	则 / 276
陷 / 257	醺 / 230	友 / 49	栅 / 112
羡 / 18,153	牙 / 46	有 / 49	张 / 202
献 / 263	岩 / 123	酉 / 228	长 / 13
乡 / 261	炎 / 182	又 / 48	丈 / 59
香 / 99	颜 / 26	右 / 48	朝 / 82
祥 / 153	焱 / 182	囿 / 89	兆 / 224

折 / 268	执 / 311	众 / 80	子 / 11
贞 / 221	直 / 34	舟 / 282	自 / 40
振 / 286	止 / 63	州 / 137	字 / 292
震 / 287	纸 / 235	周 / 121	宗 / 289
争 / 51	咫 / 58	帚 / 278	走 / 65
征 / 314	至 / 204	朱 / 90,183	足 / 65
整 / 314	炙 / 185	竹 / 108	卒 / 244
正 / 313	陟 / 124	逐 / 155	族 / 219
政 / 314	雉 / 204	祝 / 223	醉 / 229
之 / 65	觯 / 151	爪 / 54	尊 / 230
支 / 109	中 / 218	隹 / 141	左 / 49
隻 / 141	终 / 238	琢 / 129